Sharon McErlane
Die Rückkehr der Mutter
und die Wiederkehr der Lieb

Die Lehren der Großmütter

Sharon McErlane

Die Rückkehr der Mutter

und die Wiederkehr der Liebe

Bücher haben feste Preise.
1. Auflage 2022

Sharon McErlane
Die Rückkehr der Mutter

First published by Net of Light Press 2020
unter dem Titel: The Return of The Mother

Übersetzt aus dem amerikanischen Englisch von Andreas Lentz

Umschlag:
Titelillustration: Meraylah Allwood, www.meraylah.co.uk
Gestaltung: Dragon Design, GB

Satz und Gestaltung:
Dragon Design, GB
Gesetzt aus der Minion

Gesamtherstellung: Appel & Klinger, Schneckenlohe
Printed in Germany

ISBN 978-3-89060-800-6

Neue Erde GmbH
Cecilienstr. 29 · 66111 Saarbrücken
Deutschland · Planet Erde
www.neue-erde.de

**»Wenn die Weisheit der Großmütter vernommen wird,
wird die Welt heilen.«**

Indianische Weisheit

Inhalt

Danksagung

…an die folgenden Personen, die die Arbeit der Großmütter weiter vorantreiben und die geholfen haben, dieses Buch zu verwirklichen.

Danke an Cathy Landrum für die Herausgabe von *The Mother's Return* und an Tim Brittain für die Gestaltung des Buches. An Nadia den Aantrekker und Kate Rogers, die unermüdlich daran arbeiten, die Botschaften der Großmütter in die Welt zu tragen. Und an unser Team von Übersetzern, die die Botschaften überall zugänglich machen.

Danke an die Großmütter-Leuchtfeuer auf der ganzen Welt, die die Lehren der Großmütter weitergeben und das Netz aus Licht auf der Erde verankern, und an die Regionalkoordinatoren, die sie unterstützen. Dank an den Rat der Großmütter für seine treuliche Führung und Unterstützung und Dank auch an die Organisatoren der vielen Lichtnetztreffen, die rund um die Welt stattfinden. Und vor allem sind wir den geliebten Großmüttern selbst unendlich dankbar, deren Beispiel uns den Weg erleuchtet in allem, was wir sind und was wir tun.

Einführung

Die Großmütter beginnen dieses, ihr viertes Buch, mit einem kurzen Rückblick auf ihre Botschaft: Warum das Leben auf der Erde aus dem Gleichgewicht geraten ist, warum sie in dieser Zeit gekommen sind und was jetzt getan werden muss. Als ich diese Einleitung zusammenstellte, fiel mir auf, dass ihre Sprache schärfer und direkter war als sonst. In dieser Einführung schwingt eine Dringlichkeit mit. Sie rufen uns auf, uns der anstehenden Arbeit anzunehmen und *sie jetzt zu tun.*

Die Großmütter sagen:

»Seit mehr als zwanzig Jahren teilen wir, der Große Rat der Großmütter, unsere Botschaften mit euch. Wir lehren und unterweisen euch und ermuntern euch zu handeln, und im Laufe der Zeit haben viele von euch reagiert. Eure Kraft und Präsenz haben zugenommen.

Überall auf der Welt treffen sich jetzt viele Menschen, um unsere Botschaften zu teilen, unsere Lehren zu praktizieren und einander zu helfen, wach zu werden. So soll es sein«, sagten die Großmütter und nickten einstimmig mit ihren Köpfen, **»und jetzt werden wir jenen noch mehr bieten, die annehmen wollen, was zu geben wir gekommen sind. Es gibt noch eine weitere Ebene des Lernens«**, sagten sie, **»und wenn ihr auf das hört, was wir zu vermitteln haben, werden wir euch durch die Dunkelheit der Zeiten führen, in denen ihr euch befindet.**

Viele Jahre lang«, sagten sie, **»hat die Frau abgeschnitten von ihrer ursprünglichen Position der Macht auf der Erde gelebt. Vor langer Zeit, als sie von ihrem angestammten Platz verdrängt wurde, wurde sie von ihrer Essenz getrennt. Ihrer innewohnenden Macht beraubt, war die Frau, der einstige Mittelpunkt des Lebensrades, gezwungen, von ihrem Zentrum versetzt zu leben; gezwungen, ohne Macht zu leben. Die Frau wurde sozusagen an den Rand gedrängt«**, sagten sie, **»und obwohl die Herabwürdigung des weiblichen Prinzips vor Tausenden von Jahren begann, sind dessen Auswirkungen bis heute zu spüren. Seit dieser längst vergangenen Zeit ist die Frau bis zum heutigen Tag nicht in der Lage, im menschlichen Leben eine Position der Macht einzunehmen.**

Es sind die weiblichen Mitglieder einer jeden Spezies, die das Leben auf der Erde verankern; sie gebären, kümmern sich um den Nachwuchs, pflegen die Kranken und betreuen die Sterbenden. Bei den Menschen trägt die Frau das Leben in all seinen Phasen: von der Geburt bis zum Tod. Sie ist der natürliche Mittelpunkt des Lebensrades der menschlichen Familie. Aber als das Patriarchat sie verdrängte und diese Position für sich beansprucht hat, gab es keine Nabe, keinen Mittelpunkt mehr.

Damals geriet das Rad außer Kontrolle. Das Muster der Lebensenergie auf der Erde ging in die Brüche. Wo einst ein Anker der Stabilität, Sicherheit und Freigiebigkeit war – die Yin-Energie als Radnabe –, war jetzt nur noch eine Ansammlung von aggressivem Yang. Die Entfernung der Frau von ihrer Position im Rad des Lebens schuf Leid für alle Wesen, nicht nur für die Menschen, und das Leben auf der Erde begann zu leiden.

Als das Patriarchat die Rolle der Frau in der Gesellschaft herabsetzte, verringerte sich auch das Reservoir an Yin-Energie auf dem Planeten. Dadurch entstand ein Vakuum, ein leerer Raum, und in diesen leeren Raum floss ungeregelt Energie. Diese einströmende Energie war ihrer Natur nach vorwärtsstrebend und aktiv (Yang), nicht haltend und aufnehmend (Yin), und mit der Zeit zog sie gleichartige Energie an. Auf diese Weise baute sich Yang-Energie auf, wo zuvor ein Kern aus Yin gewesen war.

Yang ist immer aktiv. Als sich also immer mehr Yang-Elemente zusammenfanden, schufen sie einen aggressiven, aufgewühlten Unruheherd. Und wo bis dahin die haltende, nährende Kraft von Yin gewesen war, war nun alles von Aggression erfüllt.

So wurde die Erde nach und nach immer mehr von Yang beherrscht, während das Yin dahinschwand. Die Energie der Erde kippte immer mehr zum Yang, das nicht nur einseitig, sondern zudem aggressiv war und immer gewalttätiger wurde. Hier seid ihr heute«, sagten die Großmütter mit grimmiger Miene.

»Damit das Leben gedeihen kann, müssen beide Pole der Energie wieder ins Gleichgewicht kommen. Viel zu lange war die Frau, das natürliche Reservoir von Yin für diesen Planeten, nicht mehr in ihrer zentralen Position. Als man sie als Nabe des Rades beseitigte und sie die Verbindung mit ihrer Essenz verlor, geriet auch die Yin-Energie auf der Erde aus dem Lot. Und weil die Leere, die entstand, als Yin entfernt wurde, sich mit Yang füllte, hat die Erde heute statt einer Harmonie von Yin und Yang eine doppelte Dosis Yang.

Heute ist *alles* Veränderung, schnelle Bewegung und Gewalt. Und da die Schöpfung für eine solche Einseitigkeit nicht ausgelegt ist, ist *alles* auf der Erde aus dem Gleichgewicht geraten: Pflanzen, Tiere, Wasser, Luft, die menschliche Gesellschaft – alles ist von diesem Mangel an Harmonie tief ins Mark getroffen.

Dieser Zustand herrscht jetzt überall auf der Erde vor«, sagten die Großmütter, »und die offensichtliche Lösung ist, zum Gleichgewicht zurückzukehren. Aber wie? – Wir, der Große Rat der Großmütter, begannen unsere Arbeit damit, den Frauen zu helfen, in ihre Mitte zurückzufinden«, sagten sie. »Wir haben Frauen und Männern gezeigt, wie sie sich auf die Energie von Yin ausrichten können. Unsere ersten drei Bücher – *Selbstermächtigung, Unsere Liebe ist unsere Macht* und *Das Lichtnetz wirken* – sind voll von Beispielen, wie man dies tun kann.

Die Frau weiß es noch nicht«, sagten die Großmütter, »aber sie trägt ein Kraftreservoir in sich. Denn *sie* ist ein Sammelbecken für die Yin-Energie, und so liegt es in ihrer Natur, überaus kraftvoll zu sein. *Die Frauen halten das Yin für alles Leben auf diesem Planeten.* Eine Frau trägt in sich die Kraft, Leben zu tragen und zu halten«, sagten sie. »Und wenn sie das erst einmal vollständig begriffen hat, wird sie in der Lage sein, in ihr Wesen einzutreten und auf ihre ursprüngliche Position im Zentrum des Lebensrades zurückzukehren.

Aufgrund ihrer angeborenen Fähigkeit, es zu speichern, kann sich die Frau leicht am Yin ausrichten. Und lass uns dir versichern, dass diese Macht, von der wir sprechen, keine *Macht* ist, wie du sie dir heute vorstellst. Es ist nicht ›*Macht über...*‹ oder ›*Macht, um...*‹. Nein!« riefen die Großmütter. »Es ist die Macht, die das Leben nährt und hält. Es ist eine Kraft für das Gute, eine selbstlose, lebensbejahende Kraft.

Weil der Mann anders gebaut ist und nicht die Fähigkeit hat, Yin in sich zu sammeln, kann er der Frau bei ihrer Aufgabe, in die Mitte des Rades zurückzukommen, nicht helfen. Seine Rolle bei der Rückkehr der Erde ins Gleichgewicht ist eine andere als ihre. Seine Aufgabe ist wichtig, aber der ihren untergeordnet. Der Mann kann die Frau bei der Rückkehr in die Mitte unterstützen, aber das erste Stück der Arbeit ist ihres. Wenn sie sich wieder an Yin ausrichtet, kann sie von der Unterstützung des Mannes profitieren, aber diesen Schritt in ihre Macht muss sie allein tun. Die Frau muss diesen Schritt tun; und bis sie sich dazu entschließt, wird das Leben auf der Erde weiter aus dem Gleichgewicht sein.

Mit wenigen Ausnahmen sind Männer heutzutage nicht mehr in der Lage zu führen«, sagten die Großmütter und sahen mich direkt an, um sich zu vergewissern, dass ich ihnen folgte. **»Wir können nachempfinden, dass das, was wir hier sagen, dich überraschen mag«,** sagten sie, **»aber wir sagen es, weil in dieser Zeit viele Männer zerrissen sind – nicht ganz bei sich. Die übermäßige Yang-Energie, die das Leben auf der Erde so lange bestimmt hat, hat sie geschwächt. Und seltsamerweise ist die Frau trotz der vielen Jahre der Verfolgung und Erniedrigung, die sie zu erdulden hatte, immer noch ganz. Das ist der Grund, warum Frauen, wenn sie unseren Ruf hören, in diese Arbeit einzutreten, diesen Schritt tun. Sie tun es, weil *sie es tun können.* Sie wurden für diesen Moment geboren. Frauen!«** riefen die Großmütter. **»Vertraut auf euch selbst!**

Sobald eine Frau sich auf ihren Yin-Mittelpunkt ausrichtet, wird ihre eigentliche Gestalt die eines Gefäßes. *Sie, die hält«,* sagten sie. **»Sie, die das Leben hält. Sie, die das Leben hält und gleichzeitig vom Leben gehalten wird. Die Frau trägt von Natur aus ein Reservoir von Yin in sich, und *diese Energie wiederum hält sie.* Deshalb ist die Fähigkeit der Frau, Verständnis und Mitgefühl zu teilen, so groß. *Das* ist die Kraft von Yin.**

Die innewohnende Fähigkeit, Liebe zu geben und zu empfangen, ist der Frau angeboren. Die Frau ist in der Lage, Leben hervorzubringen,

die meisten Ernährer sind Frauen, und mehr Frauen als Männer folgen einem spirituellen Weg. Die Frau ist eins mit dem weiblichen Prinzip des Lebens; sie ist eins mit der Großen Mutter, eins mit dem Gefäß und der Erhalterin des Lebens.« Und hoch aufgerichtet erklärten die Großmütter: »Die Frau *ist*.

Wir wissen, dass das, was wir euch sagen, eigenartig klingen mag, aber wir versprechen euch, dass ihr, wenn ihr auf das hört, was wir sagen, in der Lage sein werdet, viel Gutes zu tun. Wenn ihr unserer Führung folgt, werdet ihr bald voll Freude sehen, wie sich euer Leben weitet. Und«, lächelten sie, »wenn sich eure Energie ausdehnt, wird jedes Lebewesen auf der Erde seinen Nutzen davon haben.

Weil ihr ein Yin-Reservoir *seid*, habt ihr jedes Mal, wenn ihr euch dieses Reservoir zunutze macht, eine beruhigende Wirkung auf alle, denen ihr begegnet. Indem ihr aus dem Zentrum des Yin in euch lebt, indem ihr dem Pfad von Yin folgt, *werdet ihr zu einem wandelnden Segen auf der Erde.* Wir, der Große Rat der Großmütter, sind gekommen, um Yin und Yang wieder ins Gleichgewicht zu bringen, und wir werden diese Arbeit mit den Frauen beginnen.

Und nun ein Wort zu den Männern«, sagten die Großmütter. »Das Männliche eurer Spezies braucht eure Liebe – besonders in dieser Zeit, besonders während sich die Energien auf der Erde so radikal verschieben. Es braucht auch euren Respekt und euer Verständnis. Spirituell gesehen, sind die meisten männlichen Menschen *jünger* als die meisten weiblichen, und wenn ihr sie so sehen könnt, wird euch das helfen, sie besser zu verstehen. Weil ihr einen so großen Vorrat an Yin in euch tragt, *könnt* ihr sie lieben. Ihr könnt sie lieben, trotz des Schadens, den die Männer in der Welt angerichtet haben. Und wenn ihr sie einmal so betrachtet, wie sie wirklich sind«, sagten sie, »werdet ihr in der Lage sein, sie zu akzeptieren.

Beide Geschlechter haben unter dem großen Ungleichgewicht der Energie auf der Erde gelitten«, sagten die Großmütter, »und in der letzten Zeit ist ihr Leiden noch größer geworden. Als die Frau ihre Verbindung mit ihrem Mittelpunkt verlor, als sie ihre Erdung im Yin verlor, wurde sie schwach. Tausende von Jahren wurde sie wie ein Besitz behandelt, erniedrigt und ihrer Menschenwürde beraubt. Das ging so lange, dass es auch heute noch vielen Frauen so vorkommt, als ob sie keine ›Beine‹ hätten, auf denen sie stehen können. Ihre Energie schwankt und bricht manchmal weg. Die meisten Frauen kennen heute ihre eigene Kraft nicht«, sagten sie, »und weil so viele von ihnen in einem entmündigten Zustand leben, sind sie viel zu schwach, sie einzufordern.

Aber auch der Mann ist durch das grobe Energie-Ungleichgewicht auf der Erde geschwächt worden«, sagten die Großmütter. »Die Yang-Energie, die in einem Zustand ständiger Aggression und ohne ihren Partner, das Yin, vor sich hin brodelt, wird rasend und wild. Sie spaltet sich von sich selbst ab und zersplittert, und dabei gerät sie mehr und mehr außer Kontrolle. Viele Männer sind heute in einem Zustand ständiger Reaktivität gefangen, sie sind gesteuert von zielloser Energie. Sie sind hektisch und hungern nach der verankernden Präsenz von Yin.

Um das verrückte Spiel der Energien auf der Erde heute zu beruhigen und dem Planeten zu helfen, wieder ins Gleichgewicht zu kommen, muss die Frau ihre Position in der Mitte des Lebens zurückfordern. *Die Frau muss wieder heimkehren in ihre Macht.* Dies ist der erste Schritt zum Gleichgewicht.

Das Gefäß des Lebens muss wieder seinen Platz am Mittelpunkt des Lebensrades einfordern. Und solange die Frauen sich nicht entschließen, sich aufzurichten und ›sich zu zentrieren‹, ist das Leben auf der Erde verloren. Ohne die haltende, verankernde Kraft von Yin ist die Welt verloren.

Jetzt ist es Zeit für die Mutter«, sagten die Großmütter. »Zeit für die Erde, sich von neuem mit dem weiblichen Prinzip aufzuladen. *Ihr habt lange auf diesen Moment gewartet.* Und wir sagen euch«, sagten die Großmütter, »jetzt ist die Zeit für die *Rückkehr der Mutter.*«

KAPITEL EINS

Wer und was sind die Großmütter?

Seit über zwanzig Jahren arbeiten Tausende von uns mit dem Großen Rat der Großmütter zusammen. Diese göttlichen Lehrerinnen, die alle Rassen und Kulturen der Menschheit repräsentieren, zeigen uns, was es heißt, als Frauen kraftvoll zu sein, was es heißt, als menschliche Wesen ausgeglichen zu sein.

Die Großmütter »schießen aus der Hüfte«. Sie sind geduldig, sie sind tiefgründig und gleichzeitig voll Humor. Und immer wieder erklären sie, warum unsere Welt heute aus der Harmonie geraten ist und was wir tun können, um das zu korrigieren. Die Großmütter sind fröhlich und teilen mit uns ihre Botschaft des Aufrichtens und Dienens. Heute treffen sich Hunderte von Großmütter-Gruppen in aller Welt, um ihre Lehren zu praktizieren und ihre Botschaft zu leben.

Die Großmütter erschienen zum ersten Mal vor mehr als zwanzig Jahren, und ihre Ankunft stellte das Leben, das ich bis dahin geführt hatte, auf den Kopf. Sie tauchten eines Tages auf, als ich mit dem Hund am Strand spazieren ging, und verkündeten: »**Wir sind gekommen, um die Welt wieder ins Gleichgewicht zu bringen, und wir werden dies vor allem durch einzelne Frauen tun.**« Bald nach ihrem ersten Erscheinen rief ich Frauen zusammen, und wir begannen, mit ihnen zu arbeiten – zu reisen, zu meditieren und andere einzuladen, ihre Lehren zu empfangen. Sie lehrten uns, wie wir die Erde durch die Arbeit mit dem Lichtnetz anheben können. Wir gaben ihre Ermächtigung einander weiter, und seither war die Arbeit mit ihnen nie unterbrochen. Jetzt sind Tausende von uns daran beteiligt.

Die Großmütter sind in dieser Zeit gekommen, um die Menschheit in ihre Macht zu rufen, uns zu lehren, wie wir das Ungleichgewicht auf der Erde wieder ins Gleichgewicht bringen können und wie wir die Kraft des großen Lichtnetzes vergrößern können, das die Erde in diesen unsicheren Zeiten stabil hält. Ihre ersten drei Bücher – *Selbstermächtigung, Unsere Liebe ist unsere Macht* und *Das Lichtnetz wirken* – zeigen uns, wie wir mit ihnen zusammenarbeiten können, um die Schwingung sowohl in uns selbst als auch in unserem Planeten anzuheben. Und weil ihre Arbeit immer weitergeht, tut es unsere auch. Hier beginnt also das vierte Buch der Großmütter.

Viele fragen mich, ob die Großmütter mir jemals ihre Namen gesagt haben, und darauf sage ich immer: »Nein«. Ehrlich gesagt, war ich nie an ihren Namen oder an irgendwelchen persönlichen Informationen über sie interessiert, wahrscheinlich weil ich sie nicht als gesonderte Wesen betrachte. Vom ersten Moment an, als ich sie sah, waren sie für mich einfach »die Großmütter« – ein Rat weiser Frauen; keine getrennten Individuen, sondern eine Einheit.

Als ich ihnen eines Tages diese Frage stellte, antworteten sie mit einem schelmischen Lächeln. Sie drückten sich eng aneinander und sagten: **»Wir sind eins in unserer Bestimmung. Wir bilden einen Körper.«** Dann rückten sie noch näher zusammen. **»Wir *sind*«**, erklärten sie, und ihre Blicke verrieten mir, dass das *Zusammenkommen* dieser scheinbar »individuellen« Großmütter das Wichtige ist. Zusammen bilden sie ein Wesen: *die Großmütter* – um uns zu lehren und mit uns zu arbeiten.

Diejenigen von uns, die sich zu ihrer Botschaft hingezogen fühlen, bilden ebenfalls eine Einheit, wenn wir uns versammeln, um von ihnen zu lernen. In der Tat machen wir vieles von dem, was wir mit den Großmüttern tun, am Ende gemeinsam: Lieder, Zeremonien, Meditationen –

es ist eine »Wir«-Sache, und wie sich herausgestellt hat, ist diese »Arbeit« mit ihnen sowohl voll Freude als auch freundschaftlich. Und da auch wir dazu neigen, als Einheit zu funktionieren, gibt es wenig oder gar keine Hierarchie innerhalb unserer Organisation.

Als ich zu den Großmüttern reiste, um sie zu bitten, es genauer zu erklären, sagten sie, nachdem sie mich begrüßt hatten: »**Du entdeckst endlich, dass du nicht allein auf dieser Welt bist, sondern ein integraler Teil von etwas. Du bist ein bewegliches Stück von etwas Wunderbarem. Du bist nicht das, was andere vielleicht gesagt haben**«, sagten sie und schüttelten den Kopf, »**und du bist auch nicht das, was du bisher gedacht hast. Tatsächlich bist du überhaupt kein abgetrenntes Wesen**«, sagten sie und brachen in Gelächter aus, als sie meinen überraschten Gesichtsausdruck sahen. »**Du bist Teil eines fließenden, wachsenden Meeres von Energie**«, sagten sie, »**ein Meer von Energie, das die Materie in eine neue Richtung bewegt. Du bist keine ›kleine Kartoffel‹, wie du zu sagen pflegst, eine einzelne Person ohne große Bedeutung. Nein!**« lachten sie. »**Du bist eins mit dem Netz aus Licht, ein ewiges, endloses Wesen – weitaus größer, als du es dir je vorstellen konntest.**

Wir schauen dir dabei zu, wie du diese Entdeckung machst«, sagten sie, lächelten und nickten einander zu. »**Wir sehen, dass viele von euch jetzt langsam erwachen, und ihr tut es gleichzeitig. Wir haben Freude daran, zuzusehen, wie ihr diese Wahrheit über euch selbst entdeckt. Ihr seid jedes Mal entzückt, wenn ihr einen Blick auf eure eigene Großartigkeit, euer sich erweiterndes Verständnis und eure sich immer weiter ausdehnende Liebe erhascht. Und die Freude, die ihr empfindet, wenn ihr auf diese Entdeckung stoßt, wird um ein Vielfaches vergrößert, weil ihr sie gemeinsam macht. Ihr wacht gemeinsam auf, fühlt ein größeres Glück**«, sagten sie, »**ihr erlebt ein Gefühl der Gemeinschaft und ein Gefühl der Verbundenheit. Wenn ihr so zusammenkommt, schauen wir euch zu und sehen, wie sich die Freude um ein Vielfaches vergrößert.**« Mit Tränen in den Augen sagten die Großmütter: »**Das Glück, das ihr fühlt, während ihr zu dieser Einheit erwacht, ist auch unser Glück.**

Ihr werdet weiter so wachsen«, versicherten sie mir. »**Ihr werdet weiter in der Gemeinschaft miteinander und in der Gemeinschaft mit uns wachsen. Ihr werdet weiter lernen, euch zu weiten und geweitet zu werden.**« Dann traten sie einen Schritt zurück und sahen mich an. »**Ihr könnt jetzt anfangen, euch auf mehr Harmonie in eurem Leben zu freuen**«, sagten sie. »**Fangt an, euch darauf zu freuen, mehr freudige Zeiten miteinander zu teilen.**

Wir sehen euch!« lachten sie. »**Wir sehen euch zusammen lachen, zusammen singen und zusammen weinen, und wir freuen uns so sehr für euch, dass wir auch singen wollen. Ihr kennt das Lied**«, sagten sie und lächelten, während sie mich aus den Augenwinkeln beobachteten. »**Oh, wie wir euch lieben, oh, wie wir euch lieben!**« sangen sie, und dieses geliebte Lied erfüllte mein Herz bis zum Überlaufen. »Ich danke euch, Großmütter«, sagte ich.

Nachdem ich meine Augen getrocknet und diese Reise ein paar Minuten hatte sacken lassen, setzte ich mich auf und sah mich im Zimmer um. »Nun«, sagte ich, während ich mich streckte und gähnte, »ich denke, damit ist *diese* Frage geklärt.« Ich fühlte das, was die Großmütter mir mitgeteilt hatten, jetzt in meinem Körper: ein friedliches, freundschaftliches Gefühl – für mich selbst und alle anderen. Und mir wurde klar, dass dieses Gefühl nicht neu für mich war. Ich hatte es tatsächlich schon seit langer Zeit gespürt. »Wir alle«, sagte ich mir, »die wir das Netz aus Licht anrufen und mit ihm arbeiten, bilden jetzt eine Familie, und jedes Mal, wenn wir zusammenkommen, beginnen automatisch Wellen von Liebe und Verständnis zwischen uns zu fließen. Und da wir mehr und mehr für die Präsenz des Lichtnetzes erwacht sind, ist es auch in uns erwacht. Wenn wir so mit den Großmüttern zusammenarbeiten, wie wir es tun, bilden wir eine lebendige, atmende Einheit der Liebe und des Lebens. Wir sind eigentlich keine Organisation«, sagte ich dann, »wir sind eher ein Organismus.« Ich schüttelte erstaunt den Kopf, als ich mich das sagen hörte. Ich hätte nie gedacht, so eine allumfassende Liebe zu erleben.

Diese Reise zu den Großmüttern hatte etwas für mich geklärt. Jetzt wusste ich ohne Zweifel, dass wir alle Teil des großen Lichtnetzes sind;

dass wir jedes Mal, wenn wir zu einem Großmütter-Lichtnetztreffen zusammenkommen, sowohl eine menschliche *als auch* eine göttliche Gemeinschaft bilden. Ich hätte es nie für möglich gehalten, eine solche Verbindung aufzubauen, geschweige denn, sie zu erleben, aber jedes Mal, wenn sich unsere örtliche Lichtnetzgruppe traf, gab es unzweifelhaft ein Gefühl von ›Zuhause‹ in jeder von uns. Und in diesem Zuhause gab es keine Regeln, die wir befolgen mussten, keine Hierarchie, an die wir uns halten mussten, und nichts, was wir tun *mussten. Nur Liebe.* Dieses Zuhause war von Liebe *erfüllt.*

Als mir diese Gedanken durch den Kopf gingen, wurde mir klar, wie viel mir diese neue Art zu sein bedeutete – uns allen. »Oh!« Ich seufzte tief. »Das ist es! Ich erlebe einen heiligen Moment, einen wirklich heiligen.«

»Es ist an der Zeit, Männer und Frauen in Einklang zu bringen.«

Als ich das nächste Mal zu den Großmüttern reiste, sagten sie, bevor ich etwas fragen konnte: **»Es ist an der Zeit, Männer und Frauen miteinander in Einklang zu bringen; Zeit für Männer, sich an dieser Arbeit zu beteiligen.«** »Männer?« fragte ich. »Warum Männer?« Seit ihrem ersten Erscheinen hatte ich gedacht, die Arbeit der Großmütter sei nur etwas für Frauen, und selbst als sich ein paar Männer dafür interessierten, waren es nur wenige, also änderte sich nicht viel. Meiner Meinung nach war das Thema kaum der Rede wert. »Also, worüber reden sie jetzt?« fragte ich mich.

Die Überraschung muss mir anzusehen gewesen sein, denn die Großmütter blickten mir in die Augen und sagten: **»Das Ei... Es geht auf das Ei zurück.«** Ich starrte sie an, meine Gedanken überschlugen sich. »Das Ei? Das Ei? Was...?« Dann erinnerte ich mich daran, wie sie einmal ein Ei angeführt hatten, um das Prinzip von Yin und Yang zu erklären – die weibliche und männliche Energie. Sie nickten mir aufmunternd zu.

»Das Innere des Eies«, erklärten sie, **»ist der nährende Teil, der lebentragende Teil. Das Innere ist Yin«**, sagten sie. **»Und die Außenseite des**

Eies, die Schale, ist Yang – es ist die Hülle, die das Yin schützt. Denke von nun an auf diese Weise über Frauen und Männer und bitte dabei um Verständnis für die *tatsächliche* Rolle von Frau und Mann. Schau nicht auf das schlechte Verhalten, das heute zu sehen ist«, sagten sie, **»sondern bitte darum, das *zugrundeliegende Muster der Harmonie* zwischen den Geschlechtern zu verstehen.«** »Das werde ich, Großmütter«, nickte ich mit großen Augen. Und als zwei oder drei Tage vergangen waren, an denen ich an nichts anderes gedacht hatte, reiste ich wieder zu ihnen, entschlossen, mehr über dieses Thema, über Frau und Mann zu erfahren.

Das Nachdenken und Grübeln über diese Frage hatten mir bewusstgemacht, wie *sehr* es mich interessierte. Ich war begierig darauf zu verstehen, wie man die Großmütterarbeit zusammen mit und im Beisein von Männern ausüben konnte. Vielleicht *war* es an der Zeit, die Geschlechter zusammenzubringen. **»Wir werden dich anleiten«**, sagten die Großmütter und schauten in die Ferne. **»Männer brauchen ein Verständnis für Yin und Yang. Dein Mann, dein Sohn und viele andere brauchen das. Lass die Möglichkeit, die Arbeit mit Männern zu machen, eine Weile in dir reifen. Du hast erst noch andere Aufgaben, also lasse diese langsam auf Sparflamme köcheln, während du dich um die anderen anstehenden Dinge kümmerst. Und bete «**, sagten sie. **»Deine Gebete werden dafür sorgen, dass du dich genug um diese Sparflamme kümmerst.«**

»Okay, Großmütter«, sagte ich und beschloss, die Angelegenheit ihnen zu überlassen und stattdessen die vor mir liegenden Aufgaben in Angriff zu nehmen. Ich vertraute darauf, dass sie mich wieder darauf bringen würden, wenn die Zeit reif war. Etwa zu dieser Zeit hatte ich einen sehr interessanten Traum.

Eine nackte Jungfrau Maria

In diesem Traum war ich irgendwo bei einem Lichtnetztreffen und arbeitete mit einer Gruppe von Frauen, und während wir meditierten, schauten mehrere von ihnen in einen Spiegel und sahen die Jungfrau Maria. Aber jedes Mal, wenn sie sie im Spiegel erblickten, war sie nackt. Im

Traum fingen wir an, über die seltsame Art ihres Erscheinens zu diskutieren, denn keine von uns wusste, was sie mit dem nackten Erscheinen Marias anfangen sollte. Eine Frau beschrieb die unbekleidete Maria als in ihrer »Vor-Gefäß«-Form, und nachdem sie das gesagt hatte, hörte ich mich sagen: »Das ist wichtig. Wir müssen uns diese Vorstellung von der unbekleideten Jungfrau genauer betrachten.«

Als ich wieder wach war, dachte ich weiter über den Traum nach, und mir wurde klar, dass es nur das Patriarchat war, das mit dem Nacktsein Scham und Wollust (als ob das an sich schlecht wäre) verband. »Das Wort ›Jungfrau‹ bezeichnet nur einen vorgeschlechtlichen Zustand«, sagte ich. »Die Verbindung mit der Scham ist eine Erfindung des Patriarchats.« Dann erinnerte ich mich an die Statuen von Lakshmi, Parvati und anderen Formen der Göttin, die ich in Indien gesehen hatte. Diese Göttinnen waren nicht immer bekleidet, und dort gab es keine Scham.

Als mir diese Gedanken durch den Kopf gingen, wurde mir klar, dass ich dieses Thema weiter erforschen wollte. »Wenn sie unbekleidet ist«, dachte ich, »ist sie reine Shakti, reine Lebenskraft… nicht für den Mann da, sondern uranfänglich – ausschließlich sie selbst. In ihrem unbekleideten Zustand ist sie nicht, um Männern zu gefallen, um Männer zu erregen, um sich fortzupflanzen oder irgendetwas zu *tun*. Sie *ist* einfach.« Und dann erinnerte ich mich, dass die Großmütter mir beim ersten Treffen gesagt hatten: **»Das weibliche Prinzip ist das erste. Yin ist primär.«** Und ich erinnerte mich, dass in Indien, wenn die weiblichen und männlichen Aspekte Gottes angerufen werden, das Weibliche als erstes angerufen wird. Das hatte ich schon oft erlebt: *Die Mutter steht an erster Stelle.*

Es war interessant, dass wir in diesem Traum nie über die Tatsache sprachen, dass die Frauen, als sie in den Spiegel blickten, nicht ein Spiegelbild ihrer selbst sahen, sondern ein Spiegelbild der Jungfrau Maria. Weil Maria nackt war, sind wir sofort *darauf* zu sprechen gekommen und haben nicht bemerkt, dass wir beim Betrachten unseres Spiegelbildes die Mutter Gottes gesehen hatten. Das war unserer Aufmerksamkeit entgangen, und später, als ich weiter über den Traum nachdachte, entging es mir ebenfalls. Es dauerte eine ganze Weile, bis ich auf diese Wahrheit stieß, die die ganze Zeit offen vor mir lag. Wer war es, die tatsächlich in den Spiegel schaute? Und wer war jene, die sich darin spiegelte?

»Wir atmen mit dir.«

Kurz nach diesem Traum reiste ich zu den Großmüttern, um sie um eine Botschaft für diese Zeit zu bitten. Wir geben alle paar Wochen einen Lichtnetz-Newsletter heraus, und da es Zeit für eine neue Botschaft war, brauchten wir ihre Weisungen.

»**Wir sind nicht fern von dir**«, antworteten sie, wobei sie mich eindringlich ansahen. »**Wir sind nicht getrennt von dir. In der Tat sind wir so präsent, dass wir in diesem Moment dich atmen. In *diesem* Moment**«, wiederholten sie, und ich schluckte schwer und mir wurde unter ihren Blicken ein wenig flau.

»**Du bist eins mit uns. Du hältst die Kraft des Göttlich-Weiblichen**«, erinnerten sie mich. »**Du bist die reine, liebevolle Energie von Yin, und wir sind es auch. Du bist es, so wie wir es sind.**« Ich sah zu ihnen auf, als ich das hörte, und der Traum der nackten Jungfrau Maria schien in meinem Kopf auf. Hier war wieder dieses Thema: Wir sind eins mit dem Göttlichen. Wir sind göttlich.

»**Schließe die Augen**«, sagten die Großmütter und schenkten mir ein geheimnisvolles Lächeln. »**Rufe uns an und lass dich in eine tiefe Verbundenheit mit uns fallen. Wir sind immer bei dir, aber du hast es vergessen. Und weil du es vergessen hast, betest du, beschwörst uns und flehst uns oder eine andere Gestalt des Göttlichen an, dich zu hören. *Wir hören dich***«, sagten sie und beugten sich so dicht über mich, dass sich unsere Nasen fast berührten. »**Wir hören dich laut und deutlich. Wie könnten wir auch nicht, wenn wir in dir gegenwärtig sind? In diesem Moment atmen wir dich**«, lachten sie. »**Kann jemand näher sein als der Atem?**

Warum beharrst du darauf, zu glauben, dass Gott von dir getrennt sei?« fragten sie mit zusammengezogenen Augenbrauen. »**Getrennt von dir? Über dir? Irgendwo in der Ferne? Woher kommen diese verrückten Ideen?**« fragten sie und hoben ihre Hände gen Himmel. »**Von uns**

kommen sie nicht«, sagten sie. »**Woher kommen sie dann? Wer sagt euch, dass ihr von Gott getrennt seid? Und warum glaubt ihr an so eine elende Vorstellung?**« Ich konnte sie nur mit offenem Mund anstarren. »Woher kommen diese Ideen?« fragte ich mich.

»**Wir kennen die Wahrheit**«, sagten sie mit einem bekräftigenden Nicken, »**und tief in deinem Herzen kennst auch du die Wahrheit.**« Jetzt beugte ich mich erwartungsvoll vor. Ich war gespannt, was sie als nächstes sagen würden. »**Die Wahrheit ist diese**«, sagten sie. »***Es ist überhaupt nicht möglich, dass Gottes Schöpfung von Gott getrennt werden kann.*** **Schöpfer und Schöpfung sind immer miteinander verbunden. Das Göttliche, in welcher Form auch immer du es liebst, ist in jedem Augenblick deines Lebens bei dir.**« Und nachdem sie das gesagt hatten, betrachteten sie mich schweigend.

Schließlich sagten sie: »**Hört auf mit dieser Scharade der Trennung!**« und wedelten mit den Fingern vor meinem Gesicht. »**Schließlich**«, sagten sie, »**stehen wir mit dir, sitzen mit dir, schlafen mit dir, fahren mit dir im Auto, arbeiten mit dir, lachen und weinen mit dir. Wir sind *immer* bei dir, wenn du also darauf bestehst, dir einzureden, dass du ganz allein bist, könntest du nicht falscher liegen.**«

Dann traten sie einen Schritt zurück und sagten spielerisch: »**Lass uns einfach zusammen Spaß haben. Warum nicht?**« fragten sie und forderten mich dazu heraus, zu widersprechen. »**Beginne damit, unsere Präsenz in dir anzuerkennen**«, sagten sie. »**Fang direkt damit an, und wenn du sie anerkannt hast, dann bleib dabei. Tu es zu jeder Tageszeit**«, sagten sie. »**Wir sind *immer* bei dir; verstehst du das nicht? Und da wir immer bei dir sind, kannst du ebenso gut deine Aufmerksamkeit auf uns richten.**

Rede mit uns, sing mit uns, beschwere dich bei uns, liebe uns und erlaube uns, dich zu lieben«, sagten sie. »**Wir sind allezeit da. Natürlich kannst du uns weiter ignorieren, wenn du darauf bestehst.**« Sie rollten mit den Augen. »**Aber wenn du dich lieber amüsieren willst, könnten wir eine wunderschöne Zeit miteinander verbringen. Und wir könnten uns mit den Dingen beschäftigen, die getan werden müssen.**« Dann hoben sie die Hände, warfen die Köpfe zurück und riefen: **»Genug von diesem Trennungsunsinn!«**

Später an diesem Tag, nachdem ich weiter darüber nachgedacht hatte, sagte ich mir: »Oha, manchmal kommen die Großmütter geradewegs auf den Punkt und manchmal tun sie genau das Gegenteil – dann sind sie sehr hintergründig.« Dieses Mal waren sie ganz und gar nicht hintergründig. Vielmehr erinnerten sie mich daran, dass ich, wenn ich mich von ihnen getrennt sah, getrennt von Gott, dies mich selbst daran hinderte, mit der Einheit von Yin zu verschmelzen. Als ich weiter darüber nachgedacht hatte, wurde mir klar, dass, wenn die Großmütter tatsächlich allezeit bei mir und in mir sind und mich jeden Moment meines Lebens atmen, die Fiktion, von Gott getrennt zu sein, genau das ist – eine Fiktion. *Das* war der Grund, warum im Traum von Maria niemand von uns überhaupt darüber nachgedacht hatte, dass wir statt unseres eigenen Abbildes im Spiegel das Abbild der Mutter Gottes gesehen hatten. Das *ist es*, was wir sind.

In den Jahren, in denen ich mit ihnen gearbeitet hatte, hatten die Großmütter immer über Yin gesprochen, und jetzt zeigten sie mir seine ursprüngliche Natur. Als sie mir das erste Mal bei einem Strandspaziergang erschienen, sagten sie mir: **»Yin ist das Erste.«** Sie machten klar, dass wir das Mütterliche zum Fundament haben müssen, bevor wir irgendetwas anderes haben können. **»Yin ist«**, hatten sie gesagt, und jetzt, so viele Jahre später, dämmerte es mir endlich: *Yin ist der Zustand, in dem wir mit der Mutter eins sind.* Wir *sind* Yin; wir *sind* die Göttliche Mutter selbst. Das ist es. Das ist die »Wahrheit«, die die Großmütter teilen wollten.

»Liebe ist keine Angelegenheit, die man verstehen kann.«

Nach dieser Botschaft verging fast ein Monat, bevor ich wieder zu ihnen ging. Es standen Lichtnetztreffen an, für die ich mich vorbereiten, Lieder zusammenstellen und Botschaften schreiben musste, also widmete ich mich, anstatt zu reisen, diesen Aufgaben und war so eine ganze Weile beschäftigt.

Ich nahm die Großmütter beim Wort und bezog sie nun in *alles* ein, was ich tat. So hatte ich die ganze Zeit das Vergnügen ihrer Gesellschaft, und ich spürte das Glück, das sich aus dem täglichen Zusammenleben mit ihnen ergab. Wie sich herausstellte, passte diese Art zu leben gut zu mir. So vertiefte ich mich fröhlich in meine Arbeit und blieb darin versunken – bis ich wieder diesen vertrauten Stupser spürte, wieder zu ihnen zu gehen. Die Großmütter riefen. Es war Zeit, mehr zu lernen.

»**Wir werden heute mit dir über die Liebe sprechen**«, sagten sie, kaum dass ich sie sah, und blickten mich über ihre Nasenspitzen hinweg an. Heute trugen sie farbenfrohe Kleider, und sie begannen miteinander zu tanzen, ein Zickzack-Muster zu weben, während sie zu mir sprachen. »Ja, Großmütter«, sagte ich, sah ihnen beim Tanzen zu und freute mich, wieder bei ihnen zu sein. »**Das Thema Liebe**«, sagten sie, »**ist eines, von dem du wenig verstehst.**« Als ich das hörte, straffte ich mich noch ein wenig mehr. Jetzt wollte ich *wirklich* lernen.

»**Obwohl du das Wort ›Liebe‹ viele Male am Tag sagst, davon singst, dich danach sehnst und über sie nachdenkst, verstehst du sie nicht.**« Sie schüttelten den Kopf, als sie sprachen. »**Die meisten Menschen werden sie nie verstehen**«, sagten sie und sahen mich eindringlich an, um sich zu vergewissern, dass ich ihren Standpunkt verstanden hatte. »**Das ist auch nicht wichtig**«, fügten sie hinzu. »Nicht wichtig?« fragte ich. »Was meint ihr mit ›nicht wichtig‹?« »**Wichtig *ist***«, antworteten sie und warfen mir einen kühlen Blick zu, »**dass du sie *lebst*, dass du die Liebe *lebst*.**

Liebe«, erklärten sie, »**ist nichts, was man verstehen muss. Es ist nicht etwas, nach dem man streben oder über das man sich Gedanken machen muss, nichts, dem man nachtrauern oder das man fürchten muss. *Liebe ist***«, sagten sie, und als sie sprachen, breiteten sie ihre Arme so weit aus, dass ich glaubte, sie würden abheben. »**Liebe ist die Kraft, die euren Planeten in seiner Umlaufbahn hält. Und sie ist das einzige, was euch wirklich Freude bereitet. Ihr müsst sie nicht verstehen.**« Sie schüttelten den Kopf. »**Und es ist gut, dass ihr sie nicht versteht, denn selten sind die Menschen, die es tun. Wir sagen es noch einmal**«, sagten sie. »***Liebe ist.* Du bewegst dich jedes Mal in einen Zustand der Liebe,**

wenn du bereit bist, dich ihr zu öffnen. Das ist alles, was es zu tun gibt. Deine Bereitschaft, dich der Liebe zu öffnen, ohne sie verstehen zu wollen, lädt die Liebe automatisch ein«, sagten sie. Jetzt hing ich an ihren Lippen.

»Es ist das Ego, das die Liebe verstehen will«, sagten die Großmütter, **»das Ego, das die Liebe in Frage stellt, und versucht, sie zu definieren und zu erklären. ›Soll ich jene lieben?‹ fragt es. ›Sind *sie* würdig? Bin *ich* würdig?‹«** Die Großmütter lachten schallend und sagten: **»Die Liebe fragt *nie* nach dem Warum, noch hält sie sich zurück. Die Liebe gibt sich einfach hin, gibt sich bei jeder Gelegenheit.«**

Dann nahmen sie meine Hände in die ihren, schauten mir tief in die Augen und sagten: **»Wir versichern dir: Wenn du glücklich sein willst, folge dem Pfad der Liebe. Lass all dein Urteilen, dein Zaudern und deine Ängste los. Du musst dich einfach nur entscheiden, zu lieben, und dich dann in die Liebe stürzen. Tauche ein, egal was passiert, tauche überall in die Liebe ein, und tauche immer wieder ein.«** »Ja, Großmütter«, flüsterte ich, überwältigt von der Vorstellung, wie ich mich immer wieder ins Unbekannte ›stürze‹. Ich fragte mich, ob ich den Mut dazu hätte.

»Liebe zuerst dein eigenes liebes Selbst«, sagten sie, streckten ihre Arme aus und umarmten mich fest. Sie wiegten mich, hielten mich an ihre Brust gedrückt und sagten: **»Fühle mit der Unschuldigen, die du bist, und dann empfinde dasselbe Mitgefühl mit deinen Mitwanderern auf der Erde.«** Und als sie das sagten, traf mich die Wahrheit mitten ins Herz: die Wahrheit von *jedermanns* Unschuld. Und es fühlte sich so *groß*, so edel, so göttlich an, dass mir die Tränen kamen.

»Niemand ›verdient‹ es, geliebt zu werden.« Sie schüttelten den Kopf und fuhren fort: **»Wenn das so wäre, würde nicht eine von euch den Eignungstest bestehen. Ihr verdient es, zu lieben und geliebt zu werden, einfach weil ihr seid, die ihr seid. Das ist genug«**, sagten sie und nickten nachdrücklich. **»Ihr seid, die ihr seid, und deshalb lieben wir euch.**

Bitte fange jetzt an, mit dir selbst so umzugehen«, sagten die Großmütter, ihre Augen voll Mitgefühl. **»Lass die harten Urteile los, die du über dich selbst gefällt hast, und dann tue dasselbe für andere. Wer du**

bist*, verdient es, geliebt zu werden und *wird* geliebt**«, sagten sie, »**und deine Nachbarn, Freunde und sogar (*und besonders*) deine sogenannten ›Feinde‹ verdienen diese gleiche Liebe. Also**«, lächelten sie milde, »**wenn du glücklich sein willst, triff einfach die Entscheidung zu lieben. *Egal was passiert!« fügten sie hinzu und machten hämmernde Bewegungen mit ihren Fäusten. »**Und sobald du diese Entscheidung getroffen hast**«, lachten sie, »**wird das Leben dir einen endlosen Strom von Gelegenheiten bieten zu lieben. In der Tat**«, sagten sie, »**kannst du sicher sein, dass heute eine auftauchen wird.**«

Diese Lektion über die Liebe gab mir eine Menge zu denken. »**Tauche in die Liebe ein**«, sagten die Großmütter. »**Entscheide dich für die Liebe, ohne jede Einschränkung. Sei offen für die Möglichkeiten, die dich umgeben.**« »Hoppla!« dachte ich. »Dieses Zeug ist nichts für schwache Nerven.«

»Hab keine Angst, wenn diese Menschen sterben.«

Ungefähr zu dieser Zeit starb Nelson Mandela. Ich erinnere mich, weil ich auf der Suche nach den Gelegenheiten zu lieben war, auf die die Großmütter mich aufmerksam gemacht hatten, als ich von seinem Tod hörte. Für mich war Mandela ein Beispiel für gelebte Liebe gewesen, und so spürte ich eine Welle der Traurigkeit, als ich hörte, dass er nicht mehr unter uns war.

Ich erinnere mich, dass ich dachte: »Jetzt haben wir wieder einen der wahrhaft Großen verloren, einen von jenen, die hin und wieder auf die Erde kommen und uns mit einem Beispiel für die Macht der Liebe beglücken.« In meinem Leben hatte es nur wenige solcher Beispiele gegeben, und jedes Mal, wenn einer dieser Menschen die Erde verließ, war ich traurig. »Wer ist jetzt noch da, uns zu führen und zu inspirieren?« fragte ich mich. Ich erinnerte mich daran, mich genauso gefühlt zu haben, als Mutter Teresa starb. Diese Menschen mit großen Seelen sind selten, und wenn sie gehen, wissen wir, dass wir etwas verloren haben.

»**Hab keine Angst, wenn diese Menschen sterben**«, sagten die Großmütter zu mir und unterbrachen damit meine Grübeleien. »**Die Liebe** wird die Lücke stets wieder füllen. Wenn eine Fünfhundert-Watt-Glühbirne durchbrennt, flackern sofort hundert Fünf-Watt-Glühbirnen auf. Man bemerkt diese kleineren Glühbirnen zunächst vielleicht kaum, aber eine große Zahl kleiner Glühbirnen erhellt die Dunkelheit genauso gut wie eine große. Und wenn sie gemeinsam in das Lichtnetz strahlen, erhellen sie die Dunkelheit *wirklich*.

Es fehlt heute nicht an Licht und Liebe auf eurem geliebten Planeten«, sagten die Großmütter, »und es wird ihm nie daran mangeln. Wenn die Großen weitergehen, wird ihr Licht unmittelbar im Kosmos verteilt, so dass es weiter strahlt, als es je möglich gewesen wäre, als sie noch auf der Erde wandelten. Es ist nicht mehr an die Grenzen ihrer kleinen Form gebunden, und so kann sich das Licht dieser Großen viel weiter ausbreiten.

Wenn ihr Licht nach außen abstrahlt, erhellt es das Universum (und also auch die Erde). Und in dem Moment, in dem das geschieht, kommen eure manchmal weniger hellen Lichter zusammen, um die Dunkelheit um euch herum zu vertreiben und euch gegenseitig Mut zu machen und darin zu bestärken, den Weg für jene zu erhellen, die nach euch kommen. Du bist eines der Lichter, von denen wir sprechen«, sagten die Großmütter, »und viele von euch leuchten viel heller, als ihr denkt. Ihr mögt zehn Watt, fünfundzwanzig Watt oder hundert Watt oder mehr haben, aber was auch immer eure Stärke jetzt sein mag«, sagten sie, »ihr leuchtet klar und wahr, und mit der Zeit wird eure Kraft zunehmen.

Es ist eure Aufgabe, euer Licht leuchten zu lassen«, sagten sie. »Und es ist eure Freude. Zu leuchten ist eure Natur«, sagten die Großmütter, »denn schließlich ist es das, was ein Licht tut: leuchten.«

Mir gefiel, was sie gesagt hatten, und ich merkte, wie ich mich immer wieder auf diese Botschaft besann.

»Männlich und weiblich, weiblich und männlich. Das sind nur Rollen.«

Das jährliche Lichtnetztreffen in Kalifornien würde bald wieder anstehen, und es würden Menschen aus der ganzen Welt kommen. Am Eröffnungstag überraschten uns mehrere Männer, Freunde einer Lichtnetz-Gruppenleiterin, die vor dem Eingang unseres Treffpunkts auf uns warteten. Und sie waren mit Rosen gekommen! Wir hatten keine Ahnung, dass sie kommen würden, und als die Männer uns sagten, sie seien da, weil sie »die Botschaft der Großmütter leben« wollten, waren wir zu Tränen gerührt.

An den Lichtnetztreffen in Europa hatten Männer teilgenommen, aber nur vier oder fünf waren jemals zu einem in Amerika gekommen. In der Tat war es in Amerika selten, dass überhaupt ein Mann an einem unserer monatlichen Treffen teilnahm. Dass diese Männergruppe hier auftauchte, war so unerwartet, dass ich, als das Treffen vorbei war, zu den Großmüttern ging, um zu fragen, was es damit auf sich hatte.

Die Großmütter musterten mich eine Zeitlang und sagten dann mit einem wissenden Blick: **»*Alle* sind göttlich«**, wobei sie das »alle« betonten. **»Alle«**, wiederholten sie. **»Männlich und weiblich, weiblich und männlich. Das«**, erklärten sie, **»sind nur Rollen, eine Art von ›Kleidung‹, die du anziehst, wenn du auf der Erde inkarnierst. Aber jetzt ist es Zeit, dass du diese altbekannte ›Kleidung‹ hinter dir lässt und aufhörst, dich mit ihr zu identifizieren.**

Verbinde dein Herz mit uns oder einer anderen Gestalt des Göttlichen, die du liebst«, sagten die Großmütter. **»Das wird dir helfen, die gesellschaftlichen oder selbst auferlegten Rollen zu überwinden, die du gespielt hast. Du wurdest konditioniert, an diese Rollen zu glauben«**, sagten sie und schüttelten irritiert den Kopf, **»aber *du bist jenseits von Rollen!* Weder Mann *noch* Frau!«** sagten sie. **»Du bist in *keiner Weise begrenzt*. Du bist göttlich. Das ist deine wahre Identität; also lege dein Herz und deine Kraft *da* hinein und lebe sie. Höre mit deinem Herzen auf unsere Lehren«**, sagten sie und tätschelten mich sanft. **»Wir sind gekommen, um dich auf dem Weg weiterzubringen, als du bisher gegangen bist. Wir sind gekommen, um dich zu dem zu führen, was du**

wirklich bist. Willst du das?« fragten sie und sahen mich mit funkelnden Augen an. Ich schaute zurück und nickte stumm.

»**Gut!**« sagten sie und rieben sich die Hände, als wollten sie sagen: »Na dann, fangen wir mal an.« »**Du kannst unsere Lehren nutzen oder jede andere Lehre, die dich anspricht, um dich zur Wahrheit deines eigenen Wesens zu erheben. Es gibt viele Wege zum Göttlichen, aber wir sind hier, um dich etwas Bestimmtes zu lehren. Wir sagen dir, dass du im Grunde genommen weder Mann noch Frau bist. Das bist du nicht. Du bist auf keine Rolle beschränkt**«, fügten sie hinzu. »**Es ist Zeit für dich, die Rollen loszulassen und deine Göttlichkeit einzufordern.**«

Nach diesen Worten herrschte für ein paar Minuten nichts als Stille, während ich bloß atmete und versuchte, das alles in mich aufzunehmen. Schließlich hörte ich mich sagen: »Okay, Großmütter, ich glaube, ich verstehe, was ihr mir sagen wollt. Ich verstehe, was ihr sagt und… gleichzeitig…« Ich schüttelte den Kopf, als ich weiter darüber nachdachte. »Ich weiß, dass die meisten Menschen nicht so denken. Weder Frauen noch Männer«, sagte ich. »Niemand denkt so. Jeder sieht sich als sein Geschlecht, so wie ich auch. Also, wie? – Wie können wir Frauen und Männer mit dieser Botschaft erreichen? Wenn wir das tun wollen, brauchen wir ein paar praktische Hinweise von euch.«

»**Wir werden zuerst über die Männer sprechen**«, sagten sie. »**Männer müssen sich geliebt fühlen**«, sagten sie. »**Sie müssen sich *zutiefst* geliebt fühlen, das Gefühl haben, nach Hause gekommen zu sein. Und wenn sie dieses Gefühl der Heimkehr haben**«, sagten sie, »**wird es ihnen gelingen, die Abwehrmechanismen, die sie in sich tragen, fallenzulassen.**« »Ja, Großmütter«, stimmte ich zu, denn ich hatte aufmerksam zugehört. »Ich verstehe, dass es helfen würde; und ich weiß, dass es ihnen schwerfällt, verletzlich zu sein und ihre Abwehrmechanismen fallenzulassen. Aber ist es wirklich unsere Aufgabe, das zu tun?« fragte ich. »Wie können wir als Frauen es ihnen leichter machen? Wie können wir ihnen helfen, die Erfahrung zu machen, auf diese Weise geliebt zu sein? Ich meine, das kann doch keine sexuelle oder romantische Liebe sein«, sagte ich, »sondern eher eine mitfühlende, übergeordnete Liebe.«

»Öffnet ihnen die Arme«, antworteten die Großmütter. **»Nehmt die Männer so an, wie sie gerade sind… nicht als Belohnung für etwas, das sie getan haben oder tun werden, sondern als ihr bloßes Sein. Das ist es, was sie brauchen«**, sagten sie. **»Akzeptiert sie so, wie sie in diesem Moment als menschliche Wesen sind. Diese Art Akzeptanz von Frauen zu erfahren, besonders von älteren Frauen«**, sagten die Großmütter, **»wird ihnen sehr viel bedeuten.«**

Als sie sprachen, sah ich plötzlich einen Mann, der in einem Kreis von Frauen saß. Er war von ihnen umgeben, und die Frauen hielten und bemutterten ihn, indem sie ihn in Liebe badeten. Als ich dieses Bild vor mir sah, verging die Härte um den Mann. Sein Gesicht wurde weich, und ich sah Tränen in seinen Augen aufsteigen.

»Ich sehe, was hier geschieht, Großmütter«, sagte ich, »und es ist gut. Aber gibt es nicht mehr als das?« **»Natürlich«**, sagten sie, **»viel mehr. Aber zuallererst müsst ihr euer eigenes Herz für diese Arbeit vorbereiten und festigen. Frauen werden hier die Führenden sein«**, sagten sie. **»Es kann gar nicht anders sein. Weil Frauen einen leichteren Zugang zur Liebe haben, werdet ihr unsere Instrumente sein. Zum Beispiel«**, sagten sie, **»wenn ein Mann bei einem eurer Treffen auftaucht, geht zu ihm und begrüßt ihn. Überschwemmt ihn still mit Liebe und Akzeptanz und heißt ihn willkommen. Ihr müsst jedoch immer unterscheiden, wenn ihr mit Männern kommuniziert.**

In gewisser Weise werdet ihr hier die Mütter sein«, sagten die Großmütter, und ich spürte, wie ich erschrak. »Die Mütter?« fragte ich. **»Die Mütter und die großen Schwestern«**, erklärten sie, **»diejenigen, die geübter darin sind, in Liebe zu leben. Damit eine Veränderung zwischen den Geschlechtern stattfinden kann, müsst ihr auf die Männer zugehen. Das ist etwas, das Frauen tun *können.*«** Sie nickten und lächelten wohlwollend. **»Besonders ältere Frauen. Ihr *könnt* sie in euch aufnehmen, auf eine nicht sexuelle Weise, nicht im Wettbewerb. Ihr könnt sie in eurem Herzen umarmen.**

In ihrem Innersten sind diese Männer wie jüngere Brüder für euch«, erklärten die Großmütter, **»jüngere Brüder, die bis auf die Knochen von**

der Wut der Yang-Energie zermürbt sind. Jüngere Brüder, die sich nach Frieden sehnen. Helft ihnen, den Frieden in sich zu finden«, sagten sie. **»Und wenn sie sich manchmal unangemessen verhalten, erinnert euch daran, wer *ihr* seid. Ihr seid die Älteren; ihr seid die Weiseren. Wenn das passiert, dann nehmt es in die Hand und bringt sie zur Vernunft. Denkt daran«,** sagten sie, **»die meisten von ihnen sind *jüngere* Brüder – noch nicht erwachsen.«**

»Das wird nicht so einfach sein, Großmütter«, sagte ich. »Männer sind es gewohnt, zu dominieren, den Ton anzugeben und ›der Boss zu sein‹, auch wenn sie nicht wissen, wovon sie reden. Oft sind sie von ihrem Ego geblendet«, sagte ich. »Was sollen wir tun, wenn das passiert?« **»Geht davon aus, dass es am Anfang passiert«,** sagten die Großmütter, **»und bleibt standhaft, wenn es geschieht. Wenn ein Mensch vom Pfad abweicht, bringt ihn zu unseren Lehren zurück. Manchmal werdet ihr ihm klare Grenzen setzen müssen.«** Sie wiegten ihre Köpfe und sagten: **»*Ihr müsst führen.* Es kann nicht anders sein.«**

»Wenn ihr ›ihr‹ sagt, Großmütter, sprecht ihr dann zu allen Frauen?« **»Wir sprechen jetzt hauptsächlich zu dir und den Frauen in unseren Gruppen. Eine große Anzahl von ihnen hat inzwischen genug Macht angesammelt, um mit den Männern klarzukommen, wenn sie sich auf unsere Arbeit einlassen.«** Ich wartete darauf, mehr zu hören, aber das war alles, was sie zu diesem Thema sagen würden, und bald ließen sie mich wissen, dass unsere gemeinsame Zeit zu Ende war.

Als diese Reise vorüber war, ertappte ich mich dabei, dass ich fortwährend daran dachte. »Oh je!« stöhnte ich. Ich war ganz und gar nicht erpicht darauf, mich damit zu befassen. »Das ist eine gewaltige Aufgabe, die die Großmütter uns stellen, und wir kratzen erst an der Oberfläche. Oh je!« sagte ich wieder, und ich zitterte. »Ich bin sicher, dass sie uns in Zukunft mehr sagen werden. Im Laufe der Zeit, denke ich«, fügte ich hinzu. »*Ich hoffe, sie tun es wirklich.*« Und weil mich der Gedanke, mit Männern zu arbeiten, weiter verfolgte, ging ich noch vor Ablauf der Woche wieder zu meinen weisen Lehrerinnen, um mehr zu erfahren.

»Die Männer fangen gerade erst an, die Kraft von Yin zu begreifen.«

Neulich kam ein junger Mann zum Abendessen in unser Haus, ein Geschäftsmann in den Dreißigern, der das Familienunternehmen ausbaut. Er ist der Sohn eines alten Bekannten und entpuppte sich als das, was man früher »einen Mann von Welt« nannte: ein Mann, der sich in Wirtschaft und Politik rund um den Globus auskennt: Klug, ehrgeizig, eine Führungspersönlichkeit, und er sprach den ganzen Abend über sich und seine Welt.

Hinterher dachte darüber nach: Er war ein extremer Fall von Selbstbezogenheit. Der junge Mann hatte niemanden außer sich selbst im Sinn. »Wenn das Yang«, sagte ich mir, »keine Verbindung zur Yin-Energie hat, kann es weder für sich selbst von Nutzen sein noch der Welt eine wirkliche Hilfe. Tatsächlich wird eine so extreme Selbstbezogenheit nur Schaden anrichten.« Was ich in diesem jungen Mann gesehen hatte, war aus dem Gleichgewicht geratene Yang-Energie, die im Außen nach etwas suchte. Er hatte sich den ganzen Abend vor uns in den Vordergrund gespielt, ohne sich um andere zu kümmern. »Dieser Typ war weder teilnahmsvoll noch sich seines eigenen Seinsgrundes überhaupt bewusst«, sagte ich mir. Der junge Mann, überlegte ich, war nicht in seinem Menschsein verankert. Er erlebte keine wirkliche Verbindung mit anderen. In seiner Vorstellung waren Roger und ich nur sein Publikum, und es ging ihm nur darum, voranzukommen. »Warum«, fragte ich mich, »warum dieses ständige Vorankommen-Wollen?

Natürlich will er Geld und Macht«, grübelte ich. »Schließlich redet er nur davon. Aber *warum* sehnt er sich nach Geld und Macht? Warum vergisst er sein Menschsein und die Menschen um sich herum? Warum verkauft er sich und andere so unter Wert? Was bildet er sich ein, was all das Geld und die Macht für ihn tun werden?«

»Großmütter«, sagte ich, als ich das nächste Mal zu ihnen ging, »zu den Männern…« Und ich war so in das Thema vertieft, dass ich sie, glaube ich, nicht einmal begrüßt hatte, bevor ich loslegte. »Zu dem, was ihr das letzte Mal gesagt habt, Großmütter«, sagte ich, »es hat mich seitdem sehr beschäftigt, und ich möchte mehr darüber erfahren. Ich *muss* mehr wissen«, bat ich flehentlich, und sie nickten verständnisvoll mit dem Kopf.

Sie sahen mir einen Moment fest in die Augen, dann begannen sie zu sprechen, langsam und klar, und sie hielten mich in ihrem Blick, damit ich verstand. »**Die Männer fangen gerade erst an, die Kraft von Yin zu begreifen**«, sagten sie. »**Noch haben sie nur wenig Weisheit.**« Sie schüttelten mitfühlend den Kopf. »**Darum brauchen sie eure Führung. Der Mann, der zum Essen kam, hatte sich verloren. Er ist in einem Gefängnis von Yang, im ›Immer-nur-Voran‹ eingesperrt. Und die Männer, die dich überrascht haben, als sie beim Lichtnetztreffen in Kalifornien aufgetaucht sind, begeistern sich zwar dafür, aber sie haben wenig Verständnis für das weibliche Prinzip. Und noch weniger Verständnis für ihren Platz darin**«, fügten sie mit ernster Miene hinzu. »**Diese Männer werden euch brauchen, damit ihr sie führt**«, sagten sie und sahen mich eindringlich an. Ich schluckte schwer unter ihrem Blick. Ich war mir nicht sicher, ob ich diesen Job wollte.

»**Lange Zeit haben die Männer die Geschicke der Welt ›in der Hand‹ gehabt**«, sagten die Großmütter. »**Und weil sie daran gewöhnt sind, sich so zu sehen, werden sie die Zügel nicht so leicht aus der Hand geben wollen.**« »Ja, Großmütter«, sagte ich und seufzte, »ich weiß.«

»**Sie sind es gewohnt, zu führen**«, sagten sie, »**und werden erwarten, dass ihr euch ihnen fügt. Jetzt nicht mehr**«, sagten sie, ohne zu lächeln. »**Nicht in dieser Zeit. Schaut nicht auf Männer, auf dass sie euch führen. Schaut *nicht* auf sie, auf dass sie führen**«, wiederholten sie mit ernster Miene. »**Die meisten von ihnen sind nur Jungs**«, erklärten sie, »**wohlmeinende Jungs, aber dennoch Jungs.**

Hört den Männern zu, die an unserer Arbeit interessiert sind. Hört ihnen ein bisschen zu«, sagten sie, »**dann ergreift das Wort und leitet sie an. Und dann hört noch etwas weiter zu. Manche von ihnen denken, sie wüssten mehr, als es der Fall ist**«, sagten die Großmütter. »**Das ist, was die unkontrollierte Yang-Energie den Männern angetan hat. Sie sind arrogant geworden. Lasst euch nicht von ihrer ›Alles-unser‹-**

Attitüde täuschen«, sagten sie, »**und lasst euch nicht vom Charme oder der ritterlichen Art betören.**« Jetzt erinnerte ich mich an die Männer bei der Versammlung mit ihren Armen voller Rosen. »**Fragt sie nach ihrem** ***Verständnis***«, sagten die Großmütter und musterten mich eindringlich. »**Fragt sie, was sie aus unseren Büchern** ***lernen.*** **Gebt ihnen immer die Gelegenheit zu lernen, und denkt daran, dass sie da sind, um zu lernen. Von uns und von euch**«, sagten sie.

»Großmütter«, sagte ich, als ich darüber nachdachte, »welche Rolle spielen eigentlich die Männer in eurer Arbeit?« Denn ich fragte mich, was das wohl sein könnte. Hatten sie überhaupt eine Rolle zu spielen? »**Eine Rolle, die nicht im Mittelpunkt der Arbeit steht**«, antworteten die Großmütter, »**eher eine Nebenrolle. Als Frauen müsst ihr mehr in die Tiefe gehen, und ihr müsst viel weiter wachsen. Die tiefgründige Arbeit, Yin auf die Erde zurückzubringen, ist nichts für Männer, und wenn Frauen sich mehr dem Yin öffnen, werden Männer nicht genau verstehen, was ihr da tut. Der Umgang mit der Yin-Energie ist derzeit jenseits ihres Verständnisses, also müsst** ***ihr*** **diese Arbeit der Vertiefung tun, und ihr müsst sie allein tun.**

Männer können euch ermutigen und euch den Rücken freihalten«, sagten die Großmütter, »**aber die Arbeit, den Planeten wieder mit Yin anzufüllen, ist Sache der Frauen. Erwartet nicht, dass Männer es verstehen. Ihr werdet diesen Wunsch hinter euch lassen müssen. Es ist nicht die Art der Männer, so tief in diese Arbeit einzusteigen, wie ihr es müsst**«, sagten sie. »**Versucht auch nicht, es ihnen zu erklären. Das ist nicht nötig.**« Sie schüttelten den Kopf. »**Liebt sie einfach und bittet sie um Hilfe, wenn ihr sie braucht.**

Lasst sie euch mit stiller Kraft unterstützen, und wenn sie nicht daran arbeiten, euch zu unterstützen, lasst sie miteinander arbeiten und Vertrauen unter ihren Brüdern aufbauen. Zum größten Teil vertrauen die Frauen einander bereits, also braucht ihr nicht die Arbeit des Vertrauensaufbaus zu leisten, aber die Männer müssen sie tun. Pflegt einfach weiterhin die bereits bestehende Bindung von Frau zu Frau und geht gemeinsam weiter. ***Männer leisten nur eine Mithilfe bei unserer***

Arbeit«, sagten die Großmütter. **»Sie können sogar sehr hilfreich sein und die Arbeit erleichtern, aber für die anstehende Aufgabe werden sie nicht unbedingt gebraucht.«**

»Wie also, Großmütter, können wir die Männer bei dieser Arbeit einsetzen und sie dabei würdigen?« fragte ich. »Wir wollen nicht, dass sie sich übersehen und ausgeschlossen fühlen, und wir können sie nicht in die Arbeit einbeziehen, bevor sie es wirklich ›verstanden‹ haben.« **»Ja«,** sagten die Großmütter, **»das wissen wir.«** Dann hielten sie inne, schienen über all das nachzudenken, und sagten dann: **»Bittet sie, bei bestimmten Zeremonien und Aktivitäten mit dabei zu sein. Bittet sie, das Feld der Yang-Energie im Lot zu halten, einfach dabei zu sein und standhaft zu bleiben. Bittet sie, mit dem Lichtnetz verbunden zu bleiben. All dies wird sie die kraftvolle Liebe der Mutter spüren lassen. Und, wenn sie diese Dinge tun, werden sie eine Matrix für andere Männer bereitstellen, an die sich diese anschließen können.**

Wenn Männer das Netz aus Licht halten, die Arbeit bezeugen, die ihr Frauen tut, und gleichzeitig die Yang-Energie, die sich durch sie bewegt, eindämmen und regulieren, werden sie ein Beispiel für viele sein«, sagten die Großmütter. **»Sie werden auch zum Maßstab werden für ungezählte Wesen im unsichtbaren Netzwerk des Lichts, das die Welt trägt. Viele Männer werden von der Arbeit profitieren, die diese Männer tun werden, und viele Frauen werden aufatmen, dass es Männer wie sie gibt, die bereit sind, selbstlos für das Wohl aller zu arbeiten.«** Dann sagten die Großmütter: **»Wir erinnern euch noch einmal daran, dass bei dieser Arbeit die Frauen führen müssen. Es kann nicht anders sein.«**

»Sprecht wahr.«

Diese Dinge gingen mir die ganze Zeit im Kopf herum, und so reiste ich schließlich am Silvesterabend wieder zu den Großmüttern. »Großmütter«, sagte ich, »die Arbeit, die ihr uns bei eurem ersten Erscheinen gegeben habt, handelte von der Yin-Energie und davon, das Gleichgewicht auf die Erde zurückzubringen; davon, *alles* ins Gleichgewicht zu bringen. Und derzeit ist etwas, das aus dem Gleichgewicht geraten ist, die

Beziehung zwischen Männern und Frauen. Ich habe euch schon häufiger danach gefragt, und ihr habt mir nicht sehr viel weitergeholfen. Ich verstehe nicht, warum ihr nicht vertieft darauf eingegangen seid, aber ich werde es noch einmal versuchen.

Es gibt gerade einen großen Umbruch«, sagte ich und erwärmte mich für mein Thema. »Frauen sprechen über Männer, die ihnen Leid zugefügt haben. Es gibt viel Wut und eine starke Gegenwehr. Und gleichzeitig, Großmütter, was wir alle wirklich wollen, sind Gleichgewicht und Harmonie, echte Harmonie. Allerdings«, sagte ich, »wissen wir nicht, wie wir das erreichen können. Weil ihr in der Lage seid, uns so zu sehen, wie wir wirklich sind, werde ich euch etwas fragen: In Anbetracht des mangelnden Verständnisses zwischen Frauen und Männern heutzutage, was ist das Wichtigste, das wir Frauen lernen müssen? Wie können wir eine bessere Beziehung zu Männern und gleichzeitig eine bessere Beziehung zueinander haben?«

»**Wenn ihr mit Männern sprecht und auch, wenn ihr miteinander sprecht**«, sagten die Großmütter, »**sprecht aus dem Herzen. Sprecht die Wahrheit auf klare Art und Weise aus, sprecht sie auf freundliche Art und Weise, nicht anklagend. Und wenn ihr den Mund aufmacht, um über schwierige Themen zu sprechen, denkt daran, wahr zu sprechen, damit alle Generationen es hören können. Sprecht nur das, worauf ihr stolz wäret, wenn die Menschen in der Zukunft es hören könnten. Und wenn ihr sprecht, denkt an das Gute, das ihr euch auf der Erde wünscht, nicht nur für euch selbst, sondern für alle Wesen.**

Wenn ihr so denkt«, sagten sie, »**werden eure Worte nicht so verletzen, wie sie es sonst tun würden. Ihr werdet gehört werden und eure Energie nicht mit Wut und Anklage verschwenden. Sprecht wahr. Sprecht als *Frau* – als Frau mit Macht, denn das ist, was ihr seid**«, sagten sie und sahen mich lange und eindringlich an. »**Als wirkliche Frau – als eine, die das höchste Gute für alle Wesen anstrebt.**

Wann immer ihr aus dieser Selbstlosigkeit heraus sprecht«, sagten sie, »**werden die Männer auf euch hören. Seid mutig**«, sagten sie, und dann standen sie still da und musterten mich. »**Sagt die Dinge, die**

schwer zu sagen sind«, sagten sie, und als ich in ihre ernsten Gesichter blickte, merkte ich, dass das, was sie mir jetzt sagten, von großer Wichtigkeit war. »**Sprecht für das Wohl aller«**, fuhren sie fort. »**Sprecht für das Wohl eurer sogenannten Feinde, für euch selbst, für die kommenden Generationen und für diejenigen, die vor euch kamen. Sprecht von diesem Ort der tiefen Verbundenheit mit allem Leben. Wenn ihr dies tut, werdet ihr damit alle Wesen ehren. Die Männer werden auf euch hören. Sie werden zuhören und sich danach richten.**

In der Vergangenheit haben die Männer nicht auf die Frauen gehört«, sagten die Großmütter und schüttelten den Kopf. »**Sie haben euch ignoriert und herabgewürdigt, und ihr wiederum habt euch oft gegenseitig ignoriert, manchmal sogar erniedrigt. Und was die Angriffe auf die Männer angeht«**, fügten sie hinzu und verzogen ihr Gesicht, »**verschwendet damit nicht mehr eure Zeit! Sprecht wahr und klar. Sprecht es aus«**, sagten sie, und nach kurzem Nachdenken fügten sie hinzu: »**Steht auf und lasst auf euch zählen. Tretet vor und sagt, was gesagt werden muss. Versteckt euch nicht und haltet euch nicht zurück. Aber gebt dabei nicht an oder stellt euch zu sehr heraus. Sagt einfach die Wahrheit – geradeheraus!**

Du wohnst jetzt bei uns«, sagten die Großmütter, und ich schaute überrascht zu ihnen auf. »**Wir sind jetzt jeden Tag bei dir«**, sagten sie. »**Du rufst uns ständig an, und wir antworten dir. Wir sind so tief mit dir verbunden, dass Gott jetzt in deinem Atem, in deinem Blut, in jedem deiner Gedanken, Worte und Taten ist. Wenn du so lebst, wenn diese tiefinnerste Verbindung mit dem Göttlichen in dir ist, wird die Wahrheit immer hervorkommen. Du wirst nicht überlegen müssen, was du sagen wirst. Es wird einfach aus deinem Mund kommen. Mit Leichtigkeit!«** verkündeten sie. »**Unzweideutig! Und in jedem Augenblick«**, sagten sie mit einem bekräftigenden Nicken. »**Das Göttliche«**, erklärten sie, »**das, was ihr wirklich seid –** ***ist*** **Wahrheit. Und Wahrheit muss ausgedrückt werden.**

Wir sind glücklich, dass du endlich an diesen Ort gekommen bist«, sagten sie, »**sehr glücklich, dass du erlebst, was ihr ›die Wahrheit aus-**

sprechen‹ nennt. Das ist jetzt nötig. Indem du die Wahrheit aussprichst, wirst du die große Liebe finden, den großen Dienst, der das höchste Gute für alle anstrebt.

Die Wahrheit bewegt sich jetzt voran«, sagten sie und hoben weit ausladend ihre Arme, »**erhebt sich und bewegt sich voran. Und du bist Teil dieser Dynamik**«, sagten sie, und dann begannen sie zu summen. »**Huumm**«, brummten sie mehrere Sekunden lang. Dann seufzten sie zufrieden und fügten hinzu: »**Wir freuen uns für dich. Du hast hart gearbeitet, um in diese Macht eintreten zu können. Du warst standhaft und mutig und treu, und das sieht man!**« erklärten sie. »**Wir ziehen den Hut vor dir.**«

»Oh!« sagte ich, als ich mich von ihnen verabschiedete. »Ich fühle mich so glücklich, Großmütter. Ich fühle mich so erfüllt von Güte, erfüllt von Glück und Frieden und Dankbarkeit. Erfüllt von all dem«, sagte ich und schlang meine Arme um mich. »Amen, Amen, Amen«, flüsterte ich mit verhaltenem Atem. »Großmütter«, sagte ich, »ihr seid großartig.«

»Veränderungen dieses Ausmaßes erfordern eine völlig neue Art zu leben.«

Nach diesen letzten paar Reisen zu den Großmüttern hatte ich das Gefühl, dass ich vielleicht, nur vielleicht, mit dem Thema Frauen und Männer auf einem guten Weg war. Es war schon eine Weile her, dass die Großmütter so viele Informationen über die Schwierigkeiten zwischen den Geschlechtern mit mir geteilt hatten. Einige Puzzleteile schienen nun zu passen. Vielleicht, so dachte ich, ist dies ein guter Zeitpunkt, um noch mehr von ihnen zu lernen.

»Großmütter«, sagte ich, als ich wieder vor ihnen stand, »ihr habt in letzter Zeit eine Menge wertvoller Informationen gegeben, und es war wirklich hilfreich. Allerdings«, sagte ich, als ich darüber nachdachte, »fehlt mir als Frau noch etwas in meiner Beziehung zu Männern und in meinem Verständnis für sie. Ich würde gerne mehr über die Kluft zwischen den Geschlechtern erfahren. Ich würde gerne besser verstehen. Bitte lasst es mich noch einmal versuchen.«

Sie antworteten nicht, sondern standen nur da und guckten mich an, also holte ich tief Luft und legte los. »Frauen«, begann ich, »fühlen sich von Männern im Stich gelassen. Das geht mir oft so«, gab ich zu, »und anderen auch. Oft sind wir über ihr egoistisches Verhalten erschrocken. Wir werden wütend auf sie wegen der Art und Weise, wie sie uns behandeln; wir vertrauen ihnen nicht. Und doch ist das einzige, was diese Wut und dieses Misstrauen ihnen gegenüber bewirkt, ein stärkeres Gefühl der Trennung. Also, Großmütter«, sagte ich, »wie können wir als Frauen einen realistischen Blick auf Männer haben und sie trotzdem mögen? Wie können wir sie so sehen, wie sie sind, mit allen Fehlern, und es trotzdem schaffen, die Wunden zwischen Frauen und Männern zu heilen?«

»**Das ist eine große Aufgabe**«, sagten die Großmütter und schüttelten langsam den Kopf. »**Du verlangst eine Menge – eine Menge von dir und eine Menge von uns.**« »Aber Großmütter«, sagte ich, »ich würde das nicht von euch verlangen, wenn ich die Antwort schon wüsste. Ich frage, weil ich wirklich eine respektvolle Beziehung zu Männern haben *möchte*. Ich liebe Männer, ich mag sogar die meisten von ihnen, aber ihr Verhalten als Geschlecht ist schrecklich. Sie richten eine Menge Unheil an.«

»**Ja**«, sagten sie, »**das tun sie. Sie sind verloren. Sie wissen nicht, wie sie jetzt Männer sein sollen; sie sind sich nicht sicher, was das überhaupt bedeutet. Viele von ihnen spielen immer noch alte Rollen, die früher für das männliche Geschlecht funktionierten, aber nicht mehr gültig sind. Viele der alten Rollen, zu denen Männer gerne zurückkehren würden, sind für die Gesellschaft nicht mehr tragbar. Zum Beispiel hat die heutige Welt wenig Bedarf an Jägern und klassischen Kriegern. Und obendrein übernehmen heute Maschinen die meisten Aufgaben, die früher von Männern erledigt wurden.**

Viele der sogenannten fürsorgenden Aufgaben, die Frauen schon immer wahrgenommen haben, wie Krankenpflege und Unterricht, gibt es noch, aber die klassischen Männeraufgaben sind versiegt. Es gibt für Männer nicht mehr viel zu tun. Wenig *echte* Arbeit«, sagten sie. »**Viele Männer sind damit beschäftigt, Geld zu bewegen, zu kaufen**

und zu verkaufen und in den technischen Industrien zu arbeiten. Diese Berufe sind immer noch lebensfähig. Andere Männer leisten Strafverfolgung und Militärdienst, und einige arbeiten auf dem Bau. Dies sind einige der klassischen männlichen Arbeitsrollen, aber nur wenige dieser Bereiche expandieren.

Die Männer von heute sehen ihre Welt schrumpfen, und das veranlasst einige von ihnen, zu versuchen, die Uhr zurückzudrehen, in der Hoffnung, zu einer einfacheren, traditionelleren, ›männlicheren‹ Lebensweise zurückzukehren. Sie haben Angst vor all diesen Veränderungen, Angst davor, was aus der Welt, die sie kannten, geworden ist. Man kann sehen, wie sie sich vor Angst zusammenziehen und dabei versuchen, die Menschen um sich herum (vor allem Frauen) zu dominieren und auf jeden einzudreschen, den sie als ›Feind‹ betrachten. Diktaturen sprießen heute überall auf der Welt aus dem Boden, wenn ›starke Männer‹ nach der Macht greifen, sich an ihr festklammern und diejenigen schikanieren, die ›unter‹ ihnen stehen.« Die Großmütter holten tief Luft und sagten: **»Du verlangst eine Menge mit deiner Frage.**

Dies ist eine Zeit des Wandels… des großen Wandels«, sagten sie. **»Dergleichen habt ihr noch nicht erlebt. Veränderungen dieses Ausmaßes erfordern eine völlig neue Art zu leben«**, sagten sie, **»deshalb müsst ihr Geduld mit euch haben. Und ihr müsst mit den Männern geduldig sein. Wenn ihr euch daran erinnert, dass die Männer Angst haben – tiefsitzende Angst – werdet ihr besser mit ihnen umgehen können. Wie wir euch gesagt haben: Ihr könnt jetzt nicht auf die Männer schauen, damit sie euch führen, denn sie sind jetzt nicht in der Lage dazu. Anstatt auf sie zu schauen, damit sie euch den Weg zeigen und euch führen, müsst ihr in euch gehen.«**

Constance und Tim

Wir schließen dieses Kapitel mit einem Brief von einem »Leuchtfeuer« des Lichtnetzes in Südkalifornien. Constance und ihr Partner, Tim, waren gerade von einer Reise nach Italien zurückgekehrt, und was mich in diesem Brief von Constance am meisten beeindruckte, war, wie gut die Beziehung zwischen Constance und Tim zu funktionieren schien. Es war ein Beispiel, wie Yin und Yang zusammenarbeiten *können*.

Sie schrieb:

»Hier ist etwas, das dich vielleicht interessiert. Wir sind gerade von einem Besuch bei einer Freundin in Italien zurückgekehrt. In den Wochen vor unserer Abreise hatte ich einen Traum von den Ahnen meiner italienischen Freundin Silvia, und da merkte ich, dass ich me#hr darüber wissen wollte, wie man mit den Ahnen kommuniziert. Das überraschte mich, denn ich hatte nie großes Interesse an der Arbeit mit den Ahnen – obwohl sie regelmäßig dort auftauchen, wo wir uns treffen, um in unserem Zuhause spirituell zu arbeiten. Aber dieser Traum über diese italienischen Ahnen setzte eine Kaskade von Ereignissen in Gang, die uns auf unsere Reise nach Italien vorbereiteten.

In den Tagen vor unserer Abreise war es geradezu unheimlich, wie sich die Bücher der Großmütter dort öffneten, wo es etwas über die Arbeit mit den Ahnen zu lernen gab. Es gab auch einen großen Schub beim Verbreiten des Lichtnetzes, beim Geben von Einweihungen und im Kontakt mit den Ahnen bei den spirituellen Treffen bei uns zu Hause. Aber jetzt schloss sich uns Tim, mein Partner, bei diesen Aktivitäten an, während ich sie bisher meist allein gemacht hatte – was sehr anstrengend sein kann. Als wir uns so auf die Reise vorbereiteten, bekamen wir eine Ahnung davon, wie es sich anfühlt, diese Gaben zu teilen, wenn das Männliche sich dem Prozess anschließt.

Eine Woche später hatte ich über all die aufregenden Erkundungen Italiens alles von dieser Vorbereitung vergessen, doch dann, eines Morgens in Florenz, beschlossen Tim und ich, zu einer historischen, aber immer noch genutzten Synagoge in der Nähe unseres Hotels zu gehen. Ich hatte sie vor fast zehn Jahren besucht, und an diesem Morgen waren außer uns nur ganz wenige Menschen dort.

Wir mussten vier steinerne Treppen hinauf, um das kleine Museum im obersten Stockwerk zu besichtigen; ich war die erste, die es betrat, und bald von den Artefakten meines jüdischen Glaubens fasziniert. Tim trat direkt hinter mir ein, und im selben Moment wurde er von einer dichten Schwärze, die ihn einhüllte, aufgehalten. Mein Mann, der sonst nie klagt, sagte, er fühle eine solche Schwere auf seiner Brust, dass er denke, er habe einen Herzinfarkt. Wir sahen uns an und wussten intuitiv, dass dem nicht so war, sondern dass er die Schwere des Raumes wahrnahm, in dem wir uns befanden.

Während er diese körperlichen Empfindungen im Gewahrsein hielt, begannen wir beide, das Lichtnetz auszubreiten und unsere Ahnen und die Ahnen des Landes anzurufen. Sein körperliches Unbehagen löste sich allmählich auf, als mehr Ahnen herbeikamen als wir hätten zählen können. Nachdem ich sie gefragt hatte, ob sie die Ermächtigung der Großmütter erhalten wollten, begann ich, die Ermächtigungen an die weiblichen und den Mantel der Geborgenheit an die männlichen Ahnen weiterzugeben, bis ich mich erinnerte, dass sie diese an diejenigen weitergeben konnten, die hinter ihnen standen. Sie schienen sehr interessiert, diese Energie zu empfangen, wie auch begierig, uns zu unterstützen. Es war verblüffend zu sehen, wie sie die Ermächtigung in der Ahnenreihe weitergaben, scheinbar ins Unendliche.

Es war faszinierend, dies im Gespann mit meinem Partner zu tun. In seiner Männlichkeit hielt Tim den Raum aus Sicherheit und Stabilität, so dass ich frei war, mit den Ahnen zu kommunizieren. Er bot Sicherheit, Schutz und Unterstützung, während er gleichzeitig die Schwere hielt, die in diesem Raum vorhanden war. Ohne seine Anwesenheit wäre es eine ganz andere Erfahrung gewesen. Hier waren das Feminine und das Maskuline im Einheitsbewusstsein im Gleichgewicht und verbreiteten heilendes Licht in der Welt. Es war nicht nur einfacher, auf diese Weise zu arbeiten, als es allein zu tun, es war auch ausgeglichener, lohnender und einigender.

Tim und ich gingen dann die Treppe zum Hauptheiligtum hinab und sahen, dass es immer noch Löcher von Bajonetten in der Bundeslade gab, als die Nazis diesen heiligen Raum während des Zweiten Weltkriegs geschändet hatten. Wir fuhren fort, das Lichtnetz auszubreiten, und wurden Zeugen, wie die Vorfahren weiterhin Ermächtigungen weitergaben.

Wir beendeten unseren Besuch, indem wir das Lichtnetz am Holocaust-Mahnmal vor der Synagoge auswarfen, das all derer gedenkt, die während des Krieges getötet worden waren.

Als wir die Gegend verließen, verkauften uns zwei jüdische Frauen Laibe des traditionellen jüdischen Brotes, Challah, das beim Schabbatgottesdienst am Freitagabend gegessen wird; ein Geschenk zur Stärkung. Dann kamen wir an einem schwerbewaffneten jungen Wachmann vorbei, der vor der Synagoge stand, eine Erinnerung an das Ungleichgewicht in der Welt, das wir nun mit Liebe tränkten.

Ein paar Stunden später, im Bahnhof von Florenz, als wir auf die Abfahrt warteten, erlebte ich einen großen emotionalen Ausbruch – traumatisch und überwältigend. Tim und ich gingen damit um, so gut wir konnten, und meine Tränen flossen während der ganzen langen Zugfahrt. Es fühlte sich an, als ob es mit dem Erlebnis in der Synagoge zusammenhing und dort in meinem Körper und meiner Seele etwas ausgelöst worden war, was nun losgelassen werden musste. Zum Glück war der nächste Tag als Ruhetag geplant.

Wissen wir wirklich, wie derartige Erfahrungen uns auf wie vielen Ebenen beeinflussen? Ich bin mir nicht sicher, aber das Zusammensein hat geholfen, und wir sind als Paar gewachsen.

Dankbar,
Constance und Tim

KAPITEL ZWEI

Überall auf der Erde kommt destruktive Energie an die Oberfläche.

Als ich das nächste Mal zu den Großmüttern ging, war ich furchtbar aufgebracht. In Afrika tobte eine Epidemie, die Tausende von Menschen tötete, und im ganzen Nahen Osten gab es tagtäglich Blutbäder. Überall auf der Welt gab es Leid und Umwälzungen, und ich war so aufgewühlt von all dem, dass ich wieder zu meinen Lehrerinnen ging, um mich zu beruhigen. Ich brauchte etwas, das mich aufrichtete, mich ermutigte und mir half, den Kopf oben zu behalten. Die Großmütter hatten jedoch ihre eigene Sicht der Dinge auf der Erde.

»**Die Welt scheint sich in einer Abwärtsspirale zu befinden**«, sagten sie zu mir und nickten teilnahmslos. »**Kriege, Terror und Gewalt schießen überall auf der Erde aus dem Boden, und die Angst hat Hochkonjunktur.**« »Ja, Großmütter.« Ich schluckte. »Ihr sagt es.« Und als ich sprach, legte eine von ihnen einen Arm um mich, um mich zu trösten. »**Obwohl all dies und mehr jetzt geschieht**«, sagten sie und bedachten mich mit einem mitfühlenden Blick, »**versichern wir dir, dass *die Dinge nicht so sind, wie sie scheinen.* Als wir das erste Mal erschienen, haben wir dir**

von den Zeiten erzählt, die auf dich zukommen.« Sie sahen mich über ihre Nasenspitzen hinweg an und sagten: »**Und jetzt sind sie da. Das sind sie.**

Überall auf der Erde kommt destruktive Energie an die Oberfläche«, sagten sie, »***und das ist kein Zufall.*** **Sie kommt nach oben, um umgewandelt und eliminiert zu werden**«, erklärten sie, »**und während dies geschieht, bitten wir dich, ruhig zu bleiben, zu beobachten, wie sie sich zeigt, und zu danken, dass sie endlich an die Oberfläche kommt. Die dunkle Energie hat die Liebe und das Leben auf eurem Planeten schon eine sehr lange Zeit unterdrückt**«, sagten die Großmütter und schüttelten traurig den Kopf, »**deshalb** ***muss*** **dieser Aufstieg des Bösen stattfinden. Wir bitten dich, Zeuge zu sein, wenn es sich zeigt, und das Netz aus Licht für deinen Planeten zu halten.**«

Ich hatte sehr aufmerksam zugehört, und jetzt sah ich die dunkle Energie, von der sie sprachen. Sie lag still, tief unten am schlammigen Grund eines Sees, während sich ab und zu ein Ausläufer davon seinen Weg an die Oberfläche bahnte, um das Wasser aufzuwirbeln. Ich hatte das Gefühl, dass diese emporquellende Masse bis vor kurzem noch auf dem Grund des Sees geschlafen hatte. Aber jetzt nicht mehr! Jetzt gab es Bewegung im Schlamm, und ich erschauerte, als ich die schlangenartigen Wellen aufsteigen sah.

»**Rufe uns an oder irgendeine Form des Göttlichen, die du liebst**«, sagten die Großmütter und unterbrachen damit meine entsetzte Faszination, »**und rufe das Lichtnetz an. Die Ausstrahlung des Netzes wird dich sicher halten, während all dies an die Oberfläche steigt. Du kannst dich jetzt wieder in die Umarmung des Lichtnetzes fallenlassen. Erlaube ihm, dich zu halten**«, sagten sie. »**Und während du dem Netz deine angstvollen Gefühle übergibst, erinnere dich daran, dass seine goldenen Stränge jeden und alles auf der Erde halten. Es hält sogar diesen ekelhaften Schlamm, den du gerade siehst**«, sagten sie, und ich erschauerte wieder. »**Jedes Mal, wenn du das Lichtnetz anrufst, übernimmt es automatisch**«, erklärten die Großmütter, »**du kannst dich also darauf verlassen, dass es** ***alles*** **stabilisiert und anhebt.**

Arbeite langsam und zielgerichtet mit all dem, was jetzt ins Bewusstsein aufsteigt. Es kommt hoch, um losgelassen zu werden«, erinnerten sie mich, »**also rufe jedes Mal, wenn du dir einer aufsteigenden Dunkelheit bewusstwirst, das Netz aus Licht an. Wenn du diese Arbeit so angehst, auf eine geduldige Art und Weise, wirst du in der Lage sein, die Kraft des Netzes für dich und alle Lebewesen zu verstärken. Also, jedes Mal, wenn ein neuer Schrecken auftaucht**«, sagten sie, »**rufe das Lichtnetz an.**

Während all diese scheinbare Zerstörung auf der Erde stattfindet, werden wir dich halten und beschützen«, sagten die Großmütter. Dann winkten sie mich zu sich. »**Setz dich jetzt zu uns**«, sagten sie und streckten ihre Arme aus, um mich auf ihren Schoß zu ziehen. »**Nimm dir Zeit, jetzt bei uns zu sein**«, sagten sie. »**Nimm dir Zeit und erlaube uns, dich zu lieben. Nimm dir Zeit dafür**«, sagten sie und drückten mich an ihre Brust, während sie mir sanft über den Rücken streichelten.

»**Während all der unterdrückte Schmerz auf deinem Planeten an die Oberfläche steigt, werden wir dich trösten. Du bist nicht allein. Nein!**« Sie schüttelten ihre Köpfe. »**Wir sind bei dir, in jedem Augenblick deines Lebens. Wir werden dich Tag und Nacht begleiten. Wir sind**«, lächelten sie, »**der eigentliche Atem in deinem Körper.**

Es wird neu für dich sein, so geduldig mit uns zu arbeiten, denn du hast die meiste Zeit deines Lebens in Eile verbracht, damit, *beschäftigt zu sein*«, sagten sie mit einem bedauernden Lächeln. »**Schließlich**«, fügten sie hinzu, »**bist du darauf konditioniert, den weltlichen Dingen hinterherzujagen: dem Geld, den Ideen, den Gedanken (sowohl den ›guten‹ als auch den ›schlechten‹)**«, sagten sie, »**und doch macht dich diese Jagd auf lange Sicht nur müde. Es macht dich einsam und ängstlich.**« Sie zuckten die Achseln, als wollten sie sagen: »Na ja, was erwartest du?« und fügten hinzu: »**Mache jetzt eine Pause davon und verbringe stattdessen etwas Zeit mit uns. Wir sind hier**«, gestikulierten sie und öffneten ihre Arme weit. »**Wir stehen vor dir, hinter dir und neben dir. In diesem Moment halten wir dich und umarmen dich.**«

Dann traten sie zurück und betrachteten mich einen Moment lang. »**Die Dinge dieser Welt sind bestenfalls unbedeutend**«, sagten sie, »**warum also so viel Energie darauf verwenden und sie verfolgen?**« Und als sie das sagten, blieb mir der Mund offenstehen. Ich wusste nicht, was ich darauf antworten sollte. »**Wir wissen, dass man dich gelehrt hat, den Dingen der Welt nachzujagen**«, lachten sie. »**Das hat man dir beigebracht**«, sagten sie kopfschüttelnd, »**und so hältst du daran fest, obwohl die Welt *da draußen* auseinanderfällt. Doch deine Aufmerksamkeit nach *da draußen* zu richten**«, sagten sie, »**besonders in einer Zeit wie dieser, raubt dir den Frieden, raubt dir die Kraft.**

Wenn du einfach still bei uns sitzt und das Netz aus Licht anrufst, und wenn auch nur für ein paar Minuten jeden Tag, wirst du dich viel besser fühlen«, sagten sie. »**Wenn du das tust, wirst du unsere Liebe erfahren, und das Gefühl, geliebt zu werden, wird dir Auftrieb geben. Und wenn du dann der Liebe erlaubst, von uns zu dir und von dir zu uns hin und her zu fließen, so wie es die Liebe von Natur aus tut, wird dieser Fluss uns erlauben, dir all deine Sorgen zu nehmen.**

Es ist ganz einfach«, sagten die Großmütter. »**Wir versprechen, uns für dich um alles zu kümmern. Als du in dieses Leben kamst, hast du die Gegenwart des Göttlichen mitgebracht. Das Göttliche durchdringt jeden Teil von dir – deinen Geist, deine Gefühle, deinen Körper und deine Gedanken. Es durchdringt sogar die Luft, die du atmest. In jedem Moment bist du uns *so* nahe, jeder Form des Göttlichen *so* nahe**«, sagten sie und drückten zur Veranschaulichung Daumen und Zeigefinger zusammen. »**Aber du weißt es nicht**«, sagten sie und schüttelten den Kopf. Dann füllten sich ihre Augen mit Tränen bei dem Gedanken an mein Leiden – bei dem Gedanken an alles menschliche Leid.

»**Übe jetzt, einfach bei uns zu sitzen**«, sagten sie. »**Denke daran, uns in die Augen zu schauen, während du unsere Arme um dich spürst. Tue das und ruhe dich eine Weile aus an diesem ›Ort des Empfangens‹. Wir versprechen dir, dass du jedes Mal, wenn du dich in diesen empfangenden Modus fallenlässt, all die Dinge, nach denen du dich sehnst, all die Dinge, die du dir wünschst – sowohl materielle als auch nichtmaterielle – erscheinen werden. Es wird so geschehen**«, erklärten sie, »**denn jedes Mal, wenn du dich so entspannst und loslässt, lässt du uns**

übernehmen. So einfach ist das. Es sind diese alten Gewohnheiten der Sorge, all das ›Versuchen‹, das dir im Weg steht, wenn du deinen Herzenswunsch erfüllt haben willst. Wir stehen genau hier und sind bereit, ihn dir zu erfüllen«, sagten sie mit weiter Geste, **»also fang an, das Empfangen zu üben. Fang an, all das Versuchen sein zu lassen«**, sagten sie. **»Tue dies jeden Tag für ein paar Minuten.«**

Dann sagten sie: **»Vor vielen Jahren haben wir dir gesagt: ›Du lebst und wir geben‹, und als du das gehört hast, hast du gelacht. Nun...«**, sie lächelten schelmisch, **»da wir nie lügen, kannst du dich auf diese Worte verlassen. Also nur zu, probiere es aus!«**

Als diese Reise vorbei und ich in mein normales Leben zurückgekehrt war, dachte ich viel darüber nach, was sie gesagt hatten. Ich wusste, dass die Großmütter recht damit hatten, dass ich mir Zeit nehmen sollte, mit ihnen zusammen zu sein; also sagte ich mir schließlich: »Ach, was soll's! Ich werde es versuchen.« Aber da ich mich gut kenne, war mir klar, dass ich es morgens gleich als erstes tun musste: mich mit den Großmüttern hinsetzen, *bevor* ich meinen Tag begann; sonst würde ich mit anderen Dingen befasst sein und es vergessen. »Das erfordert Disziplin«, sagte ich mir, und wie sich herausstellte, hatte ich recht. Sich Zeit zu nehmen und das Sein zu üben, erforderte tatsächlich Disziplin, und... die Disziplin zahlte sich aus. Nach nur drei Tagen, in denen ich meinen Morgen damit begann, mit ihnen zu *sein*, wurde ich ruhiger und konzentrierter. Ich merkte auch, dass ich mir weniger Sorgen machte und weniger »am Rad drehte«. Und ich hatte mehr Spaß am Leben.

Ich habe diese morgendliche Übung wohl mindestens einen Monat lang jeden Tag gemacht, bevor ich mich meinem Tagewerk zuwandte. Später begann ich den Tag nicht immer mit dieser Übung, aber da ich nun wusste, was es für ein Unterschied war, setzte ich mich jedes Mal, wenn ich mich ablenken ließ oder gereizt oder ängstlich wurde, schnell zu den Großmüttern. Und jedes Mal nahmen sie mich, weil sie so großherzige Wesen sind, mit offenen Armen auf.

»Durchtränke deine Tage und Nächte mit der Gegenwart des Göttlichen.«

Als ich das nächste Mal zu ihnen reiste, sagte ich, kaum dass ich sie sah: »Großmütter, wir alle, die wir mit euch an dieser Arbeit beteiligt sind, brauchen Vertrauen in uns selbst. Wir müssen wissen, dass wir die Kraft des Lichtnetzes vergrößern *können*, dass wir in diesen harten Zeiten, die wir durchleben, den Kurs halten *können*. Ich spüre wieder die Bombardierung mit Negativem durch die Nachrichten – und ich mache mir Sorgen, wohin sich unser Land entwickelt. Ich mache mir Sorgen, wohin sich die Welt entwickelt. Ich weiß, dass dies eine sehr allgemeine Bitte ist«, entschuldigte ich mich, »aber es ist das, was ich im Moment tun kann, also überlasse ich euch alles Weitere.«

»**Verlass dich auf uns**«, antworteten sie mit großem Nachdruck. »**Verlass dich auf das Göttliche**«, sagten sie. »**Sobald du am Morgen aufwachst, denke an uns oder an irgendeine Form der Urquelle, die du liebst. Und**«, sagten sie, »**wenn du mitten in der Nacht aufwachst, nutze auch diese Zeit, indem du dein Herz und deine Gedanken dem Göttlichen zuwendest. Dann halte sie dort!** ***Fang an, mit dem Göttlichen zu verschmelzen.*** **Versuche zu diesen Zeiten auf der Erde nicht, auch nur für einen Moment getrennt von uns zu leben**«, sagten sie und warfen mir einen strengen Blick zu. »**Um in der sich verändernden Energie auf der Erde jetzt stabil zu bleiben, um dich in einer Position der Macht zu halten, musst du dich am Göttlichen ausrichten. Jeden Tag!**

Das Leben wird versuchen, dich von deinem Fokus abzulenken, und manchmal wird es das schaffen. Aber«, betonten sie, »**sobald du dich an deine Absicht erinnerst, eins mit der Quelle zu sein, richte deine Gedanken wieder auf uns. Deine Ausrichtung auf das Göttliche wird dich in diesen unsicheren, verrückten Zeiten sicher und geistig gesund erhalten.**

Nachdem du das Göttliche angerufen hast, gehe hinaus und lebe dein Leben.« Sie nickten mir aufmunternd zu. »**Tu die Dinge, die du tun willst. Halte dich nicht von etwas ab, das sich für dich richtig anfühlt, aber bevor du handelst, gewöhne dir an, an deine Verbindung mit dem Göttlichen zu denken.**

Stelle dir kleine Zeichen auf, die dich daran erinnern, dich nach innen zu wenden, und platziere sie dort, wo sie dir ins Auge fallen. Stelle heilige Bilder oder Objekte auf, wo du sie ständig siehst, etwa an dein Telefon. Spiele heilige Gesänge und Gebete im Auto ab und dort, wo du arbeitest. Bei der Arbeit nur leise«, sagten sie lächelnd. »**Rufe uns an vor den Mahlzeiten, vor dem Schlafengehen und beim Aufwachen. *Durchtränke* deine Tage und Nächte mit der Gegenwart des Göttlichen.**

Nimm dir Zeit, unsere Liebe für dich zu spüren, und wenn du sie gespürt hast, dann gib diese Liebe im Stillen an andere weiter. Das wird dir leichtfallen, denn Großzügigkeit ist Teil deiner Natur. Also«, sagten sie, »**mach weiter und zeige die Reinheit deines Herzens und genieße es, wenn du es tust! Die Verbindung, die du mit dem Göttlichen aufbaust, wird ein Kraftfeld um dich herum schaffen, das dich vor der negativen Energie schützt, die überall auf deinem Planeten ansteigt.«**

Dann streckten die Großmütter ihre Arme nach mir aus – nach uns – und sagten: »**Wir werden da sein. Du bist *nicht* allein! Wir sind gemeinsam auf dieser abenteuerlichen Fahrt, also werden wir diesen Sturm gemeinsam durchstehen.«**

»Alles verändert sich. Nichts wird mehr so sein wie zuvor. Nichts!«

Nicht lange, nachdem ich diese Botschaft erhalten hatte, spürte ich, dass etwas Neues zu mir unterwegs war. Es war nur eine Ahnung, ein vages Gefühl, aber es kam mir immer wieder in den Sinn. Zwei liebe Freundinnen aus Holland sollten bald zu Besuch kommen, und gemeinsam hatten wir einen Roadtrip durch den Südwesten geplant – Joshua Tree Park, Sedona, Montezuma Well und Grand Canyon. Und weil es mir schon immer so vorkam, als sei der Grand Canyon irgendwie mit der Unteren Welt verbunden, beschloss ich, zu Bär, meinem Tiergeisthelfer, zu gehen, um ihn nach dem Sinn dieser Reise zu fragen.

Es war einige Monate her, seit ich ihn das letzte Mal besucht hatte, und ich überlegte, ob er wohl da sein würde, um mich zu treffen. Und als ich darüber nachdachte, spürte ich wieder, dass es an der Zeit war, mit der

Arbeit der Großmütter eine neue Richtung einzuschlagen – Zeit, Neuland zu betreten. Ein Gefühl baute sich auf. Es war Zeit für mich, mehr zu lernen und dorthin zu gehen, wo ich noch nie gewesen war. Erregung stieg zusammen mit einer Woge der Einsatzbereitschaft in mir auf.

Ich richtete meine Gedanken auf Bär, meldete ihm, dass ich komme, und das nächste, was ich wusste, war, dass ich durch meine Öffnung in die Untere Welt hinabfiel. Immer tiefer hinab ging es, bis ich schließlich Hals über Kopf in den vertrauten Fluss stürzte, mich schnell in ein Kanu hievte und wie verrückt ans Ufer paddelte. Aber als ich diesmal das Kanu am Ufer aufsetzen ließ, merkte ich, dass ich mein Paddel vor mir hielt, um mein Gleichgewicht zu halten.

Bär wartete am Ufer auf mich. Er hatte seine Pfoten in die Hüften gestemmt, und als mein Blick auf sein geliebtes Gesicht fiel, sagte ich: »Bär, endlich bin ich bereit, mehr zu erfahren. Bitte lehre mich den Zweck dieser Reise in den Südwesten. Warum verspüre ich einen solchen Drang, dorthin zu gehen?«

Er gab mir ein Zeichen, ihm zu folgen, und stapfte dann davon. Heute ging er aufrecht auf zwei Beinen, und als er voranging, sah er ein wenig wie eine Zeichentrickfigur aus. Nichtsdestotrotz folgte ich seiner Spur und ging eine gefühlte Ewigkeit hinter ihm her. Tatsächlich ging es so lange, dass ich mir langsam Sorgen machte, dass vielleicht doch nichts Besonderes aus dieser Reise entstehen würde. Vielleicht würde ich immer nur hinter ihm hergehen und nirgendwo ankommen.

Während wir weiterstapften und ich jede seiner Bewegungen beobachtete, flog plötzlich ein Vogelschwarm zwischen uns hindurch. Sie waren von leuchtend blauer Farbe, anmutig und lebendig, aber auch wieder von fast cartoonhaftem Erscheinen. Ich fragte mich, was das wohl zu bedeuten hatte, als alles um mich herum blitzartig hell wurde – sehr hell. »Es fühlt sich an, als wäre ich in einem Disney-Film«, sagte ich, und als ich mich umschaute, um zu sehen, was sonst noch auftauchte, begann ein Rumpeln – ein röhrendes Brüllen, das vom Grand Canyon selbst aufstieg. Bald gab es Erschütterungen, und der Boden begann wie bei einem Erdbeben zu erzittern, und dann begann ein heftiger Wind zu wehen. Zum Heulen! »Die Erde bebt!« rief ich. »Und es beginnt zu stürmen.« Dann keuchte ich, und ein »Wow!« entfuhr mir, als ich von einem heißen Blitz getroffen wurde. Jetzt glühte ich förmlich.

»**Wandlung und Veränderung**«, intonierte eine tiefe Stimme. »**Alles verändert sich, und nichts wird mehr so sein wie zuvor. Nichts!**« erklärte sie, und nach einer Pause: »**Du musst dich vorbereiten.**«

»Vorbereiten? Vorbereiten?« Ich schluckte. »Was soll das bedeuten?« Jetzt war mir nicht nur heiß, sondern ich bekam Angst, und da ich nicht wusste, was ich sonst tun sollte, begann ich, meine Frage für diese Reise zu wiederholen, ich murmelte sie immer und immer wieder vor mich hin. »Was ist der Zweck dieser Reise? Was ist der Zweck dieser Reise?« Ich wiederholte sie immer wieder, bis die Stimme schließlich antwortete: »**Vorbereitung ist der Zweck dieser Reise.**«

»Äh…«, stammelte ich. »Äh, ich glaube, ich weiß nicht, was das bedeutet.« »**Du wirst es erfahren**«, sprach es, und als ich das hörte, war mir nicht mehr heiß; jetzt zitterte ich vor Kälte.

Dann sprach Bär: »**Du musst jetzt anfangen**«, sagte er. »**Fange an, dich mit der Erde in Einklang zu bringen. Gehe barfuß auf ihr, sprich mit der Mutter, trommele für sie, sitze erwartungsvoll da und dann warte auf sie.**« Ich glaube, er sagte noch mehr, aber irgendwie konnte ich es nicht behalten. Ich muss in einen Schockzustand verfallen sein, denn das Letzte, woran ich mich erinnere, ist, dass er sagte: »***Warte!***« und dann: »**Geh langsam, geh tief. Geh in heilige Gefilde.**«

»Das werde ich!« versprach ich, als der Trommelschlag endlich aufhörte und die Reise zu Ende war. »Ich werde in heilige Gefilde gehen. Ich werde das alles tun.« Obwohl ich immer noch nicht verstand, warum, war diese bevorstehende Reise in den Südwesten offensichtlich wichtig. Babs, Lilium und ich würden im November in den Südwesten aufbrechen, und da es jetzt erst Juli war, gab es genug Zeit, sich darauf vorzubereiten. Vielleicht würde Bär für diese neue Phase der Arbeit mein Führer und Begleiter sein.

»Dieser Abfall hat keinen Wert an sich. Es gibt nichts von ihm zu lernen.«

Etwa zehn Tage nach dieser Reise zu Bär fiel ich in ein tiefes Loch. Genau so fühlte es sich an. Bevor das passierte, ging ich einfach meinem Leben nach, ganz normal, doch plötzlich fühlte ich mich einfach nur schrecklich – körperlich und emotional. Es begann mit einem nervösen, kränklichen Gefühl, das sich über mehrere Tage hinweg aufbaute, bis ich schließlich zu einem Chiropraktiker und dann zu einem Homöopathen ging. Nach deren Behandlungen fühlte ich mich etwas besser, aber ich war immer noch instabil – ich fühlte mich verletzlich und unwohl in meiner Haut. Wellen der Angst ließen sowohl meine Gedanken als auch meinen Körper verrücktspielen, und da die Angst mich buchstäblich durchfuhr, verbrachte ich viel Zeit im Badezimmer.

Als ich mich so weit zusammenriss, um eine Reise zu den Großmüttern zu unternehmen, brach ich, als ich sie sah, schluchzend zusammen. »Ich bin mit meinem Latein am Ende«, jammerte ich. »Es kommt so viel Müll in mir hoch, dass ich es kaum aushalte, Großmütter. Ich fühle mich furchtbar, und was auch immer dieses Zeug in mir ist, es kommt einfach immer mehr davon. Es ist wie unterirdischer Schleim«, sagte ich zu ihnen, »und er kommt einfach immer weiter an die Oberfläche. Und«, sagte ich, »soweit ich das beurteilen kann, hat das, was in mir hochkommt, nicht viel mit meinem täglichen Leben zu tun. Es gibt nichts in meinem jetzigen Leben, was es verursacht. Das sind irgendwelche alten Wunden, Bewusstseinszustände aus längst vergangenen Zeiten«, sagte ich zu meinen Lehrerinnen, und als ich es aussprach, fragte ich mich, woher ich das alles wusste. Aber ich wusste es.

Die Großmütter hörten zu und nickten verständnisvoll. »**Die Arbeit, die du mit dem Chiropraktiker und dann mit dem Homöopathen gemacht hast, hat dieses alte Material freigesetzt, so dass es jetzt schnell emporkommt, damit es beseitigt werden kann. Es ist nichts, worüber du dir Sorgen machen musst, nichts, was du in Besitz nehmen musst**«, versicherten sie mir. »**Es hat keinen Wert an sich**«, sagten sie kopfschüttelnd, »**überhaupt keinen. Es hat *nichts*, was es dich lehren könnte**«, sagten sie, »**also hast du recht, wenn du es Abfall nennst. Lasse es einfach weiter emporkommen und lasse dich transformieren.**

Und achte gut auf dich«, sagten sie. »**Geh ins Bett, ruh dich aus, iss, tu die einfachen Dinge und bleib für dich. Du brauchst niemandem zu erzählen, was du im Moment durchmachst, denn andere können dir sowieso nicht helfen**«, sagten sie achselzuckend. »**Lasse einfach alles hochkommen, und wenn es sich zeigt, verurteile weder dich noch andere dafür. Kannst du das Urteilen und das Fragen nach dem ›Warum‹ loslassen?**« fragten sie. »**Kannst du es einfach sein lassen und in uns verweilen?**« »Ja«, antwortete ich. »Das möchte ich tun. In euch verweilen. Ich habe bereits versucht, mir einen Reim darauf zu machen, Großmütter«, erklärte ich, »aber ich kann es nicht, also bleibt mir nichts anderes übrig, als in euch zu verweilen.«

»**Gut!**« sagten sie und lächelten, und jetzt sah ich, dass Bär mit ihnen im Takt mit dem Kopf nickte. »**Ruhe dich aus und warte auf uns… warte auf das Göttliche**«, sagten sie und lächelten über ihre Ausdrucksweise. »Okay«, versprach ich, »das werde ich.«

Ich beobachtete also und wartete, wartete und beobachtete, und während ich das tat, konnte ich nicht umhin zu bemerken, dass das üble Zeug, das in mir aufstieg, sich wahrscheinlich nicht so sehr von dem üblen Zeug unterschied, das überall auf unserem Planeten aufstieg. Alle und alles auf der Erde befand sich jetzt im Prozess der Transformation – ohne Ausnahme. Ich mochte meine eigene persönliche Parade der Hässlichkeiten nicht, und es fühlte sich bestimmt nicht gut an, aber was auch immer in mir vorging, war weit jenseits meiner albernen Vorlieben und Abneigungen. Also tat ich mein Bestes, das alles loszulassen und mich einfach an das Beobachten und Warten zu halten. Das, sagte ich mir, kann ich tun.

»Ihr werdet in Kontakt mit dem elementaren Leben kommen. Geht dorthin.«

Die Zeit des Beobachtens und Wartens ging schließlich vorüber, wie alle Dinge es tun, und kurz nachdem sich das Treibgut beruhigt hatte, trat ich eine unerwartete Reise in den Norden Indianas an, wo ich aufgewachsen war. Mein Bruder hatte mich zu einem Besuch eingeladen, und so fuhr ich hin und freute mich darauf, ein bisschen Zeit mit ihm zu verbringen.

Es war schön, ihn wiederzusehen, und zusammen machten wir die Runde zu all den alten Plätzen – die Wälder in der Nähe des Hauses unserer Kindheit, die Seen und unsere alte Heimatstadt. Eines Tages nahm er mich zu einem Karmeliterkloster in der Nähe seines jetzigen Wohnortes mit. Dieses Kloster war halb unterirdisch gebaut worden, eher wie eine kunstvolle Höhle, und während wir dort herumkletterten, wurde mir klar, wie wichtig es ist, die Heiligkeit von Mutter Erde zu ehren, wo immer wir auch sein mochten. Als ich also durch das Tor dieses Heiligtums trat, rief ich das Lichtnetz an und bat darum, dass dieser vielgeliebte heilige Ort ein strahlender Punkt im Netz sein möge. Und als ich spürte, wie die kosmische Verbindung zwischen dem Lichtnetz und dem Kloster stattfand, verstand ich, dass die Verbindung der Erde mit dem Lichtnetz von uns allen hergestellt werden muss – wo immer wir sind. Dann erinnerte ich mich daran, dass die Großmütter mir schon früh gesagt hatten: »**Es gibt keine profane Welt. Die Erde selbst ist heilig.**«

Das Schaffen von leuchtenden Verbindungen ist wichtig für uns Menschen. Und als ich später zu den Großmüttern ging, bestätigten sie dies erneut. »**Ihr seid Bindeglieder im großen *Spiel des Lichts***«, sagten sie. »**Es ist jetzt Zeit zu spielen, und alle, die es möchten, sind willkommen. Es ist gut, das zu tun**«, lächelten sie und fügten lachend hinzu: »**In Wirklichkeit ist es das einzige Spiel.**

Bis vor kurzem war die Menschheit blind für die Tatsache, dass die Erde heilig ist und dass auch die Menschen heilig sind«, sagten sie. »**Man hat euch gelehrt, dass ihr ›unwürdig‹ seid, dass ihr ›nicht genug‹ seid, und ihr habt es geglaubt!**« riefen sie fassungslos. »**Es ist nicht wahr! Ihr *seid* genug**«, sagten sie. »**Ihr *seid* würdig, und noch wichtiger, ihr habt eine Aufgabe zu erfüllen. Es ist an der Zeit, die Erde wieder mit dem Lichtnetz zu verbinden. Überall!**« riefen sie. »**Und *ihr seid hier, um das zu tun.***

Die Erde selbst ist heilig. Sie war schon immer heilig«, sagten sie. **»Und du bist jetzt hier, um ein Bindeglied zu sein, ein Kanal für das Göttliche. Du bist die Mittlerin«**, lachten sie, **»du wirst gebraucht, um die Verbindung zwischen Erde und Himmel herzustellen, zwischen dem sogenannten ›Weltlichen‹ und dem Göttlichen. *Du bist das Bindeglied.* Und da es kein anderes gibt«**, sie hoben zur Betonung die Augenbrauen, **»ist es Zeit für dich, an die Arbeit zu gehen.**

Wo immer du bist: Die Erde unter deinen Füßen ist heilig. Die Erde ist eine Lebensspenderin und als solche ist sie voller Licht. Aber lange Zeit wurde die Erde durch die Negativität der Menschheit belastet, deshalb muss sie jetzt wieder mit dem Göttlichen verbunden werden. Die Menschheit muss ihr die Hand reichen und sie mit dem Netz aus Licht verbinden.« »Die *Menschheit* soll das tun?« fragte ich, und die Großmütter lachten über mein erschrockenes Gesicht. **»Es wird dich erleichtern, wenn du erfährst, dass es nicht so schwierig ist, wie es vielleicht scheint«**, sagten sie.

»Beginne diese Arbeit, indem du uns bittest, dir einen bestimmten Ort auf der Erde zu zeigen, der nach dieser heiligen Verbindung ruft«, sagten sie. **»Ein Gebiet, das wiederbelebt werden möchte. Oft wird es kein großer Ort sein«**, erklärten sie, **»nur ein Punkt auf der Erde, der bereit ist.**

Wenn er zufällig in deiner Nähe ist, gehe dorthin, und wenn du das nicht tun kannst, gehe in deinen Gedanken dorthin. Stelle die Verbindung zu diesem Ort her, gehe dann in dein Herz und rufe uns oder eine Form des Göttlichen an, die du liebst. Du wirst dann deine lichtvolle Verbindung mit uns erfahren und deine Verbindung mit denen, die mit dem Lichtnetz arbeiten. Dann wirf das Lichtnetz aus deinem Herzen auf diesen Punkt auf der Erde und erlebe, wie sich das Netz tief verankert. Das wird es tun«, sagten sie, lächelten und nickten mir zu.

Ich erwiderte ihr Nicken und erinnerte mich dabei daran, wie eine Gruppe von uns einmal auf diese Weise über große Entfernungen mit dem Lichtnetz gearbeitet hatte. Vor etwa sechs Jahren hatten die niederländischen Leuchtfeuer begonnen, sich in einem früheren Regierungsgebäude in Den Haag zu treffen. Das Gebäude war gut an das öffentliche Verkehrsnetz angebunden und hatte große Räume, aber irgendetwas an der Energie des Ortes stimmte nicht. Sobald sie in dieses Gebäude eingezogen waren, gab es unter den Gruppenmitgliedern Missverständnisse und Machtkämpfe, etwas, das sie vorher noch nie erlebt hatten. Als wir eines Abends zusammen am Abendbrottisch saßen, sprachen sie ausführlich über dieses Problem und erwähnten an einer Stelle, dass dieses Gebäude während des Zweiten Weltkriegs ein regionales Hauptquartier für die Nazis gewesen war. Bingo!

Als ich das hörte, riefen wir die Großmütter an, die uns anwiesen, eine Landkarte zu holen, das Netz aus Licht anzurufen und uns an die Arbeit zu machen. Also zogen wir unsere Stühle an den Tisch, legten unsere Hände auf eine offene Europakarte, verbanden unsere Herzen mit den Großmüttern und riefen das strahlende Netz aus Licht an. Unser Ziel war es, die Präsenz des Lichts an diesem einst dunklen Ort zu verankern und zu verstärken. Ich erinnere mich, dass mehrere von uns in Schweiß ausbrachen, sobald wir so zu arbeiten begannen. Mehrere Minuten lang saßen wir in Stille, die Hände unbeweglich auf der Karte, riefen das Lichtnetz an und baten es, diesen Ort zu segnen und zu erheben. Wir wiederholten diese Übung an diesem Tag mehrmals, und von da an gab es keine Probleme mehr an diesem Treffpunkt.

Nach dieser Erfahrung mit der Landkarte verstanden wir, dass wir diese Fernmethode nutzen konnten, um *jeden* Ort der Erde anzuheben. Jeder konnte mit einer Karte, einem Globus oder einem Faksimile der Erde arbeiten, wie wir es mit Den Haag getan hatten, oder einfach an die tragende Kraft des Lichtnetzes denken und sie verstärken, wo immer es nötig war. Ich schaute zu den Großmüttern auf, als mir das alles wieder einfiel, und sie lächelten zurück: Die Botschaft war angekommen.

Die Großmütter lenkten ihre Aufmerksamkeit zurück in die Gegenwart und sagten: »**Wenn ihr drei im November in den Südwesten reist, werden wir euch begleiten. Seid euch bewusst, dass wir bei euch sein** werden, während ihr fahrt«, sagten sie, »und achtet auf die Anziehungskraft der Erde und die Präsenz des Göttlichen bei euch und um euch herum. Die Erde *ist* heilig. Sie steht bereit, mit euch zu kommunizieren, wo immer ihr seid. Lasst also das Land zu euch sprechen, während ihr reist«, sagten sie; »hört zu, wie es euch ruft und unterweist. Hört zu und lernt«, sagten sie und nickten bedächtig mit dem Kopf. »Die spezifischen Orte, die ihr auf dieser Reise besucht, sind weniger wichtig als die Gesamtpräsenz des Landes«, sagten sie. »Das Land wird euch lehren, welche Rolle es in der Gesamtheit des Lebens spielt, also lasst euch vom Land führen.

Entspannt euch in die Umarmung der Erde hinein«, sagten sie. »Entspannt euch und lasst euch mit ihr schwingen. Öffnet euch für die natürliche Welt. Summt mit den Sternen«, sagten sie. »Lauscht und lernt, lauscht und lernt. Du wirst diese Reise später noch einmal alleine machen«, fügten sie hinzu, »aber die Erfahrung mit Babs und Lilium wird wertvoll sein. Ihr drei geht auf diese Reise, um eure Schaltkreise zu verfeinern. Ihr denkt, ihr macht diese Reise als Dienst für das Land, als Dienst für die Ahnen, und das tut ihr auch«, sagten sie, »aber ihr tut es in erster Linie für euer eigenes Wachstum. Unternehmt die Reise«, sagten sie. »Lauscht und lernt.

Und während ihr die Reise macht«, sagten die Großmütter, »tut es hauptsächlich in der Stille. Haltet von Zeit zu Zeit das Auto an und setzt euch in die Stille der großartigen Räume dort. Und wenn ihr das eine Weile getan habt, dann gebt euch gegenseitig Auskunft über das, was ihr erlebt, während das Land mit euch kommuniziert. Wenn ihr diese Reise macht, seid nicht in Eile«, sagten sie, »sondern nehmt euch die Zeit, mit dem Land und dann miteinander zu kommunizieren. Betrachtet diese Fahrt als eine heilige Reise, denn das ist sie.

Wenn ihr reist, werdet ihr über das Gewöhnliche hinausgehen, über die von Menschen geschaffene Gesellschaft hinausgehen. Ihr werdet in Kontakt mit dem elementaren Leben kommen. Geht dorthin«, sagten sie.

Joshua Tree und Sedona

Der Joshua Tree-Nationalpark erstreckt sich über ein riesiges Wüstengebiet in Südkalifornien, in dem sich meilenweites Buschland mit monumentalen abgerundeten Felsen abwechselt, die plötzlich aus dem Sand emporragen. Es ist ein zutiefst stiller Ort, an dem Babs, Lilium und ich in tiefen Kontakt mit der Erde und den Sternen kommen konnten. Als wir in den Park fuhren, verließen wir mehrmals unser Auto und gingen zu einer Gruppe von Felsblöcken, um zu beten und das Netz aus Licht für die Erde und alle ihre Wesen auszuwerfen. Stille und ein tiefer Frieden lagen über diesem Ort, und als wir in der Stille eingehüllt dasaßen, wurden wir mit einem dieser heiligen Momente in der Natur beschenkt. Hier verankerten wir das Lichtnetz auf der Erde, und hier erhielt jede von uns einen persönlichen Segen von der Großen Mutter. Es war ein verheißungsvoller Beginn unserer Reise.

Wir machten einen kurzen Abstecher von der Straße von Phoenix nach Sedona, um am Montezuma Well anzuhalten, einem tiefen Wasserbecken inmitten dieses trockenen Landes. Diese unerwartete Wasserquelle wurde früher zur Bewässerung von Feldern genutzt, und am Rand des Beckens befand sich ein Weg. Wir folgten ihm zu einem Wasserlauf, der dort mit kleinen, von Hand gesetzten Steinen in die Klippe gebaut worden war. Hier trafen wir eine Rangerin, die uns erzählte, dass dieser Wasserlauf vor Hunderten von Jahren von einem unbekannten Stamm angelegt worden war und dass die Menschen, die heute in diesem Gebiet leben, ihn wie die Hopi immer noch den »Ort des Erscheinens« nennen.

Viele Jahre zuvor hatte ich das »Buch der Hopi« gelesen, und jetzt erinnerte ich mich an diesen »Ort des Erscheinens«, die legendäre Öffnung in der Erde, aus der die Menschen aus der Dunkelheit der dritten Welt in diese, die vierte, hervorkamen. Das Buch der Hopi hatte nicht gesagt, wo dieser Ort war, und es gab keine Hinweise auf einen »Ort des Erscheinens« in unseren Reiseführern, aber vielleicht waren wir hier unbeabsichtigterweise darauf gestoßen.

Als die Rangerin darüber sprach, sahen wir uns in die Augen und nickten zustimmend und entschieden, dass wir sie beim Wort nehmen würden. Wir dankten ihr für diese Information und machten uns auf den Weg den Pfad hinab, bis wir einen Ort fanden, an dem wir sitzen und meditieren konnten. Dort verbanden wir drei unsere Herzen mit dem Netz aus Licht und baten es, sich mit diesem alten Kraftort zu verbinden und alle Wesen zu segnen, die jemals an diesem Ort gewesen sind. Ich erinnere mich, dass, sobald wir das Netz aus Licht anriefen, eine mächtige Energiewelle heranrollte, sich mit uns verband und uns in dem Land dort verankerte. Überrascht von der Stärke dieser Reaktion, teilten wir unseren Eindruck, dass dies vielleicht tatsächlich »der Ort des Erscheinens« *war*. Schweigend drehten wir uns dann um und gingen zurück zu unserem Auto, ziemlich fassungslos über das, was auf diesem »Umweg« zu Montezumas Brunnen geschehen war.

Später an diesem Tag, nachdem wir in Sedona angekommen waren, führten wir dort eine einfache Zeremonie an zwei Kraftwirbeln durch, aber wir hatten nicht vergessen, was die Großmütter gesagt hatten: dass wir unseren Fokus auf die gesamte Präsenz des Landes richten sollten und nicht nur auf bestimmte Bereiche, und so hielten wir eine ständige Kommunikation mit der Erde aufrecht. Und wir führten diese beidseitige Konversation – wir mit dem Land, das Land mit uns – über die ganze Zeit, die wir in Sedona waren.

Wo immer wir hingingen – Bell Rock, Cathedral Rock, Courthouse Rock, die Kapelle, im Auto, beim Abendessen, im Bett – wir erweiterten und verankerten das Lichtnetz überall. Eine Rotte wilder Schweine begrüßte uns, als wir in der ersten Nacht zu unserem Zimmer gingen, und von da an fühlte es sich so an, als ob wir, wo immer wir hingingen, vom Land willkommen geheißen wurden – geerdet, spirituell genährt und aufgeladen von ihm. Der Boden dieser Gegend aus rotem Felsgestein gab uns etwas, und es wurde schnell klar, dass dies der wahre Grund war, warum wir nach Sedona gekommen waren: um die verankernde Umarmung des Landes zu erfahren.

Aufgrund dessen, was die Großmütter mir vor unserer Abreise zu dieser Reise gesagt hatten, wurden wir, während wir umherfuhren, immer stärker mit dem Land verbunden, und weil wir so verbunden waren, konnten wir leicht von ihm empfangen. Und das Land wiederum war in der Lage, von uns zu empfangen. Als wir durch Sedona wanderten, konnten wir spüren, wie das Lichtnetz am Werk war – in uns und um uns herum – und wie es die Felsen, die Bäume, die Tiere und uns selbst stärkte. Die großen roten Landschaften sprachen zu uns und wir antworteten. Der Segen des Lichtnetzes wurde aktiviert, einfach weil wir da waren. Und während all dies stattfand, verbreitete das Netz aus Licht über seine Stränge die kraftvolle Energie von Sedona im gesamten Kosmos. Wir waren Leitbahnen und spürten, wie das Licht in uns und durch uns strömte. Die Erfahrung, eine solche Leitbahn zu sein, war so bewegend, dass wir, als es Zeit für uns war, Sedona zu verlassen, eine so innige Verbindung mit dem Land der roten Erde aufgebaut hatten, dass es uns buchstäblich weh tat, es zu verlassen.

Der Grand Canyon war jedoch etwas ganz anderes. Dort wehte ein heftiger Wind. Stark, so stark, dass wir, als wir den Mather Point am South Rim des Canyons erreichten, beschlossen, lieber vom Auto aus mit dem Lichtnetz zu arbeiten. Und als wir, während wir im Auto hoch über dem Canyongrund saßen, die Präsenz des Netzes erweiterten und verankerten, spürte ich die Energie von Blut sowie eine große Kraft, die die Wände des Canyons heraufkletterte. Die kriegerische Mutter selbst kletterte diese Wände empor, und als sie auftauchte und sich uns zu erkennen gab, stockte mir der Atem. Sie war wild und mächtig – fast beängstigend in ihrer Kraft, und als wir uns im Auto zusammendrängten und versuchten, uns aneinander zu wärmen, »markierte« sie uns als die Ihren. Sie schaute mir tief in die Augen, und ich zitterte vor Kälte und Angst, als ich verstand, dass auch ich irgendwie eine Kriegerin werden sollte. Ich hatte damals keine Ahnung, was das bedeutete, aber wir alle drei waren tief bewegt von diesem unerwarteten Kontakt mit ihr.

Einige Wochen, nachdem unsere Reise durch den Südwesten vorüber war und meine holländischen »Schwestern« wieder auf dem Heimweg waren, ging ich wieder zu den Großmüttern, die mich begrüßten und mir bestätigten, dass unsere Reise durch den Südwesten ein voller Erfolg gewesen war. Dann kamen sie zur Sache.

»Du bist der Lichtschalter«

Die Großmütter hielten sich nicht mit Floskeln auf und sprachen: »**Das Netz aus Licht ist in dieser Zeit erschienen, um die Welt von der Dunkelheit zum Licht zu führen, um der Menschheit zu helfen, sich von der Enge hin zur Ausdehnung zu bewegen.**« »Äh, ja, Großmütter«, sagte ich, überrascht, wie schnell sie sich auf dieses Thema gestürzt hatten. Aber sie winkten mein Zögern beiseite und sagten: »**Das Netz aus Licht wird dir helfen, sowohl deinen Geist als auch dein Herz zu öffnen. Und**«, fügten sie hinzu und beobachteten mich aus den Augenwinkeln, »**während diese Öffnung in dir stattfindet, erinnere dich daran, dass *du der Lichtschalter bist.* Du bist der Schalter**«, wiederholten sie, »**für dich und andere.**«

»Was?« fragte ich. »Ich verstehe nicht, Großmütter. Was soll das bedeuten… ich bin der Lichtschalter?« Aber sie sahen mich nur weiter an und schwiegen, also sprach ich nicht weiter, hielt erwartungsvoll den Atem an und starrte sie bloß an. Ein paar Minuten lang sahen sie mich weiter nur an, und so verharrte auch ich.

»**Wenn du das Lichtnetz anrufst**«, sagten sie schließlich, »**bewegst du dein Bewusstsein automatisch von der Angst zur Liebe. Du wendest deine Gedanken von ›Nein‹ zu ›Ja‹**«, erklärten sie. »**Und sobald du das tust, löst du dich von der Enge und öffnest dich für die Ausdehnung.**« Sie lächelten mich an und nickten wissend. »**Jedes Mal, wenn du das Netz aufrufst, verbindest du nicht nur dich mit seinem leuchtenden Feld, sondern auch alle anderen! Durch deine Entscheidung, es zu aktivieren, schaltest du das Netz ein. *Du* schaltest es ein. *Du bist der Lichtschalter***«, sagten sie, und als sie meinen verwirrten Blick sahen, winkten sie ab, als wollten sie sagen: »Ach, ist doch egal.« Aber dann lenkten sie ein. »**Nun, okay**«, sagten sie, »**wir erklären es noch ein bisschen.**

Die Stränge des Netzes des Lichts weben sich durch den gesamten Kosmos«, erklärten sie, »**sie verbinden jeden und alles miteinander. Und weil es auf diese Weise funktioniert, verbindest du dich jedes Mal, wenn du an das Lichtnetz denkst, mit allem im Universum und kommst automatisch mit allem in Berührung. Du bist in der Lage, all diese Verbindungen herzustellen, indem du einfach an das Netz aus**

Licht *denkst*!« riefen sie aus. »**Es geschieht sofort! *Hier ist in der Tat***«, sagten die Großmütter, »***die Macht der Gedanken in Aktion.***

Es stimmt, dass ihr heute in schwierigen Zeiten lebt«, sagten sie und nickten mir verständnisvoll zu, »**aber trotzdem müsst ihr nicht herumsitzen und darauf warten, dass ein großes Wesen oder eine besondere Lehre auftaucht, um euch und euren Planeten zu retten. Ihr könnt dabei helfen, euren Planeten und euch selbst genau jetzt zu retten!**

Wenn nur eine von euch das Netz aus Licht anruft, verstärkt ihr seine Kraft, anzuheben und zu segnen. Jedes Mal, wenn ihr es anruft!« riefen sie. »**Und wenn Gruppen von euch zusammenkommen, um mit dem Netz zu arbeiten, geschehen Wunder. Das ist keine Magie**«, sagten sie, »**es ist ein Naturgesetz. Und mehr noch**«, fügten sie hinzu, »**es ist nicht einmal schwierig. So funktioniert das Netz aus Licht einfach. Du *bist* der Lichtschalter**«, sagten sie und betrachteten mich nun wie stolze Glucken.

»**Eure Wissenschaftler beginnen gerade, das Lichtnetz zu erforschen**«, sagten sie. »**Auch wenn sie es nicht Lichtnetz nennen; sie nennen sie es das Kosmische Netz.**« »Ja, Großmütter«, sagte ich. Ich hatte schon davon gehört. Im Jahr 2015, als Roger und ich in Los Angeles waren, sahen wir zufällig einen Film darüber, was Astronauten durch das Hubbell-Teleskop gelernt hatten. Wir saßen in einem Imax-Kino im Los Angeles Museum of Natural History, als Fotos des Lichtnetzes auf der Leinwand auftauchten, und kaum dass er sie sah, stupste Roger mich an. Ich holte tief Luft, als sie auf der Leinwand erschienen, und als der Sprecher sagte: »Die Wissenschaft hat jetzt das größte lebende Gebilde im Universum entdeckt – dieses kosmische Netz aus dunkler Materie verbindet alles Leben im gesamten Kosmos«, durchfuhr es mich. Das *war* das Lichtnetz! Vor vielen Jahren hatten uns die Großmütter zusammengerufen und uns gelehrt, wie man mit dem Lichtnetz oder kosmischen Netz arbeitet, und jetzt hatten es die Wissenschaftler »entdeckt«. Ich saß weinend in diesem abgedunkelten Theater, fassungslos und überwältigt vor Freude. Das Netz aus Licht war nicht nur ein spirituelles Konstrukt; es war in *jeder Hinsicht* real!

Als mir das jetzt wieder einfiel, lächelten die Großmütter und fragten: »***Solltet nicht auch ihr euch, wie die Wissenschaftler, Zeit nehmen, das Netz aus Licht zu erforschen?***« Ich legte den Kopf schief, unsicher, worauf sie hinauswollten. »**Das einzige, was erforderlich ist, um die Kraft des Netzes zu aktivieren, ist deine Bereitschaft, dich mit ihm zu verbinden**«, sagten sie, »**und deine Bereitschaft, dich von ihm tragen zu lassen.**« Dann wippten sie ein paar Mal auf ihren Absätzen vor und zurück und sagten: »**Das Netz aus Licht wird dich und alle anderen unterstützen. Und das wird es jedes Mal tun!**«

»Was?« fragte ich mich. »Was wollen sie von mir? Ich arbeite doch schon mit dem Lichtnetz.«

»**Das Netz ist ein Geschenk an euch und an die Welt**«, gaben sie zur Antwort. »**Ein kostbares Geschenk, das der Menschheit gegeben wurde**«, sagten sie. »**Also nutzt es!**« Ich sah sie direkt an, als sie sprachen, und fragte mich, was genau sie im Sinn hatten. Wie sollten wir es nutzen? Aber als sie mir einen wissenden Blick zuwarfen, sagten sie nur: »**Man kann es nicht übertreiben.**«

KAPITEL DREI

Was wir mit uns bringen, geht weit über die Grenzen der Religion hinaus.

Ungefähr zu dieser Zeit bekam ich beunruhigende Berichte von einer Gruppenleiterin aus Osteuropa. Dort verbreitete jemand, die Energie der Erde sei böse, und weil das Lichtnetz mit der Erde arbeitete, sei es ebenfalls böse. Die Großmütter seien böse und ich sei besonders böse, weil ich all das lehrte. Diese Person erklärte, dass ich darauf aus sei, Schaden anzurichten und Menschen zu verletzen. »Heilige Makrele, Großmütter«, sagte ich, »was in aller Welt soll *das denn*?«

Ehe sie antworteten, schauten sie mich so lange und eingehend an, so dass ich mich auf Herz und Nieren geprüft fühlte. Dann sagten sie: »**Du weißt, dass es in Osteuropa große Macht gibt. Große Macht**«, wiederholten sie, und ich beugte mich vor, gespannt, was sie sagen würden. »**Die Mutter**«, verkündeten sie, »**hat während der gesamten Menschheitsgeschichte in diesem Teil der Welt gewohnt. Sie wurde dort seit undenklichen Zeiten verehrt. Die Große Mutter hat in diesem Teil der Welt eine zentrale Rolle im Leben der Menschen gespielt – schon immer**«, sagten sie und warfen mir einen bedeutungsvollen Blick zu. »**Natürlich ist sie überall präsent**«, fügten sie hinzu, »**aber sie fühlt sich dort besonders wohl, wo ihr schon so lange gehuldigt wird. Seit Jahrtausenden wird sie in diesem Teil der Welt verehrt, und auch heute noch wird sie dort in der Form der Gottesmutter hochgeschätzt.**

Mit der Ankunft des Christentums«, erklärten die Großmütter, »**versuchte das Patriarchat, sie zu verdrängen. Aber obwohl die Kirchenväter alles dafür taten, schafften sie es nicht, sie loszuwerden. So ersetzten die Machthaber in Osteuropa, wie in vielen anderen Teilen der Welt auch, die Große Mutter durch die Gottesmutter. Heute wird sie in Osteuropa in der Gestalt der Maria verehrt. Dort ist sie eins mit dem Land. Die Liebe zur Großen Mutter pulsiert in Osteuropa im Blut der Menschen, denn für sie ist sie nicht nur ein Symbol oder eine Idee. Sie ist real.**

Wegen ihrer starken Präsenz im Land, haben die patriarchalischen Strukturen in Osteuropa Angst vor uns«, sagten die Großmütter. »**Sie fürchten die Botschaft, die wir bringen, weil sie die Menschen zur tatsächlichen *Gegenwart* der Göttlichen Mutter erweckt. Das macht sie noch realer. Du siehst: Was wir mit uns bringen, geht weit über die Grenzen der Religion hinaus**«, sagten die Großmütter. »**Es ist elementar, und es ist kraftvoll. Es ist die lebendige Wahrheit, und *das***«, so sagten sie, »**ist das Letzte, was das Patriarchat haben möchte, vor allem in einer Gegend, wo die Gegenwart der Mutter bereits so stark ist.**

Und das Netz aus Licht!!« riefen die Großmütter und bogen sich vor Lachen. »**Das Netz aus Licht!**« wiederholten sie, hielten sich die Seiten und brüllten vor Lachen. »**Das Netz aus Licht schafft alle Hierarchien und Trennungen ab. Es schafft alles ab!**« riefen sie. »**Im strahlenden Netz sind alle eins! Sind alle fähig, sich mit der Quelle zu verbinden! Jedes Mal, wenn ein Mensch an das Lichtnetz denkt, schmilzt sein Gefühl der Trennung von Gott dahin. Im Netz fühlen die Menschen ihre Einheit mit der Quelle; sie erkennen ihr Einssein mit dem Licht.**

Und wenn man sich dem großen Einssein öffnet, wozu braucht man dann noch Priester und Gelehrte?« fragten sie. »**Sobald ein Mensch seine Verbindung zu der einen Liebe erkennt, fallen die Regeln und**

Konventionen der Gesellschaft weg. Diese Bewegung ins Einssein, die wir mit uns bringen, bedroht diejenigen, die sich über andere stellen wollen«, sagten die Großmütter. »**Ihre Reiche, Systeme und Hierarchien, ihre Kontrolle über andere werden überflüssig.**

Was ihr jetzt in Osteuropa erlebt, ist das Spiel der Angst – die Angst steigt jetzt bei denen auf, die in den Überresten des Patriarchats festhängen. Menschen, die mit den alten Machtsystemen verbunden sind, haben Angst, es hinter sich zu lassen, und da sie unbedingt am Alten festhalten wollen, versuchen sie, auch anderen Angst zu machen. Sie benutzen Angst, um unsere Botschaft abzuwehren; sie machen den Menschen Angst vor der einen Liebe, damit sie sich weiter wichtig fühlen und die Kontrolle behalten können.

Aber es wird nicht funktionieren«, sagten die Großmütter, zogen eine Grimasse und schüttelten den Kopf. »**Es ist unmöglich, das Einströmen des Lichts aufzuhalten. Das Netz aus Licht ist jetzt hier**«, sagten sie, »**und es verbindet unweigerlich alles Leben. Selbst jene, die noch in Angst gefangen sind, werden sich schließlich für die Liebe und das Licht im Netz öffnen. Sogar ihre Angst wird sich auflösen.**

Geht einfach voran und macht eure Arbeit«, sagten die Großmütter und winkten abwehrend mit der Hand. »**Lasst euch von diesem ganzen Drama nicht beunruhigen. Es ist nichts! Geht voran. Tragt unsere Botschaft weiter, wo immer wir euch hinschicken. Die Dunkelheit lässt immer mehr nach, und wir versprechen euch, dass sie auch in Zukunft immer weniger wird. Folgt uns**«, sagten sie. »**Wir wissen, was wir tun, und ihr wisst es auch.**«

Dann sahen sie mir in die Augen, und wieder schienen sie mich zu taxieren. »**Ruft sie herbei**«, sagten sie. Ich blickte auf, als ich das hörte, meine Augen groß vor Überraschung. »Was? *Wen* herbeirufen?«

»**Ruft denen zu, die zu hören vermögen**«, sagten die Großmütter, »**und sagt ihnen, dass jetzt die Zeit ist. Bittet sie, sich auf unsere Gegenwart in sich zu verlassen und sich ebenso aufeinander zu verlassen. Bittet sie, sich miteinander zu verbinden: in Schwesternschaft, in Brüderlichkeit. Ruft diese Menschen nach vorne. Sie sind die Familie des Lichts**«, sagten die Großmütter, »**und als solche werden sie jetzt gebraucht, um einander beizustehen, um aufzustehen und vor allem, um zuzuhören. Sagt ihnen, dass sie nach innen horchen sollen, der Stille lauschen**«, sagten sie. »**Die Mutter kommt. Sie kehrt auf die Erde zurück.**«

Ich starrte sie unverwandt an, als sie das sagten, und konnte kaum glauben, dass ich richtig gehört hatte, aber sie lächelten verständnisvoll und fuhren fort. »**Auch wenn sie seit Jahrtausenden vom größten Teil der Erde verschwunden ist, ist die Große Mutter in den Kulturen Osteuropas präsent. Sie wurde fast aus dem Bewusstsein der Menschheit getilgt, aber ›fast‹**«, lachten sie, »**war nicht genug. Sie blieb verbunden**«, sagten sie. »**Die Energie von Yin ging nicht weg; sie ging nur in den Untergrund. Und genau das tat sie in Osteuropa. Sie ging in den Untergrund, aber heute steigt sie wieder an die Oberfläche. Und jetzt ist sie aufs Neue präsent, präsent in jeder Frau und auch in vielen Männern. Es ist an der Zeit**«, sagten die Großmütter und hielten meinen Blick mit den ihren, »**das jetzt abzurufen. Nutzt diesen kleinen Anstoß aus Osteuropa als Sprungbrett, um mit der Arbeit voranzukommen**«, sagten sie. »**Lasst euch davon anspornen.**

Fangt jetzt an, euch in Gruppen von Gleichgesinnten zu treffen, um über die Mutter zu sprechen, um zu erforschen, wer sie ist, um ihre Lieder zu singen und es zu genießen, von der Energie des Göttlich-Weiblichen gehalten zu werden. Viel zu lange habt ihr ihre Umarmung entbehrt«, sagten sie, »**so lange, dass es vielen von euch schwerfällt zu verstehen, worüber wir sprechen.**

›Göttlich-weiblich? Was ist das?‹ fragst du. Wir verstehen deine Verwirrung«, sagten die Großmütter und lächelten mitfühlend. »**Die Mutter wurde aus der schriftlich überlieferten Geschichte entfernt, entfernt aus fast allen Aspekten der Weltreligionen. Ihre Statuen wurden von öffentlichen Plätzen verbannt und ihr Name aus dem täglichen Sprachgebrauch getilgt. Diese Tilgung fand vor mehreren Tausend Jahren statt**«, sagten die Großmütter mit ernster Miene, »**und sie geschah vorsätzlich. Aber ganz gleich, wie fehlgeleitet die Menschen manchmal sein mögen, ganz gleich, wie verwirrt sie sind, die Menschheit kann unmöglich eine**

Hälfte der Schöpfung entfernen. ***Der Vater ist, die Mutter ist*«**, erklärten sie. »**Und**«, sie hielten mich mit ihren Blicken im Bann, »**sie ist wieder da.**

Was wir dir jetzt sagen, mag dich erschrecken«, sagten sie. »**Du wirst dich vielleicht davon abwenden wollen, und wenn du dieses Gefühl hast, solltest du dich fragen: ›Warum?‹ Warum erscheint es *seltsam*, dass es eine Mutter der Welt gibt? Die Antwort auf diese Frage ist einfach**«, sagten sie. »**Ihr seid darauf konditioniert worden, an ihrer Existenz zu zweifeln, daran zu zweifeln, dass es etwas anderes als einen Vater geben kann. Seit Tausenden von Jahren ist die Menschheit vom Patriarchat geprägt. Vom Patriarchat beherrscht. Und über diese Tausende von Jahren kontrollierte das Patriarchat die gesamte menschliche Geschichte.**

Aber jetzt geschieht etwas Neues«, sagten die Großmütter. »**Die Energie auf eurem geliebten Planeten verändert sich. Inmitten all der Konflikte und des Umbruchs, der heute stattfindet, da die alten Systeme auf der Erde beginnen zusammenzubrechen, weht ein neuer Wind. Die Mutter kehrt zurück. Und nicht einen Moment zu früh**«, sagten sie. »**Es ist an der Zeit, dass ihr eure Mutter kennenlernt.**«

»Das sind die ›Eingeweide‹ des Lebens, ist der Stoff des Lebens.«

Als die Großmütter sagten: »**Es ist an der Zeit, dass ihr eure Mutter kennenlernt**«, glaubte ich es ihnen sofort – ich glaubte ihnen und *wollte* sie kennenlernen. »Sie sagen, die Mutter ist wieder da«, sagte ich mir, »und wenn das stimmt, dann dürfte es mehr für mich zu tun geben. Ich bin bereit dazu«, sagte ich, und inspiriert von der Kraft meines Wunsches reiste ich zwei Tage später wieder zu ihnen.

Diesmal reiste ich zielgerichtet mit dem Steinkreis und schloss in meine Bitte um Hilfe Bär und den Heiligen Mann ein, der schon lange mit mir arbeitete. Für diese Reise suchte ich so viel Unterstützung, wie ich bekommen konnte, und mit diesem Gedanken im Hinterkopf setzte ich meine Absicht. Ich dachte an die Großmütter, jede vor einem großen Stein sitzend, holte tief Luft und trat in den Steinkreis. Nun stand ich in der Mitte ihres Kreises und sagte: »Großmütter, ich rufe euch, ich rufe den Heiligen Mann, Bär und all jene, die uns bei dieser Arbeit seit mehr als zwanzig Jahren geführt haben. Zum Wohle aller bitte ich darum, dass mir die nächste Etappe meiner Arbeit gezeigt wird: was wir tun sollen und was wir lernen sollen. Ich möchte mehr tun, härter arbeiten«, sagte ich. »Ich möchte die nächsten Lektionen lernen, die zu lehren ihr bereit seid, und sie weitergeben.

Die Welt befindet sich in einer Krise«, fuhr ich fort, »und weil ich alles und jeden auf der Erde liebe, möchte ich mit allem, was ich in mir habe, dienen. Also frage ich euch, Großmütter, ihr, die ihr gekommen seid und uns so viel Freude bereitet und so viel gelehrt habt – zum Wohle aller: Was ist die nächste Lektion? Ich komme zu euch mit offenem Herzen«, sagte ich und kämpfte mit den Tränen, »und ich komme in Demut, weil ich nicht weiß, was die Lektion ist. Aber ich weiß, dass die Not groß ist.«

Dann fiel ich auf die Knie, und die Großmütter legten mir segnend ihre Hände auf. Mein Kopf lag zu ihren Füßen, und als ich einatmete, riefen die Großmütter: »**Ja!**« Und in diesem Moment begann mein linkes Auge zu zucken, und als ich dieses Zucken spürte und Bär direkt hinter den Großmüttern stehen sah, brach ich in Tränen aus. »Oh!« rief ich aus, als er ein Brüllen von sich gab.

Mein Auge zuckte weiter, also holte ich ein paar Mal tief Luft und versuchte, mich zu beruhigen. Dann begann Bär zu tanzen. Er stand auf zwei Beinen, schlurfte mit seinen massigen Pfoten in gemessenen Bewegungen, und ich verstand, dass der Tanz, den er aufführte, eine Verbindung mit der Erde herstellte. Und während ich ihm dabei zusah, wie er stapfte und tanzte, konnte ich spüren, wie auch in meinem Körper eine Erdung stattfand. »Okay, Großmütter«, sagte ich, als ich mich wieder an den Zweck dieser Reise erinnerte, »was ist die nächste Lektion?« Und mit dieser Frage fiel meine Energie bald in den Rhythmus der Trommel ein: »**Bom ba bom ba bom bom ba bom.**«

»Uff!« Ich stieß die Luft aus, als sich der Trommelschlag seinen Weg in meine Brust bahnte. Er pochte in meiner Körpermitte und verursachte nun ein brennendes Gefühl um mein Herz herum. »Oh!« Ich zitterte, als ich das Brennen spürte, und dann krächzte ich verhalten: »Clearing,

clearing.« »Das zieht den ganzen festsitzenden Müll aus meiner Brust heraus – eine Menge Dinge, haufenweise«, sagte ich erstaunt.

»**Groch! Broch! Woch!**« Bär knurrte, als er sich über mich beugte, um das Zeug aus meinem Körper zu zerren. Und dann begann er auch, Dinge aus seiner eigenen Brust zu ziehen, und als ich ihm dabei zusah, verstand ich, dass das, was ich jetzt als *seine* Brust sah, eigentlich *meine eigene* war. Indem er auf diese Weise an sich arbeitete, zog er diese Dinge in Wirklichkeit aus mir heraus! Aus irgendeinem Grund führte er diese Aktion *für* mich durch, sogar *als* ich. »*Wow*«, stieß ich hervor und zog das Wort in die Länge. »Was ist das?« Aber ich erkannte, dass das, was ich sah, so seltsam es auch erscheinen mochte, wirklich *Bär als ich* war. Jetzt konnte ich meine Augen nicht mehr von ihm abwenden, und während ich wie gebannt dastand, knurrte er und schleuderte all die Dinge weg, die in mir gesteckt hatten.

Ein Schauer lief mir über den ganzen Körper, als ich ihm bei der Arbeit zusah. Er war so wild in seiner Entschlossenheit, brüllte und zog dunkle Objekte aus seiner Brust, arbeitete so hart daran, dass es mir Tränen in die Augen trieb. Dann begann ich zu schluchzen, und als ich weiter zusah, weinte und weinte ich. »Ich weiß nicht, warum ich so weine«, sagte ich mir, und die Worte kamen mir kaum über die Lippen. »Es muss das Einssein sein«, sagte ich schließlich. »Das muss es sein, was ich sehe. Er ist so engagiert, so hingebungsvoll, diese Arbeit für mich zu tun«, und jetzt blieb mir die Stimme im Hals stecken. »Das muss das sein, was die Ureinwohner Amerikas ›das Darbringen‹ nennen. Die große Selbstlosigkeit. Das muss es sein, was ich hier sehe.«

Als ich ihn beobachtete, wie er weiter tanzte und Dinge fortschleuderte, sagte ich: »Er zeigt mir, dass es keine Trennung zwischen ihm und mir gibt, überhaupt keine Trennung. In gewisser Weise opfert er sich für mich«, sagte ich und erstickte fast an den Gefühlen, die mich überwältigten, »und damit zeigt er mir, dass alles eins ist, *dass alles Liebe ist.* Und ich *fühle* es«, sagte ich mit tränenerstickter Stimme. »Ich fühle diese große Liebe genau hier, genau jetzt in meinem Körper«, sagte ich, und meine Finger berührten mein Herz. Als Bär so weitertanzte, staunte ich über die Größe seines Herzens und weinte und weinte immerfort, bis ich mich schließlich beruhigte.

Nach einer Zeit der Stille konnte ich wieder langsam und gleichmäßig atmen, und als ich endlich zur Ruhe gekommen war und spürte, dass ich mich wieder ausrichten konnte, wurde ich mir der großen Bäume bewusst, die uns umgaben. Sie ragten über und neben uns auf. Ich wurde mir auch bewusst, dass Bär jetzt im Sternenlicht tanzte. Es war Nacht, und während ich ihn beobachtete, wie er vor dem dunklen Himmel stampfte, sich wiegte und gestikulierte, kam mir ein ganz neuer Gedanke.

Unversehens war mir klar, dass all die Ideen, die wir von Gott oder der Göttin haben, und alles, was wir durch die verschiedenen spirituellen Wege auf der Erde glauben, eigentlich ziemlich dürftig sind. »Spindeldürr«, um Bärs Wort zu benutzen – kleinlich und schwach. Die Dinge, an die wir glauben, kommen nicht annähernd an die Wahrheit heran. Sie sind nur Beschreibungen dieser Wahrheit, und keine sehr guten noch dazu. »Wow!« sagte ich mir. »Woher kommt *dieser* Gedanke?« Aber bevor ich weiter darüber nachdenken konnte, sagten die Großmütter: **»Ja«**, und nickten nachdrücklich mit dem Kopf. **»Das ist richtig«**, und ich sah sie mit fragenden Blicken an: »Was soll das alles?« **»Genieße alle Legenden auf der Erde, alle Mythen und Geschichten, die du hörst«**, antworteten sie, **»aber jage ihnen nicht nach. Du hast recht, wenn du denkst, dass die Wirklichkeit *weit jenseits* dieser Legenden liegt.**

Anstatt dich an Legenden und Geschichten der einen oder anderen Art zu klammern«, fuhren sie fort, **»öffne dich stattdessen für die Gegenwart der Wahrheit.«** Es gab eine lange Pause, nachdem sie das gesagt hatten, und dann zeigten mir die Großmütter, dass wir, weil wir mit dem Lichtnetz arbeiten und weil das Netz durch uns wirkt, *immer* mit dem Kern der Wahrheit verbunden sind. Wir sind immer mit seiner Gegenwart verbunden. Wir sind verbunden mit den Kernwahrheiten der verschiedenen Formen von Gott und Göttin, mit den Kernwahrheiten aller Mythen, Legenden und spirituellen Geschichten. Aufgrund unserer Verbindung mit dem Netz aus Licht sind wir immer auf die Wahrheit ausgerichtet, und so kann das am Rand liegende, unwesentliche Zeug, dem wir auf dem Weg begegnen, leicht abfallen. Die Wahrheit in all den Legenden, Mythen und Traditionen der Welt wird durch das Lichtnetz stabil gehalten. »**Durch Zeit und Raum hindurch**«, sagten die Großmütter, »**hält das Lichtnetz unaufhörlich die Realität der Existenz.**

Wir haben dir das Lichtnetz gegeben«, sagten sie und lächelten mir liebevoll zu. »**Das Netz tut viele Dinge**«, sagten sie, »**und eines davon ist, eine Abkürzung für dich zu schaffen. Das Lichtnetz ist die Quelle**«, sagten sie. »**Es ist die Wahrheit, und weil es das ist, wird es dich immer direkt zu sich selbst führen. Es gibt keine Vorgaben, die du befolgen musst, wenn du mit dem Lichtnetz arbeitest, und es gibt keine Vermittler zwischen dir und dem Netz. Wenn du das Lichtnetz anrufst, rufst du die Quelle an – klar und einfach. Und**«, sagten sie, »**die Quelle antwortet immer – sofort.**

Mit dem Netz aus Licht brauchst du dich nicht um obskure Traditionen zu kümmern. Du musst keine bestimmten religiösen Gebote, keine Vorgaben und kein Regelwerk befolgen. Die Arbeit mit dem Netz aus Licht ist einfach und direkt. Jedes Mal, wenn du es anrufst«, lächelten sie, »**wird es dich unmittelbar zur Wahrheit führen, direkt zur Einheit des Lebens. Du bewegst dich jenseits aller vermeintlichen Begrenzungen von Zeit und Raum. Innerhalb des großen Gewebes des Seins, des Netzes aus Licht ist alles miteinander verbunden.**«

»Also, Großmütter«, sinnierte ich, »in diesem Moment werde ich im Netz aus Licht gehalten, nicht wahr? Ich atme es ein. Ich bin eins mit ihm. Ich ruhe darin«, sagte ich. Sie sahen mich liebevoll an, und ich spürte jetzt die Stränge des Netzes sich in mir heben und senken, sich in mir mit der Vibration der Trommel bewegen. »Ich atme mit ihm«, sagte ich zu den Großmüttern, »und es atmet mit mir.«

»**Ja**«, antworteten sie. »**Das Lichtnetz macht das Gewebe des Seins des Universums aus. Es sind die ›Eingeweide‹ des Lebens, die Kraft. Es ist das, woraus das Leben gemacht ist. Im Netz aus Licht geht es nicht um vergängliche Dinge, die Dinge, die kommen und gehen**«, erklärten sie. »**Es geht nicht um oberflächliches Gewusel. Nein!**« sagten sie. »**Das Netz aus Licht bildet die Sehnen, die *tiefen* Verbindungen. Es bildet**

den Unterbau eurer Existenz. Das Fundament. Es ist sowohl die Kette als auch der Schuss.

Als du anfingst, damit zu arbeiten«, sagten die Großmütter, »**hast du das Netz aus Licht gespürt, das dich trägt. Du hast gespürt, dass es dich hält, und du hast es wiederum benutzt, um andere zu halten. All das ist wahr«**, sagten sie. »**Es ist die Natur des Lichtnetzes, zu nähren und zu halten, aber wir möchten, dass du jetzt begreifst, dass du nicht nur das Netz hältst und von ihm gehalten wirst, sondern dass du das Lichtnetz *bist*. Du *bist* Teil des Fundaments des Lebens, der gemeinsamen Realität und der Struktur von allem, was lebt. Du *bist* das Gefüge selbst. Du«**, wiederholten sie, »**bist das Gefüge.«**

Es brachte mich aus der Fassung, was sie mir sagten. »Ich bin das Gefüge des Lebens?« Was soll das bedeuten? fragte ich mich. Ich war mir nicht sicher, ob ich verstand, was sie meinten. Es schien viel zu groß und viel zu komplex für mich, als dass ich es begreifen konnte. Und doch... es war etwas Wahres an all dem. Ich konnte es fühlen. Vielleicht würden mir die Großmütter mehr beibringen.

»Aufgrund eurer Standhaftigkeit, weil ihr nicht aufgegeben oder euch davongemacht habt, seid jetzt in der Lage, diese Arbeit zu tun.«

Nach dieser Lektion mit den Großmüttern ertappte ich mich immer wieder dabei, dass ich über die große Macht der Mutter und das Wiederaufleben des Göttlich-Weiblichen nachdachte, das jetzt auf der Erde stattfand. Etwas Großes kam zum Vorschein. Eines Abends, kurz vor dem Schlafengehen, bat ich die Großmütter, mich über den Zweck ihrer Arbeit in *diesem Moment zu* unterrichten. Inzwischen war mir klar, dass sich ihre Arbeit ständig weiterentwickelte, also wollte ich wissen, was als Nächstes kommen würde, worauf wir uns konzentrieren sollten, wenn wir mit ihrer Botschaft weiterarbeiteten. Und mitten in der Nacht weckten sie mich aus einem tiefen Schlaf.

Ich setzte mich erschrocken auf, geweckt von einer Gänsehaut, die meinen Körper hinauf und herunter lief. »Wow!« flüsterte ich. »Da kommt was!« Schnell griff ich nach dem Notizbuch, das ich neben meinem Bett aufbewahrte, und sofort sprachen die Großmütter.

»**Wir sind gekommen, um dich zu ermächtigen**«, sagten sie auf meine Frage hin, »***damit du diese Arbeit machen kannst.*** **Ohne das Netz aus Licht und die Gemeinschaft, die sich um es herum gebildet hat**«, sagten sie, »***wäre es unmöglich, Arbeit in diesem Ausmaß*** **zu leisten.**« Und als ich das hörte, liefen mir die Tränen über die Wangen. »Ja, Großmütter«, flüsterte ich, überwältigt von Dankbarkeit für die Macht und Größe des Lichtnetzes. »Ich weiß«, sagte ich. »Ich weiß.«

»**Der Zweck der Arbeit in dieser Zeit**«, sagten sie und beäugten mich aufmerksam, »**ist es, das Netz aus Licht für dich und für alles Leben zu verstärken. Das Netz wird die ganze Verwirrung und den Widerstand auf der Erde durchschneiden.**« Und nachdem sie dies gesagt hatten, richteten sie sich auf und fügten hinzu: »**Wir sind der Große Rat der Großmütter**«, und als sie dies verkündeten, verstärkten sich die Schauer, die mich bereits durchfuhren, um das doppelte.

»**Du und alle, die sich uns angeschlossen haben, sind nun schon über zwanzig Jahre bei dieser Botschaft geblieben**«, sagten sie und sahen mich unter ihren hochgezogenen Brauen an. »**Und aufgrund eurer Standhaftigkeit, weil ihr nicht aufgegeben oder euch davongemacht habt, seid ihr jetzt in der Lage, diese Arbeit** ***zu tun.*** **Ihr habt ›durchgehalten‹**«, sagten sie, und als ich das hörte, flossen noch mehr Tränen. »**Eine solche Stetigkeit in der Welt, in der ihr lebt, ist keine kleine Leistung**«, sagten sie, »**und wir, die Großmütter, zusammen mit allen Formen des Göttlichen, ziehen den Hut vor euch. Wir freuen uns über das, was ihr geworden seid, was ihr werdet und was aus euch werden wird. Ihr seid großartig!**«, erklärten sie. »**Wir sind stolz auf euch.**

Jetzt«, sagten sie und warfen mir einen ernsten Blick zu, »**könnt ihr gemeinsam die Arbeit tun, für die ihr geboren wurdet. Jetzt könnt ihr eurem Planeten und** ***allem*** **Leben auf ihm wirklich dienen. Ihr öffnet eure Herzen, und weil diese sich öffnenden Herzen synchron mit dem Netz aus Licht arbeiten, helft ihr, die Herzen von Millionen zu öffnen. Als ihr ›Ja‹ dazu gesagt habt, Teil unserer Mission zu sein, wurdet ihr**

zu Platzhaltern für diese Millionen, jede von euch eine ›Nabe in einem Rad‹ für unzählige andere.

Jedes Mal, wenn ihr euren glorreichen Platz im Netz aus Licht einnehmt, können auch sie es«, erklärten die Großmütter und warfen triumphierend ihre Köpfe zurück. »**Im Laufe der Zeit haben wir euch gelehrt, wie ihr dieses Werk über die sogenannten Grenzen von Zeit und Raum hinaus ausweiten könnt, so dass heute die Reichweite des Lichtnetzes endlos ist. Dieses ›Werk‹, an dem ihr beteiligt seid, ist *enorm*«**, sagten sie. »**Wenn ihr euch selbst so sehen könntet, wie wir euch jetzt sehen, würdet ihr auf die Knie fallen.**

Macht weiter so, tapfere Herzen«, sagten sie, »**und folgt uns, wohin wir euch führen. Wir werden euch nie im Stich lassen.«** Sie hielten mich fest in ihrem Blick. »**Gemeinsam teilen wir dieses großartige Abenteuer, und es wird noch mehr kommen. Sagt weiter ›Ja‹«**, forderten sie mich und uns auf. »**Öffnet eure wunderbaren Herzen weiter.«**

Diese Botschaft hat mich bis ins Mark erschüttert. Ihre Worte, »**…ohne die Gemeinschaft, die sich um es herum gebildet hat (um das Netz aus Licht), *wäre es unmöglich, Arbeit in diesem Ausmaß* zu leisten…«**, hallten in meinem Kopf wider. Damals, im Jahr 1996, als die Großmütter zum ersten Mal auftauchten, fühlte ich mich sehr allein. Ich war überwältigt von dem, was sie mich lehrten, und zudem war ich nicht in der Lage, ihre Botschaft so weiterzugeben, dass die Menschen sie verstehen konnten. Ich konnte nicht die richtigen Worte finden, um zu beschreiben, was mit mir geschah, und so war ich einsam und verunsichert – vor allem hatte ich Angst vor der Mission, an der ich teilhaben sollte. In jenen Tagen hätte ich mir nie vorstellen können, dass um das Netz aus Licht eine starke Gemeinschaft entstehen würde. Und wenn ich an all das Wachstum zurückdenke, das seit jenen frühen Tagen stattgefunden hat, kann ich es immer noch kaum glauben.

»Das ist fast mehr, als ich aufnehmen kann«, sagte ich, als ich darüber nachdachte, was die Großmütter gerade gesagt hatten. »Alles, was ich tun kann, ist, zu staunen, was seit ihrem ersten Erscheinen geschehen ist, zu wissen, dass noch mehr kommt, und einfach weiterzumachen, nur weiterzumachen.«

Das Knüpfen der Fäden im Netz

Vier Tage später beschloss ich, zu Bär zu reisen. Ich war mir nicht sicher, warum ich zu ihm wollte, aber es fühlte sich irgendwie richtig an: Es war das nächste, was ich tun sollte. Also reiste ich auf dieselbe Art wie sonst auch zu ihm, und nachdem ich ihn begrüßt hatte, ging ich bald neben ihm her; wir beide aufrecht, meine Hand auf seinem Rücken. Aus irgendeinem Grund sollte ich diesmal nicht auf ihm reiten, sondern so gehen, wie er ging, so schauen, wie er schaute… im Grunde sollte ich ihm so ähnlich sein wie möglich. Das habe ich also versucht, und zusammen sind wir ein ganzes Stück auf diese Weise gegangen, bis wir schließlich zu einer Höhle kamen.

Schon einmal hatte mich Bär in eine Höhle mitgenommen. Das war etwa ein Jahr, nachdem die Großmütter zum ersten Mal erschienen waren. Aber die Höhle jetzt war anders. Die erste Höhle war seine »Innenschau-Höhle« gewesen und ich erinnere mich, dass darin gerade genug Platz für uns beide war, doch diese Höhle war geräumiger. Außerdem war eine dicke Strohschicht auf dem Boden ausgebreitet, wo Bär und ich uns bequem hinlegen und durch eine Öffnung im Dach der Höhle in den Himmel schauen konnten. Die Sterne zeichneten Muster an den Nachthimmel über uns, und während ich sie in mich aufnahm, verstand ich irgendwie, dass es nicht nur der Himmel war, auf den ich schaute: Ich schaute auch auf das Netz aus Licht.

»**Mhm**«, bestätigte Bär, und mit seinen massigen, aber empfindsamen Pfoten zeigte er mir, wie man sich zwischen den Sternen bewegt, und auch, wie man die Fäden im Lichtnetz verändert. Wie man die Fäden fein macht – sehr fein. Ich beobachtete ihn bei dieser Arbeit und begann, zunächst zögerlich, seine Bewegungen nachzuahmen, so dass wir gemeinsam übten, die Fäden des Netzes immer enger zu verknüpfen. Wir knüpften sie wirklich sehr eng und ließen nur winzige Abstände zwischen ihnen. »**Feine Abstände**«, sagte Bär, während wir arbeiteten, und als er mir einen langen, ernsten Blick zuwarf, verstand ich, was er mir damit sagen wollte. Dies, ein Muster aus eng gewebten Strängen, war es, was Osteuropa in dieser Zeit stabil halten würde.

Während wir dieses eng geknüpfte Muster in das Gewebe des Lichtnetzes einfügten, wurde mir klar, dass diese Webarbeit irgendwie auch mit einem Gebiet in Südkalifornien verbunden war. Es gab hier eine Verbindung, nicht nur mit Osteuropa, sondern auch mit der kleinen Gemeinde Idyllwild in den südlichen Sierra Nevada Mountains von Kalifornien. Auch hier galt es, die Fäden des Netzes fein zu knüpfen. »**Halte dieses Bild des eng gewebten Lichtnetzes in Osteuropa und verknüpfe es anschließend über die kleine Stadt Idyllwild mit diesem Kontinent**«, sagte Bär. »Was haben diese Orte miteinander zu tun?« fragte ich mich, aber ich tat wie geheißen und blieb eine ganze Weile dabei. Bald jedoch wurde ich schläfrig, so schläfrig, dass dies alles war, woran ich mich von dieser Reise erinnern konnte.

Ich war enttäuscht, eingeschlafen zu sein und vielleicht einiges mehr verpasst zu haben, was Bär mir beibringen wollte, aber als ich mich von ihm verabschiedete, sagte er mir, ich solle bald wiederkommen und er würde mir noch mehr beibringen. Also würde ich zurückkommen.

»Der Widerstand, den ihr erfahrt, steht im direkten Verhältnis zur Bedeutung eurer Arbeit.«

Vier Tage später war ich wieder da. »Bär«, sagte ich, sobald er am Fluss in der Unteren Welt auftauchte, »vor vier Tagen sagtest du mir, ich solle wiederkommen und du würdest mir mehr über das Lichtnetz erzählen, darüber wie es heute mit ihm steht. Davor hast du mir gezeigt, wie fein und eng geknüpft das Netz an bestimmten Orten ist, und hast uns gesagt, dass wir so mit ihm arbeiten sollen, um Osteuropa zu helfen. Ich bin wieder hier, Bär, und wenn du eine weitere Botschaft hast, möchte ich sie hören. Bitte unterweise mich.«

»**Schau!**« sagte er, drehte sich um und zeigte nach oben zum Himmel über dem nordöstlichen Teil Europas: Litauen, Lettland, Russland und Polen. Ich schaute, wohin er zeigte, und sah, dass der Himmel dort voller

Sterne war – so voll, dass ich mich fragte, ob es tatsächlich Sterne waren. »Sind das Sterne oder ist es das Netz aus Licht, auf das ich schaue?« fragte ich mich. Also starrte ich weiter in den Himmel, bis ich eine Bewegung am Himmel bemerkte. »Oh!« keuchte ich. »Die Himmelsgötter, die alten Götter bewegen sich da oben, bewegen sich am Firmament. Es sieht aus, als würden sie sich neu anordnen!« sagte ich zu Bär, fassungslos, dass so etwas möglich sein sollte. »Und«, fuhr ich fort, »während sie das tun, bilden sie neue Muster am Himmel.« Ich schaute zu ihm auf und fragte mich, ob ich das richtig verstanden hatte, aber er sagte kein Wort, sondern tätschelte nur meine Hand, um mir zu bestätigen, dass das, was ich sah, tatsächlich da war.

»Diese neue Anordnung der alten Götter wird das Netz aus Licht in diesem Teil der Welt anders aufstellen«, sagte ich. »Es wird das Netz stärker und allgegenwärtiger machen.« Die Worte sprudelten aus mir heraus und beschrieben Ideen, von denen ich absolut keine Ahnung hatte. Ich hörte, was ich sagte, und staunte darüber. Irgendwie musste das, was sich am Firmament abspielte, für einen Teil in mir klar sein.

»Die früheren Kontrollmechanismen der patriarchalen Institutionen verringerten die Macht des Lichtnetzes in diesem Teil der Welt«, sprach ich, als ich innerlich weitere Informationen erhielt. »Sie schwächten das Gewebe des Seins, das alles Leben zusammenhält. Das Patriarchat wollte diese Macht für sich, wollte alles besitzen und Macht nur jenen leihen, die in der Befehlskette weiter unten standen. Es wollte *nicht*, dass Macht frei zur Verfügung stand, damit jeder Zugang hatte und sie teilen konnte.«

Dann sah ich, wie die Götter und Göttinnen der alten Kulturen Europas neue Positionen im Himmel einnahmen und begannen, die Macht neu zu verteilen und allen zugänglich zu machen. »Diese devischen Wesen«, sagte ich über die Himmelsgötter, »können es, weil die indigenen Traditionen in dieser Gegend nicht völlig verschwunden sind. Es gibt immer noch genug menschliche Verbindung mit den Elementarkräften der Erde und den alten, auf den Naturkräften beruhenden Göttern, um hier eine Verbindung herzustellen. Und von dem Band in diesem Teil der

Erde wird Kraft in das Lichtnetz strömen und sich mit anderen Teilen der Erde verbinden.

Was können wir tun, um diese Veränderung zu unterstützen?« fragte ich Bär und die Himmelsgötter. »**Sprecht mit Bedacht über dieses Thema, um die Menschen nicht abzuschrecken oder sie in die Angst zu führen**«, antworteten die Götter, »**die Angst vor der alten Art, sich sowohl auf das Göttliche als auch auf die Erde zu berufen**«, erklärten sie. »**Das Patriarchat hat den Menschen diese Angst eingeflößt**«, sagten sie, »**deshalb müsst ihr jetzt vorsichtig sein.**

Die irdisch-göttliche Verbindung muss wieder hergestellt werden«, sagten die Götter. »**Diese tiefe Verbindung muss erneuert werden. Hier ist ein Ort für euch, von dem aus ihr die Verbindung herstellen und stärken könnt, von hier aus wird sich die Verknüpfung in alle umliegenden Gebiete ausbreiten. Denkt immer wieder an die Verbindung zwischen Osteuropa und der kleinen Stadt in den Bergen in eurer Nähe.**«

Dann sagten sie: »**Der Widerstand, den ihr jetzt von einigen in Osteuropa erfahrt, steht** ***im direkten Verhältnis zur Bedeutung eurer Arbeit.*** **Habt keine Angst, wenn dergleichen geschieht, sondern versteht,** ***warum*** **ihr bekämpft werdet. Die devischen und elementaren Reiche auf der Erde müssen und wollen mit dem Netz aus Licht zusammenarbeiten. Diese Wesen warten auch in England und in Irland, also vertraue das, was wir dir sagen, dem Lichtnetz-Team im Vereinigten Königreich an und bitte es um Hilfe.**« »Das werde ich«, sagte ich. »Gibt es noch etwas, das ihr mir jetzt mitteilen wollt? Gibt es noch etwas anderes, was wir tun können?« »**Nein**«, antworteten sie, »**das ist im Augenblick genug.**«

»Von Natur aus sind weder das Patriarchat noch die Energie von Yang integrativ. Sie sind ausschließend.«

Diese Botschaft der alten Himmelsgötter machte einen tiefen Eindruck auf mich. Es ergab Sinn, dass mitten in Osteuropa, wo die Mutter seit jeher verehrt wird, ein Ort sein würde, an dem sich das Patriarchat verwundbar fühlte. Alles, was die Himmelsgötter und Bär mir erzählt hatten, ergab Sinn, und ich wollte mehr wissen. Ich ließ eine Woche verstreichen, um das, was ich erfahren hatte, vollständig verarbeiten zu können. Dann konnte ich nicht länger warten und kehrte zu den Großmüttern zurück, und diesmal war auch Bär da – er wartete mit ihnen.

Weil sie mir meinen Eifer vom Gesicht ablesen konnten, ergriffen die Großmütter sofort das Wort: »**Es ist an der Zeit, die alten Naturgötter in unsere Arbeit einzubeziehen**«, sagten sie. »**Diese Götter und Göttinnen aus längst vergangenen Zeiten verbinden das devische Reich sowohl mit dem Göttlichen als auch mit der Erde. Diese heiligen Wesen müssen in die Arbeit, die ihr mit uns tut, einbezogen werden. Ihr könnt diese Götter und Göttinnen bei ihren spezifischen Namen nennen**«, sagten sie, »**oder ihr könnt sie in ihrer Gesamtheit einbeziehen. Wie auch immer ihr sie nennt**«, sagten sie, »**sie werden euch antworten, aber damit sie Zugang zu euch bekommen können, müsst ihr sie einladen. Das Reich der Elementarwesen wird einen unschätzbaren Beitrag zur Heilung der Erde leisten**«, sagten die Großmütter. »**Diese Wesen werden helfen, die Harmonie auf eurem Planeten wieder herzustellen.**

Seit der alten Zeit und bis heute fürchten die Religionen des Patriarchats diese Götter, Devas und Elementargeister«, sagten die Großmütter. »**Sie fürchten sie, weil diese heiligen Wesen mit und für die Erde arbeiten. Das Patriarchat hat immer einen alleinigen Zugriff auf die Schätze der Erde gewollt und versucht, die Erde für die eigenen Zwecke zu nutzen. Deshalb wollen patriarchale Systeme weder teilen, noch wissen sie, wie man mit anderen zusammen für das Gemeinwohl arbeitet. Ihr müsst erkennen, dass diese Systeme und die Menschen, die sich mit ihnen verbünden, von Natur aus eigennützig sind.**

Das Patriarchat«, erklärten die Großmütter, »**ist hierarchisch aufgebaut. Die Macht kommt von oben und bewegt sich nach unten.**« Sie deuteten es mit Gesten an. »**So dient das Patriarchat immer dem an der Spitze, nämlich sich selbst – nur sich selbst. Weil sie diesem linearen Muster folgen, sind patriarchalische Systeme gut für die Energie von Yang geeignet, da die Yang-Energie ebenfalls linear ist. Solange Yang nicht gelernt hat, sich mit Yin in Harmonie zu bringen, hält es sich**

abseits und vermeidet, wie das Patriarchat, die Zusammenarbeit mit anderen Energien. Weder das Patriarchat noch die Energie von Yang sind von Natur aus integrativ. Sie sind ausschließend«, sagten die Großmütter. **»Da ihr nun also zum Ende dieser Periode der Yang-Herrschaft auf der Erde kommt, werdet ihr feststellen, dass die alten patriarchalischen Systeme nicht mehr funktionieren.**

Eure Welt gelangt jetzt an das Ende des Patriarchats«, sagten die Großmütter. **»Die Struktur des Patriarchats ist zu eng und starr für die Zeiten, die auf uns zukommen. Das Leben auf der Erde erfordert heute ein harmonisches Miteinander von Yin und Yang, einen ausgeglichenen Fluss zwischen diesen Energien. Das Patriarchat stagniert allmählich.**

Um den Prozess der Harmonisierung von Yin und Yang zu beschleunigen und einen ausgeglichenen Zustand auf der Erde herbeizuführen, müssen die Menschen wieder mit dem devischen Reich zusammenarbeiten, mit den Geistern der Natur. Also«, sagten sie, **»wann immer ihr das Netz aus Licht anruft und euch mit ihm verbindet, ruft auch das devische Reich an. Ladet die alten Göttinnen und Götter überall auf diesem Planeten ein; ladet die Kleinen Leute und alle Erdgeister ein, sich mit dem strahlenden Lichtnetz zu verbinden. Lasst sie dessen Kraft verstärken, um das Leben zu halten und zu segnen. Wir bitten euch, dies zu tun«**, sagten die Großmütter, **»für euch selbst und für alles, was lebt.«**

»Du erlebst eine Art Auslese…«

Die Großmütter hatten mir mit diesen letzten Reisen eine Menge Stoff zum Nachdenken gegeben, und das tat ich auch. Aber ich wusste nicht recht, was ich mit all diesen Informationen anfangen sollte: Himmelsgötter, die das Netz aus Licht noch feiner knüpfen, Devas und Elementargeister. Die Großmütter überforderten mich, und, oh je, ich spürte es! Es war ein wenig überwältigend, eigentlich sogar sehr überwältigend. Wem in aller Welt könnte ich von den Himmelsgöttern erzählen, die sich am Himmel bewegen? Oder wie sie die Fäden im Netz aus Licht enger knüpfen? Ich fühlte mich wieder allein, als stünde ich irgendwo auf verlorenem Posten – ganz allein. Also beschloss ich, mir eine Auszeit zu nehmen, es langsamer angehen zu lassen und eine Weile Urlaub vom Reisen zu machen. Eine Zeitlang würde ich nur die »normalen« Dinge des Lebens tun – einkaufen gehen, einige Klienten behandeln, malen, im Garten werkeln und mit meinem Mann die Nachrichten schauen. Die Nachrichten schauen…

Nach etwa zehn Tagen der Entschleunigung *und* des abendlichen Nachrichtenschauens merkte ich, dass es mir nicht gut ging, dass ich sogar etwas deprimiert war. Ich begann wieder an mir zu zweifeln, sogar an der Wirksamkeit der Arbeit der Großmütter zu zweifeln. Ich glaube, es war die tägliche Versenkung in die Nachrichten. Was sich jetzt in unserem Land abspielte, entmutigte mich wirklich. Eine beschämende unmenschliche Aktion nach der anderen. Es schien, als ob viele Politiker jetzt den Weg der Niedertracht einschlugen, und wenn ich mir das alles ansah, machte es mich einfach traurig.

Als ich merkte, dass sich meine Gedanken in Richtung Depression bewegten, reiste ich zu den Großmüttern, aber meine Stimmung war so schwer, dass ich mich durch nichts, was sie sagten, ermuntert fühlte. Und danach begannen die Selbstzweifel um so mehr an mir zu nagen, so wie sie es getan hatten, als mir die Großmütter zum ersten Mal erschienen waren. Hatte ich mir all diese Dinge mit den Großmüttern bloß eingebildet? Wer war ich überhaupt, dass ich diese Botschaften erhielt?

Am Tag darauf merkte ich, wie unangenehm vertraut mir diese Gedanken waren, also ging ich gleich wieder zu den Großmüttern. Aber dieses Mal sagte ich: »Großmütter, ich stecke fest. Ich gebe es zu. Ich drehe mich im Kreis. Bitte zeigt mir, wie ich diese Abwärtsspirale, in der ich mich befinde, stoppen und mich wieder vorwärtsbewegen kann. Vielleicht habe ich zu viel Nachrichten geschaut«, gab ich zu, »aber es *ist* eine sehr schwere Zeit für unser Land und für die Welt. Aber«, sagte ich, »es ist die Zeit, in der wir leben, also muss ich mich damit abfinden. Ich will keine weitere Minute meines Lebens damit verschwenden, über das Schreckliche zu jammern – im Schlamm festzustecken. Ich will vorankommen. Und ich will es *jetzt*!«

Ich blickte zu ihnen auf und sah, wie sie mich anschauten, die Gesichter voll Mitgefühl und Verständnis. Als ich das sah, sagte ich: »Ich glaube, ich muss weinen.« Und das tat ich auch. Ich schluchzte ein paar Minuten lang leise vor mich hin, und als ich merkte, wie schwer ich atmete, wurde mir klar, dass sich etwas in mir verändert hatte. Da war noch etwas anderes als nur Traurigkeit über die Welt – etwas, das ich nicht kannte.

Als mir dieser Gedanke kam, stand ich nicht mehr bei den Großmüttern. Ich war in Bewegung. Tat etwas. Ich schwamm! Ich schwamm tatsächlich! Fasziniert von dem, was ich erlebte, beobachtete ich meinen Körper, wie er durch das Wasser glitt, ein silbriger Blitz. Ich war ein Fisch! Ich war ein schwimmender Fisch, und als ich mich im Wasser umsah, bemerkte ich, wie voll es da war: so viele Fische in meiner Nähe, dass ich vorsichtig navigieren musste. Und ich sah, wie ich an ihnen vorbeiglitt, ihre Körper berührte, als ich mir meinen Weg stromauf bahnte. Ich war Teil eines Schwarms.

»Das ist ganz schön schwer «, sagte ich zu mir, als mir klar wurde, dass ich gegen die Strömung schwamm. Ich konnte den Druck des Wassers spüren, der mir Widerstand bot, während ich weiter voranschwamm. Meine Arme oder Flossen oder was auch immer sie waren, schnitten durch das Wasser, während ich weiter und weiter schwamm. Dann hörte ich die Überraschung in meiner Stimme, als ich ausrief: »Aber alle anderen, nun ja, fast alle, schwimmen *mit* der Strömung.« Wieder schaute ich mich um und beobachtete die Fische, die mit mir im Wasser waren. Sie schienen einfach mitzuschwimmen. »Es sieht aus, als sei für sie das Schwimmen einfach«, sagte ich, »aber stromaufwärts zu schwimmen, ist *nicht* einfach für mich. Ich schätze, ich bin wie ein Lachs«, sagte ich, während ich wieder den Druck des Wassers spürte, als ich mich stromaufwärts bewegte und die Fälle hinaufsprang.

»Ich *bin* tatsächlich ein Lachs«, sagte ich überrascht, als ich aus dem Wasser in das Licht über mir sprang. Und als ich das sagte, konnte ich an meiner Stimme hören, wie müde ich war und wie schwer mein Atem ging. Das ständige Voranschwimmen war harte, schwere Arbeit. »**Du wurdest geboren, um diesen Lauf zu machen**«, flüsterten mir die Großmütter zu, und als ich ihre Worte hörte, stieß ich ein leises Keuchen aus und begann zu schluchzen. »Es gibt nicht mehr viele andere Fische um mich herum«, sagte ich, »und ich arbeite furchtbar hart. Ich springe und schnelle empor, um stromaufwärts zu kommen. Es ist harte Arbeit«, sagte ich. »Ich habe keine Gefährten oder jemanden, dem ich folgen kann, außer diesem Drang in mir, der mich immer weitertreibt.« Dann, immer noch schwimmend, merkte ich, dass ich vor Erschöpfung zu zittern begann, aber bevor ich zusammenbrach, hörte ich die Großmütter rufen: **»Geh zu Gott, geh zu Gott, geh zu Gott!«**

»Ja«, rief ich aus, »ja, das werde ich«, und das nächste, was ich wusste, war, dass ich wieder aus dem Bach und in die *klare* Luft gesprungen war. Und einen Moment lang gab es nur mich und die strahlende klare Luft. Wieder *sprang ich und schnellte* stromaufwärts... weiter und weiter. Ich konnte die Anstrengung spüren, die das erforderte, und wieder hörte ich mein schweres Atmen.

Dann sprachen die Großmütter: **»Damit das Leben jetzt weitergehen kann«**, sagten sie, **»müssen bestimmte Menschen diese Reise machen. Tapferer Lachs«**, sagten sie, und fügten hinzu: **»Sei wie der Lachs. Ihr sehnt euch nach einem klaren See, in dem ihr schwimmen könnt, zusammen mit anderen eurer Art. Aber es gibt noch keinen klaren See«**, sagten sie, **»und es gibt keine ›eurer Art‹. Du musst jetzt allein voranschwimmen; du musst vorangehen. Hinauf! Hinauf!«** riefen sie.

Ich sprang weiter, schwamm weiter, und während ich mich weiter abmühte, rätselte ich über das, was sie gesagt hatten, als meine Gedanken plötzlich durch den Trommelschlag unterbrochen wurden – den beharrlichen Schlag der Trommel. Die Trommel hörte nicht auf, und als ihr Rhythmus mein Bewusstsein flutete, begann alles in mir langsamer zu werden, sich zu beruhigen. Die Trommel brachte mich zurück in den Frieden des Wassers, in den Frieden der Erde. Sie brachte mich zurück in den Frieden dieses Moments auf diesem Planeten, auf dem ich lebe.

»Du erlebst jetzt eine Art Auslese«, sagten die Großmütter. **»Es ist Zeit für dich, deine Zugehörigkeit zur Gruppe loszulassen wie auch jede Bindung, die du an unsere Arbeit hast. Es ist jetzt an der Zeit, dass du einfach vorangehst«**, sagten sie, **»vorangehen, weil es keinen anderen Weg gibt als den nach vorne.«**

»Es gibt keinen anderen Weg als den nach vorne«, sagte ich mir, und als ich die Worte sprach, vernahm ich die Weisheit darin. »Geh voran«, sagte ich zu mir selbst. »Denke nicht über das Warum und Wozu nach. Tu es einfach, weil es vor dir liegt, um getan zu werden. Und warum nicht?« sagte ich mir. »Wo kann man denn sonst hingehen, außer voran?«

Die Großmütter forderten mich. Sie sagten, ich solle mein Alleinsein akzeptieren, meine Bindung an die Vergangenheit loslassen, meine Bindung an Freunde, an meine Arbeit, an die Zugehörigkeit zu einer Gemeinschaft. Solle sogar *ihre* Arbeit loslassen. Eigentlich alles. »Ich soll wie der Lachs sein, so, wie sie es gesagt haben. Das ist meine Aufgabe. Ich bin jetzt hier, um voranzugehen – ganz gleich, was geschieht«, sagte ich. Mir selbst murmelte ich zu: »Ich bin sozusagen auf einer Mission.«

»In die Erde fallen«

Das nächste Mal, dass ich mit den Großmüttern Kontakt hatte, war an einem schönen Sonntag im späten Frühling. Die Sonne schien, der Garten stand in voller Blüte, und der Hund und ich saßen gemütlich am Küchentisch. Ich hatte gerade gefrühstückt und las die Morgenzeitung, entschlossen, positiv zu bleiben, obwohl ich die Nachrichten las, als die Großmütter auftauchten. »**Hör auf mit dem, was du gerade tust**«, sagten sie zu mir, »**und denke an deine Verbindung zur Erde. Nein**«, sagten sie, während ich meine Beine löste und mich aufrecht hinsetzte, »**nicht an deine Verbindung zum Boden oder zum Stuhl, sondern an die Erde selbst. Die Erde liegt allem zugrunde**«, erinnerten sie mich, »**dem Haus, dem Auto, der Straße – allem. Und es ist Zeit für dich, deine Verwandtschaftsbeziehung mit ihr zu erneuern, mit der Mutter, die dich nährt und hält.**

Nur für einen Moment«, sagten sie und wedelten mit den Fingern vor meinem Gesicht, »**ziehe dich zurück von dieser ewigen Geschäftigkeit in deinem Verstand. Hör auf mit dem, was du gerade tust, und rufe das Lichtnetz an.**«

»Okay, Großmütter«, sagte ich, klappte die Zeitung zu und tat schnell wie geheißen. Dann sagten sie: »**Wende dich deinem Herzen zu und werde**

dir deines Körpers gewahr. Spüre das Gewicht deines Körpers.« Ich holte tief Luft, als sie das sagten, konzentrierte mich auf mein Inneres und murmelte: »Die Befehle kommen hier wirklich Schlag auf Schlag.« Aber die Großmütter ignorierten mich und sagten: »**Lass dich jetzt in das Gewicht deines Körpers fallen und lass dich weiter fallen, bis du spürst, dass du eins mit der Erde bist. Fühle es!**« befahlen sie. »**Du bist nicht von der Erde getrennt. Du bist nicht allein. Du bist mit deiner Mutter verbunden. Immer.**

Entspanne dich und lasse dich in die Erde sinken. Immer weiter«, sagten sie und fuchtelten mit den Händen, als wollten sie mich zur Eile antreiben. »**Lasse dich jetzt durch die Erde, durch Gestein und Sand und alle Erdschichten unter dir hinabfallen**«, sagten sie. »**Fang an, da unten zu forschen – fang an, dich im Erdinneren zu bewegen.** » »Okay, Großmütter«, sagte ich, »okay«, und ich begann zu tun, was sie mir aufgetragen hatten. Ich würde mich hier umsehen und alles ein wenig erforschen.

Als erstes bemerkte ich, dass es im Inneren der Erde kühl war – nicht kalt, aber angenehm kühl – und das überraschte mich. Es fühlte sich gut an, und dann merkte ich, dass es im Inneren der Erde Licht gab, genug Licht, um tatsächlich sehen zu können. Es war nicht so dunkel, wie ich es mir vorgestellt hatte, und als ich meinen Kopf wandte und mich umsah, wurde mir klar, dass ich alles sehen konnte! Wie konnte das sein? Ich wollte die Großmütter fragen, wie das möglich war, aber bevor mir die Worte über die Lippen kommen konnten, begannen sie, auf meine Umgebung hinzuweisen.

»**Schau dir die Farben und Formen an, die dich hier umgeben, und lasse sie auf dich wirken. All diese Farben**«, betonten sie, »**all diese Texturen. Du atmest jetzt die Erde selbst ein**«, sagten sie zu mir, »**du nimmst auf, was sie dir gibt. Atmest die Farben ein, das Licht, alles!**« sagten sie voll Begeisterung. »**Öffne dich für das, was sie dir zu geben hat**«, sagten sie, und ich nickte zustimmend und nahm einen vollen Atemzug. »**Frieden**«, sagten sie, lächelten und nickten, »**Beständigkeit, Heilung, Ruhe, Nahrung, Mineralien und vieles mehr. Sie gibt alles**«, sagten sie und lächelten mir freudig zu. »***Sie ist immer gebend.*** **Die Mutter hat Freude**

daran, alles zu teilen, was sie hat«, sagten sie, **»also nimm es jetzt an und ruhe in ihrer Umarmung.«**

Ich fühlte, wie ich nachgab, als sie sprachen, fühlte, wie mein Körper das schnelle Lebenstempo, an das er gewöhnt war, losließ, wie er alles fallenließ – wirklich fallenließ. Es war eine solche Erleichterung, alles loszulassen. Das Gewicht begann von mir abzufallen, fiel mir von den Schultern, Händen und Armen, kaskadenartig von meinem Nacken und rollte meine Wirbelsäule hinab. »Ahh«, stöhnte ich glücklich, als ich merkte, wie alles verschwand. »Wunderbar. Das ist wunderbar.«

»Es ist an der Zeit, dich von den Machenschaften deines Gehirns zu befreien und dich in deine eigene tiefe Intelligenz hineinzubegeben«, sagten die Großmütter. **»Wenn du in deinem Wesen geerdet bist, wenn du mit dem Lichtnetz und mit Mutter Erde verbunden bist, wirst du dich automatisch gut fühlen. Wenn du jedoch in deinem Verstand herumkrauchst, von Gedanke zu Gedanke rennst, von Vorstellung zu Sorge, von Sorge zu Vorstellung, dann klappt das nicht.**

Lasse dich also weiter so fallen«, sagten sie, **»tauche immer tiefer in deine Essenz ein. Verbinde dich weiter mit Mutter Erde. Du bist kein gespaltener Mensch!«** riefen sie aus. **»Du bist nicht jemand, der von Reiz zu Reiz rennt, jemand, der von Angst und Erregung geleitet wird. Nein!«** riefen sie und schüttelten den Kopf. **»*Du bist großartig.* Du bist eins mit dem ganzen Leben. Das ist es, was du bist. Nimm es an!«** sagten sie. **»Lass jetzt die Sorgen los. Lass das Grübeln, das Wüten und die Verzweiflung los und lass dich stattdessen halten. Fühle, wie du gehalten wirst. Just in diesem Moment«**, sagten sie, **»bewege dich in die tiefe Stille in deinem Inneren«**, und… »Ahh«, stöhnte ich, als ich spürte, wie ich mich in diesen Ort in mir sinken ließ. »Ahh«, sagte ich wieder, während ich tief einatmete, und **»Jaaa«**, sangen die Großmütter.

»Du bist eins mit dem strahlenden Netz aus Licht, das alles Leben einhüllt«, sagten sie, **»also rufe das Netz an, und tue es oft. Mach es dir zur Gewohnheit, in das Lichtnetz hinabzusteigen und deine Verbindung mit der Großen Mutter zu spüren. Bewege dich in die Einheit mit der Erde und ruhe an diesem Ort des Einsseins aus, während sie**

dich anfüllt. Sie wird das jedes Mal tun, wenn du dich für diesen Ort in dir öffnest.«

Nachdem diese Reise vorüber war, legte ich mich auf den Teppich und blieb dort liegen – einfach atmend und still liegend, ganz still. Ich ging noch einmal durch, was die Großmütter gesagt hatten und ließ es auf mich wirken, und als ich darüber nachdachte, fiel mir etwas ein, was sie in *Selbstermächtigung* gesagt hatten: »**Wir werden dich satt machen. Lass uns**«, hatten sie damals gesagt, und ich erkannte, dass ich endlich bereit war, es zuzulassen.

»Die Kraft, die in dieser Zeit aus dem Land aufsteigt, ist die Kraft der Schöpfung.«

Mehrere Lichtnetztreffen standen kurz bevor. In weiteren zwei Monaten würden wir in Europa sein und unser erstes Treffen in England abhalten. Unser jährliches Event in Kalifornien war gerade zu Ende gegangen, und nun war es an der Zeit, sich auf eine Reihe von Treffen an verschiedenen Orten auf dem Globus vorzubereiten, eines nach dem anderen. Die Großmütter hatten uns gebeten, das Netz aus Licht in jedem Land zu verankern, in das wir gerufen wurden, und kurz nachdem sie diese Bitte ausgesprochen hatten, begannen sich die Ereignisse zu überschlagen. Eine Gruppe von uns würde gemeinsam zu all diesen Orten reisen, und da das Treffen in England bald anstand, mussten wir wissen, was die Großmütter dafür im Sinn hatten. Also ging ich zu ihnen, um es herauszufinden.

»**Diese Versammlung in England wird unsere Arbeit im Vereinigten Königreich verankern**«, sagten sie. »**Zur Zeit gibt es eine Zersplitterung und ein Gefühl der Spaltung im Vereinigten Königreich.**« Sie sahen nachdenklich aus, als sie sprachen. »**Die Menschen dort müssen sich als Teil der einen Liebe wahrnehmen; sie müssen ihre eigene Macht erfahren. Wenn ihr mit dem Lichtnetz arbeitet, werdet ihr die verschiedenen Teile des Vereinigten Königreichs zu einem Ganzen verbinden, und wenn das geschieht, werden die Menschen ein Gefühl für ihre Macht bekommen.**

Vor nicht allzu langer Zeit wurde England als große Weltmacht angesehen«, sagten die Großmütter. »**Wie andere Kulturen**«, erklärten sie,

»hatte auch Britannia ihren Moment auf der Weltbühne, aber dann fielen die alten Wege dort in sich zusammen und brachen ein. Nun«, sie zuckten mit den Schultern, »derlei Dinge sind vergänglich, und heute hat sich das Bild von ›Macht‹ im Vereinigten Königreich verschoben. Und was im letzten Jahrhundert in England geschah, findet heute überall auf der Erde statt. Ihr seht es jetzt«, sagten sie, »wie die ›etablierten‹ Machtzentren in der Welt überall zu versagen beginnen. Und weil das Vereinigte Königreich diese Machtverschiebung zuerst erlebt hat«, sagten sie, »kann es den Rest der Welt vieles lehren.

Wir ermutigen alle, die zu dieser Versammlung in den englischen Landen kommen, die alten Sichtweisen von Macht, die sie vielleicht noch mit sich herumtragen, loszulassen und sich stattdessen für das Aufbegehren der elementaren Macht in diesem Teil der Welt zu öffnen. Die Natur erwacht dort wirklich, und deine Aufgabe wird es sein, den Menschen in dieser Versammlung zu helfen, das zu erkennen. Bringe ihnen bei, wie sie sich auf das Anschwellen von Liebe und Güte einstimmen können, die aus ihrem Land aufsteigen. Hilf ihnen, es in sich aufzunehmen. *Die Kraft, die in dieser Zeit aus dem Land aufsteigt, ist die Kraft der Schöpfung*«, sagten die Großmütter. »Himmel und Erde kommen zusammen.

Was wir sagen, ist wahr.« Sie fixierten mich mit ihrem Blick. »Es ist real. Die göttliche Macht, die Himmel und Erde durchdringt und verbindet, ist real, während die alten, menschlichen Wege der ›Macht‹ niemals real waren. Sie waren auch nicht wirklich mächtig.« Sie schüttelten den Kopf. »Da war das Patriarchat am Werk. Im Laufe der Geschichte war das, was die Menschen ›Macht‹ nannten, nie natürlich und auch nicht gottgegeben«, erklärten die Großmütter. »Die Art von ›Macht‹, an die ihr gewöhnt seid, ist und war von Menschen gemacht, erfunden«, sagten sie. »Sie war auf Dominanz und Unterwerfung aufgebaut. Bitte die Menschen im Vereinigten Königreich, jetzt jede Anhaftung an diese alte Version von Macht loszulassen«, sagten die Großmütter. »Wir versprechen dir, dass sie sie nicht vermissen werden. Es gibt etwas viel Besseres, das auf sie wartet.

Ermutige sie, sich zu öffnen«, sagten sie, »**sich für die verbindende Urquelle zu öffnen, die jetzt aufsteigt, um sich mit ihnen zu vereinen. Es ist das Lichtnetz, das kosmische Netz, das ruft, das Lichtnetz, das alles auf der Erde verbindet und vereint. Das strahlende Netz aus Licht und Liebe, das alles Leben verbindet, ruft sie nach Hause.**

Immer«, die Großmütter wechselten das Thema, »**ist der Ort, an dem ihr euch befindet, der Ort, an den ihr gepflanzt wurdet. *Das* ist der Ort, an dem ihr Wurzeln schlagen und wachsen sollt. Akzeptiert eure Verbindung mit dem Land, in dem ihr lebt**«, sagten sie. »**Nehmt eure Verbindung zu Mutter Erde an diesem Ort an und lasst den Anker fallen, wo ihr steht. Tut das**«, sagten sie, »**und wenn ihr euch verankert habt, ruft eure Vorfahren an. Dann verbindet euch durch das Lichtnetz mit ihnen, so dass ihr euch gemeinsam mit dem Land verbinden könnt. Zu jedem Augenblick wirst du im Lichtnetz gehalten**«, erinnerten mich die Großmütter, »**es *gibt* also keine Trennung – keine Trennung von Zeit oder Ort.**« Und mich scharf beäugend, sagten sie: »**Es ist Zeit, nach Hause zu kommen – nach Hause zu kommen zum Lichtnetz, zum Land, zu den Ahnen und zueinander.**

Das Göttliche ist hier und jetzt gegenwärtig«, sagten sie, und ich sah, dass sie eine lange Reihe gebildet hatten und nun Schulter an Schulter standen, als ein Körper. »**Das Göttliche ist in den *wirklichen Dingen* des Lebens gegenwärtig**«, sagten sie mit einer Stimme, »**und weil es so ist, ist das Göttliche in deinem Herzen. *Immer* in deinem Herzen. Lasse also all diese mentalen Konstrukte, die du mit dir herumgetragen hast, jetzt fallen und konzentriere dich stattdessen ganz auf dein Herz. Triff die Entscheidung, aus deinem Herzen zu leben, und triff sie jetzt**«, sagten sie. »**Warum nicht? Worauf wartest du noch?**

Dein Herz«, erklärten sie, »**wird dich Weisheit lehren, und Weisheit wird dich auf eine Weise befriedigen, wie es das Wissen nie könnte. Versuche es**«, sagten sie und neigten herausfordernd ihre Köpfe. »**Wir bitten dich, zur Weisheit nach Hause zu kommen und dich im strahlenden Lichtnetz zu verankern. Das Netz aus Licht hält die Erde, es hält alles**

Leben, und es hält dich. Also, lass dich halten«, sagten sie. »**Schließlich**«, lächelten sie, »**ist es dein Geburtsrecht, so gehalten zu werden.**«

»Die Orte, die ihr auf dieser Reise besuchen werdet, sind Punkte auf einem Lichtstrang.«

Es würde nicht nur ein Lichtnetztreffen in England geben, sondern in der Woche zuvor auch eines in Lettland und ein weiteres in Litauen. Irgendwie hatten die Großmütter drei verschiedene Versammlungen im Norden Europas aneinandergereiht, und sie würden direkt nacheinander stattfinden. Wir fragten uns, warum diese drei im selben Zeitraum stattfanden, also reiste ich eines Tages zu den Großmüttern, um es herauszufinden.

»**Die Orte, die ihr auf dieser Reise besuchen werdet, sind Punkte auf einem Lichtstrang**«, war das erste, was sie sagten, und dann demonstrierten sie, wie Lettland, Litauen und das Vereinigte Königreich geografisch in einer Reihe liegen. Und als sie sie mir so zeigten, sagte ich: »Sie sehen aus wie Perlen auf einer Schnur.«

»**Die Kulturen in Lettland und Litauen sind jeweils spezifisch**«, sagten die Großmütter. »**Die Kultur im Vereinigten Königreich ist ebenfalls charakteristisch für diese Gegend, aber darüber hinaus findest du dort eine Ansammlung von Kulturen aus der ganzen Welt. Die Arbeit, die ihr an diesen drei Orten tun werdet, wird für jeden Ort spezifisch sein und wird es dem Lichtnetz erlauben, sich in den jeweiligen Ländern und ihren Menschen zu verankern und genau dort Himmel und Erde zu verbinden.**« Und als sie sprachen, beobachtete ich, wie sich an jedem Punkt des Stranges ein großer Knoten bildete.

»**Zu dieser Zeit ist es für das Lichtnetz möglich, diese Orte zu durchdringen**«, sagten die Großmütter, »**und das ist der Grund, warum ihr in diese Länder geht. Ihr werdet das Licht halten, damit das Netz sich verankern und in diese Gebiete einsickern kann. Wenn sich das Netz dort festsetzt, wird es die verhärteten Krusten auf dem Land aufweichen. Es wird auch das Lichtnetz selbst weich machen und reparieren**«, sagten sie, und als ich das hörte, machte ich große Augen. »Was haben sie damit gemeint?«

»In der jüngeren Geschichte wurde das Netz in diesem Teil der Welt in seinen Möglichkeiten eingeschränkt«, erklärten die Großmütter. **»Es gab viele Faktoren, die dazu führten, dass das Lichtnetz hier eingeschränkt wurde, und in der Folge wurde es in diesem Teil der Welt ausgedünnt. Es wurde geschwächt«**, sagten sie. **»Aber nach diesen Versammlungen in Lettland, Litauen und dem Vereinigten Königreich werden diese Länder in der Lage sein, das Lichtnetz vollständig zu verankern. Und diese Verankerung des Netzes wird alle Orte in die Lage versetzen, ein Landeplatz für mehr Liebe, Licht und Kraft zu sein, damit sie sich in diesem Teil der östlichen Hemisphäre einweben können.«**

Dann sagten die Großmütter: **»Fangt jetzt an, mit den Sami zu arbeiten«**, und ich setzte mich überrascht auf. »Die Sami?« fragte ich. Alles, was ich über die Sami wusste, war, dass sie ein indigenes Volk im hohen Norden Europas sind und Rentiere züchten. **»Arbeitet mit den Sami«**, wiederholten sie, **»und arbeitet auch mit den indigenen Völkern Russlands. Ruft einfach nach ihnen, und wenn ihr schon dabei seid, ruft auch die keltischen Völker. Die Sami und die einheimischen Völker Russlands sind immer noch stark mit ihrem Land verbunden. Sie praktizieren weiterhin die Wege ihrer Vorfahren, also bezieht sie unbedingt in eure Arbeit mit ein. Und ruft sie bewusst an«**, sagten sie und bannten mich mit ihrem Blick. **»Fang jetzt an, diese Informationen mit den verschiedenen Organisationsteams für die Versammlungen zu teilen, damit ihr alle zusammen die indigenen Völker dieser Regionen anrufen könnt.**

Das Singen und Tanzen in Litauen wird unsagbar guttun«, sagten die Großmütter, **»auch das Singen in Lettland. Die alten Lieder dieser Länder werden die Ahnen ihres Landes herbeirufen, die dann mit euch zusammenarbeiten können. Diese Beteiligung der Ahnen wird das, was ihr zu lehren gekommen seid, reibungsloser ablaufen lassen.**

Bis vor kurzem haben viele Menschen in Lettland und Litauen noch jeden Tag auf dem Land gearbeitet, und viele von ihnen kennen noch die alten Lieder und Tänze ihrer Vorfahren. Diese Menschen sind nach wie vor in Kontakt mit den Devas, den Göttern der Natur, und werden daher die Elementargeister ihres Landes erkennen und sich ihnen öff-

nen können. Unsere Botschaft der einen Liebe wird für sie leicht zu begreifen sein«, sagten sie, »**und die Ahnen des lettischen und litauischen Landes werden die Kraft der Arbeit, die ihr alle gemeinsam tun werdet, verstärken. Es wird viel Freude bei diesen Versammlungen geben**«, sagten die Großmütter, und ich sah, dass sich ihre Augen mit Tränen füllten, als sie sprachen.

»**Die Arbeit, die ihr in England tun werdet, wird ein bisschen schwieriger sein**«, sagten sie. »**Es wird für einige Menschen dort eine Herausforderung sein, sich für die Geister des Landes zu öffnen, da solche Konzepte nicht zu ihrem Alltag gehören. Das Vereinigte Königreich ist noch nicht so stark mit dem Land verbunden**«, sagten sie, »**aber bald wird es das sein.**

Wenn ihr bei eurer Arbeit immer wieder zu eurer Absicht zurückkehrt, euch mit dem Land zu verbinden und Himmel und Erde zu verbinden, wird das allen helfen. Es wird euch daran erinnern, warum ihr zusammengekommen seid. Bei der Versammlung werden alle ihre Verbindung zur Erde spüren und können sich dann auf ihre eigene Bestimmung konzentrieren. Und jedes Mal, wenn sie das tun, werden sie die Abirrungen ihrer Gedanken eindämmen.

Während ihr von Versammlung zu Versammlung reist, ruft uns unaufhörlich an«, sagten die Großmütter. »**Ruft auch alle Formen des Göttlichen an, und schließt die alten Götter der baltischen Länder ein. Es ist gut, dass die Arbeit in Lettland und Litauen vor der Arbeit in England stattfindet. Die alten Götter dieser beiden Länder sind den Menschen dort noch bekannt und werden von ihnen verehrt, so dass sie euch bei der Arbeit, die ihr für ganz Nordeuropa tun werdet, helfen können. Die Beteiligung der alten Naturgötter wird helfen, das Lichtnetz in diesem Teil der Welt fest zu verankern.**«

»Danke, Großmütter«, sagte ich. »Danke, dass ihr mir das alles erklärt habt. Mir ist jetzt klarer, was wir auf dieser Reise tun sollen. Es bedeutet mir sehr viel, dass ich jetzt besser verstehe, warum wir genau in diese drei Länder fahren.«

Als die Großmütter mir zuhörten, sah ich ihre nachdenklichen Blicke. »**Es geschieht etwas, wenn ihr zusammenkommt, um für das höchste Gute zu arbeiten**«, sagten sie, »**wie ihr es bei diesen Versammlungen tut. Es geschieht etwas, wenn ihr euch auf diese Weise versammelt, um selbstlos mit und durch das Lichtnetz zu arbeiten.** ***Etwas geschieht*****, und viele von euch werden sich jetzt dieses besonderen** ***Etwas*** **bewusst.**

In den letzten zwei Jahren habt ihr eine Macht erlebt, die ihr nie für möglich gehalten hättet. Die Macht baut sich jetzt auf«, sagten sie, ihre Körper wiegten hin und her, während sie nachdenklich nickten. »***Sie wird sich weiter aufbauen***«, sagten sie, »**und** ***ihr*** **habt sehr viel mit diesem Aufbau zu tun.**

Es ist die Herz-zu-Herz-Verbindung, die ihr im Lichtnetz herstellt, die die eigentliche Kraft des Netzes ausstrahlt. Die Verbindung, die ihr durch eure Herzen herstellt, sendet das Lichtnetz tiefer, weiter und vollständiger – in euch, in alle Formen der Materie und weit hinaus in den Raum.

Wellen der Kraft steigen auf und rollen von diesen Versammlungen hinweg«, sagten sie, und als ich das hörte, stieß ich einen kleinen Schrei aus. »**Diese Wellen der Kraft bilden konzentrische Kreise der Heilung, und während sie sich ausbreiten, segnen sie alles, was sie berühren. Es ist die Reinheit und Liebe in euren Herzen, die sie antreiben**«, sagten die Großmütter, und mir stockte der Atem.

»***Ihr*** **seid zu Gebern von Macht und Bestimmung geworden**«, sagten sie. »**Ihr seid unsere Hände, Gedanken, Worte und Herzen hier auf der Erde. Zusammen mit uns leistet jede, die unserem Ruf folgt, entscheidende Arbeit.** ***Ihr*****!!**« riefen sie und ihre Blicke durchbohrten mich. »**Verstehst du, wie wichtig die Rolle ist, die ihr spielt? Wir arbeiten partnerschaftlich zusammen**«, sagten sie. »**Und so muss es auch sein.**

Wann immer irgendwo auf der Welt ein Lichtnetztreffen stattfindet, nehmen Menschen aus vielen Nationen daran teil. Und wann immer Menschen zusammenkommen, um selbstlos für alle zu arbeiten, wird jedes Land der Erde gesegnet; alle Völker, Tiere, Pflanzen, Gewässer, alle Landmassen, Ahnen, ***alles Leben***«, betonten sie, »**wird gesegnet. Und weil ihr euch zu diesem Zweck versammelt,** ***fühlt*** **ihr alle diese**

Kraft. Vertraut darauf«, sagten sie. Wie ein Verkehrspolizist hielten sie ihre Hände hoch, direkt vor mir. »**Es ist real. Es ist keine Einbildung**«, kicherten sie.

Die Großmütter hatten mir in den Jahren, in denen ich mit ihnen gearbeitet hatte, oft gesagt: »Es ist keine Einbildung.« Sie sagten es so oft, dass »es ist keine Einbildung« für uns zu einem humorvollen Prüfstein bei dieser Arbeit geworden war. Jedes Mal, wenn mein Verstand mit etwas haderte, das er als zu gewagt ansah, um es glauben zu können, hörte ich mich sagen: »Das muss ich mir einbilden.« Jetzt versuchte mein Verstand wieder einmal zu leugnen, dass das, was ich hörte und sah, real war. »**Nein**«, wiederholten die Großmütter, schüttelten den Kopf und brachten mich wieder zur Vernunft. »**Es ist *nicht* deine Einbildung. Alle reagieren auf die enorme Zunahme der Liebe, die bei diesen Versammlungen entsteht, und du bist keine Ausnahme. Was du erlebst, geschieht wirklich. Es ist real.**

Die Arbeit mit uns wird sich *immer* weiter ausdehnen«, sagten sie. »**Sie wird *immer* alle Grenzen, die du ihr setzt, beiseiteschieben. Unsere Arbeit wird *immer* tiefer, breiter und weiter gehen, als du es dir vorstellen kannst. So ist es nun einmal**«, sagten sie und zuckten die Achseln, »**also gewöhn dich ruhig daran. Es gibt *keine Grenze* für die Arbeit, die wir gemeinsam getan haben und tun werden. So soll es sein**«, lächelten sie, »**denn es gibt *keine Grenze für das* Gute, das wir gemeinsam tun können.**

Jeden Tag öffnet sich euer Herz weiter«, sagten die Großmütter und lächelten glücklich bei dem Gedanken. »**Ihr wachst in der Gemeinschaft, wachst in der Verbundenheit miteinander. Und während dies geschieht, macht ihr uns sehr glücklich**«, sagten sie und grinsten breit. »**Also, macht euch bereit**«, sagten sie und hoben erwartungsvoll den Kopf. »**Bei diesen Versammlungen in Lettland, Litauen und England werdet ihr dieses Glück in diese drei Länder einweben. Ihr werdet es in den gesamten nördlichen Bereich Europas hineinweben.**«

KAPITEL VIER

Wir haben Lieder für alles, was mit der Natur zu tun hat.

Das erste Lichtnetztreffen würde in Lettland stattfinden. Wir kamen mitten in der Nacht in Riga an, und obwohl der Flughafen dort um diese Zeit fast menschenleer war, wartete Kaspars, unser lettischer Freund, um uns in Empfang zu nehmen. »Willkommen in meinem Land!« rief er und umarmte uns. Unser Gepäck hinter uns herziehend, folgten wir ihm hinaus in die Nacht und kamen nach einer langen Fahrt, betäubt vom Jetlag, in einem Hotel an einem See irgendwo auf dem Land an. Dort fielen wir schnell ins Bett. Wir würden Kaspars am nächsten Tag sehen. Er hatte schon seit einigen Jahren davon gesprochen, die Arbeit der Großmütter nach Lettland zu bringen, und nun hatte er es endlich getan. Morgen würden wir uns also mit seinen Leuten treffen und die Botschaft der Großmütter weitergeben.

Nach einer kleinen Besichtigungstour am nächsten Morgen und einem kurzen Nickerchen waren wir am Abend bereit, die Letten zu treffen. Ungefähr fünfzig Männer und Frauen waren zusammengekommen und warteten in einem Zimmer im Obergeschoss in Riga auf uns. Wie Kaspars schienen die meisten von ihnen Anfang 40 zu sein, und aus der Art, wie sie uns ansahen, war klar, dass sie nur gekommen waren und von den Großmüttern hören wollten, weil Kaspars sie darum gebeten hatte. Als wir also mit dem Programm des Abends begannen, war die Atmosphäre im Raum nicht sehr herzlich und einladend. Die Leute, die gekommen waren, waren reserviert und einige von ihnen schauten geradezu misstrauisch auf diese Amerikaner, die plötzlich in ihrer Mitte aufgetaucht waren. Die unausgesprochenen Fragen im Raum schienen zu sein: »Was *ist* das für ein Zeug?« und »Wer sind diese Leute und wovon redet diese Frau?«

Obwohl sie höflich waren, fühlten sich die meisten dieser Menschen sichtlich unwohl, und leider war mir diese Atmosphäre des Misstrauens bekannt. Als ich das erste Mal die Botschaft der Großmütter nach Litauen gebracht hatte, hatte sich die Atmosphäre ähnlich angefühlt. Auch damals war ein Misstrauen, eine »Zeig mir, was du hast«-Haltung im Raum gewesen. Ich vermute, dass das Misstrauen auf die russische Besatzung dieser beiden Länder zurückging: Misstrauen gegenüber uns, dem amerikanischen Feind.

Als ich das vertraute Gefühl im Raum erkannte, stand ich etwas gerader, lächelte sie an, dachte daran, mein Herz weiter zu öffnen, und machte weiter. Und weil die Menschen, die sich hier versammelt hatten, Kaspars liebten, waren sie so mutig, dazubleiben. Als wir schließlich mit der Zeremonie der Ermächtigung der Großmütter begannen, wurden endlich alle lebendig. Als wir sie umarmten und sie in den Umhang einhüllten, damit sie die physische Umarmung der einen Liebe spüren konnten, öffneten sich ihre Herzen. Viele von ihnen brachen in Tränen aus, und als das geschah, schmolz ihr Misstrauen dahin. Von diesem Moment an schlossen sie uns ins Herz. Tatsachlich entschieden sich einige von ihnen in diesem Moment, dass sie uns am nächsten Tag aufs Land hinausfahren und uns das *wahre* Lettland zeigen würden.

Am nächsten Morgen fuhren wir zu zwölft los – eine Karawane mit einer Amerikanerin und drei Letten pro Auto. Aber das Beste von allem: Diese Menschen waren Sänger! Und als wir von Ort zu Ort reisten, sangen sie uns die alten Lieder ihres Landes vor. »Wir haben Lieder, um es regnen zu lassen, und Lieder, um den Regen zu beenden«, sagten sie, »und sie funktionieren! Gott ist in all unseren Liedern, und Gott ist ein Freund, jemand, mit dem wir reden können.« Unsere Fahrt durch die Landschaft war eine eindringliche Melodie nach der anderen – Gott arbeitete auf den Feldern mit einem Bauern, Gott antwortete auf die Frage einer Frau und Gott schaute durch ein Fenster auf eine Familie, die um einen Tisch versammelt war.

Ab und zu hielten wir an, um am Straßenrand Wildblumen zu pflücken, die sie später trocknen würden, um daraus Tee zu machen, und auf einem grasbewachsenen Hügel mit einem alten Bauernhof in der Ferne legten wir uns inmitten der Wildblumen hin, die hoch über unseren Köpfen nickten, und sahen den vorbeiziehenden Wolken zu. Keine Autos auf der Straße, keine Flugzeuge am Himmel, keine Telefonleitungen, keine menschlichen Geräusche – nur das Summen von Bienen und das Tirilieren von Vögeln.

Unser nächster Halt war ein altes Bauernhaus aus Stein, in dem einst der größte Dichter Lettlands gelebt hatte und in dem heute ein berühmter Physiker wohnte. Hier würde uns ein Mittagessen serviert werden, zubereitet von der Frau des Physikers.

Blumen säumten die Einfahrt zum Hof, Hähne stolzierten und krähten im Garten, und alles blühte. Obstbäume, Beerensträucher und blühende Sträucher. Und als ich den rustikalen Raum des Bauernhauses betrat, in dem wir zu Mittag essen würden, stockte mir der Atem. Hier war der Tisch mit einem weißen Tuch gedeckt. Er war mit Essen und Blumen überhäuft, und aus einem einsamen Fenster fiel Licht auf die Ahnenbilder an den Wänden des Raumes. Die Lichtkaskade aus dem Holzfenster erfüllte den Raum mit einem solchen Frieden und einer solchen Ausgeglichenheit, dass ich, als ich dort stand, weinen musste: Es war die zeitlose Schönheit des Ortes und mein Gefühl, dass in diesem Raum viele meiner polnischen Vorfahren waren! Denn an diesem Morgen war mir klar geworden, dass Polen nur einen Katzensprung entfernt war.

Die Menschen, die uns in dieses Haus gebracht hatten, begannen dann, ihre tausendjährigen Lieder zu singen. Das sind nicht die üblichen Liebeslieder, die wir so kennen, sondern Lieder von ergreifender Tiefe. Als wir uns zum Beispiel an den Händen hielten und zum Tischgebet um diesen Tisch herumstanden, wurde das Tischgebet gesungen: »Gott, ich umhülle diesen Tisch mit Weiß«, dann wurde der jeweilige Gott genannt, der an jeder Ecke des Tisches saß, und es endete damit, dass Gott gebeten wurde, »meine Familie und mein Heim zu umhüllen«. Und dies wurde in einer eindringlichen Molltonart gesungen. Gott war hier; Gott war nah und lieb, und als diese Menschen aus vollem Herzen sangen, hielt ich wieder die Luft an, aber diesmal taten es die anderen auch.

Das Essen, das sie uns servierten, war auf diesem Hof angebaut worden, und wenn man dies und die magische Atmosphäre des Ortes zusammennimmt, war es bei weitem die beste Mahlzeit meines Lebens gewesen. Nach dem Essen baten uns der Physiker und seine Frau, ihnen die Großmutter-Ermächtigung zu geben, und das taten wir gerne, wobei wir alle, zusammen mit dem Hund der Familie, im leichten Nieselregen im Garten standen.

Auf dem Rückweg nach Riga bestanden unsere Gastgeber darauf, dass wir an Laimas Quelle anhalten sollten, um Wasser zu holen. Es stellte sich heraus, dass Laima, eine alte Göttin der baltischen Länder, sowohl in Lettland als auch in Litauen immer noch verehrt wird. »Laima hat uns diese Quelle gegeben, damit wir Menschen das Wasser holen und geheilt werden können«, sagten unsere Gastgeber. Und wir konnten den kleinen Bach, der aus der noch kleineren Quelle floss (eine Wasserblase, die aus der Erde hervorgurgelte), an den bunten Bändern erkennen, die in allen Bäumen dort hingen.

Wir trugen leere Flaschen zum Bachbett hinauf, und während wir darauf warteten, dass sie sich füllten, begannen wir zu singen. »Wasser, wir lieben dich«, sangen wir dem Wasser zu, und die Letten stimmten mit ein. Und kaum hatten wir die erste Zeile dieses Liedes gesungen, kam mehr Wasser aus der Quelle emporgesprudelt als vorher! Kaspars Mund stand offen, als er sah, wie die Quelle auf das Lied reagierte. Jetzt sprudelte sie *wirklich*, und er konnte nicht aufhören zu lachen und zu staunen, während er auf die nun überaus tätige Quelle zeigte.

Dann begann es zu regnen, aber wir wollten ein Erlebnis wie dieses nicht wegen eines bisschen Regens beenden, also standen wir zusammen im sanften Nieselregen und sangen ein Lied über Wasser nach dem anderen. Und solange wir dazu sangen, setzte die Quelle ihr verstärktes Sprudeln fort. Diese überraschende Kommunikation mit der Natur begeisterte uns unendlich. Wir konnten nicht aufhören zu lachen und darüber zu staunen, was hier geschah. Auch die Quelle konnte nicht aufhören zu sprudeln! Schließlich hoben wir unsere Flaschen auf, verbeugten uns und dankten der Göttin Laima, und als wir uns zum Gehen wandten, lächelten die Letten und sagten: »Wir haben Lieder für *alles, was* mit der Natur zu tun hat.« Und dieses Mal glaubte ich ihnen.

Am nächsten Tag rissen wir uns von Lettland los und fuhren weiter zum Treffen in Litauen. Ein paar der Letten würden sich uns dort später anschließen, wir würden sie also wiedersehen. Und obwohl wir es zu diesem Zeitpunkt noch nicht wussten, sollten wir im Laufe des Lebens eine tiefe Verbundenheit mit diesen Menschen entwickeln.

Vier Frauen kamen zur Versammlung auf dem Lande außerhalb von Vilnius und trugen ihre volle litauische Tracht. Und als diese Frauen sangen, tanzten und in ihren langen Röcken und Schürzen über den Boden glitten, halfen sie, die alten Lieder und Tänze ihres Landes in die Arbeit einzuweben, zu der wir uns hier versammelt hatten. Gemeinsam würden wir alle mit unseren Vorfahren, dem Land Litauen und ganz Nordeuropa arbeiten.

Bevor die Versammlung begann, bedeckten wir die Wände des Saals, in dem wir uns trafen, mit Bildern unserer Vorfahren, und da sich mehr als hundert von uns aus verschiedenen Teilen der Welt hier versammelt hatten, war die Kraft, die von diesem Saal ausging, etwas, das sich sehen lassen konnte. Wir waren aus Amerika, den Niederlanden, Südafrika, Lettland und natürlich aus Litauen zusammengekommen.

Litauische Mütter, Väter, Großeltern und Kinder hatten sich für dieses Ereignis auf dem Lande in Autos und Busse gezwängt, und nun vibrierte der Raum vor Erwartung. Wir klatschten, stampften, tanzten, sangen, lachten und weinten zusammen, bis Freude und Heilung diesen Versammlungssaal zum Schwingen brachten, unsere Herzen erfüllten und sich über das Land ergossen. Dann stellten die Litauer uns Ausländer in die Mitte ihres Kreises, und während sie um uns herum sangen und tanzten, riefen sie Segenswünsche auf uns herab. Großmütter und kleine Kinder sangen für uns und segneten uns mit tiefer Hingabe. Es blieb kein Auge trocken. Es war ein Moment, den keiner von uns je vergessen wird.

Das ganze Wochenende über geschahen Wunder – Wunder zusammen mit *so* viel Liebe. Und all das geschah so natürlich und so schnell, ein Wunder nach dem anderen, dass wir gar keine Zeit hatten, es gebührend zu würdigen… das folgte erst später.

Als dieses Treffen in Litauen zu Ende war, saßen die Letten, die mitgekommen waren, noch bis in die frühen Morgenstunden mit den Amerikanern, Holländern, Südafrikanern und Litauern zusammen und sangen und redeten. Und bevor wir unseren Weiterflug nach England antraten, sahen wir sie noch einmal. Als es an der Zeit war, den Flug nach London zu besteigen, wer tauchte da im Rigaer Terminal auf: unsere neuen Freunde. Da standen sie mitten im Boarding-Bereich, sangen für uns und beluden uns mit Geschenken, und als wir uns endlich von ihnen losreißen konnten, nahmen wir die Schönheit und die Kraft ihrer Liebe mit uns ins Flugzeug und weiter zum Treffen in England.

Das alte Sufi-Lied taut die berühmte britische Zurückhaltung auf.

Als wir auf dem Flughafen Gatwick landeten, erhob sich die Schönheit der englischen Landschaft wie eine Welle und begrüßte uns. Alles dort war in besonderem Maße grün – von den vielfältigen Mustern der Felder bis hin zu den Hecken, die die Straßen säumten. Und auf unserer Fahrt durch die Landschaft waren die Dörfer, durch die wir fuhren, so bezaubernd, dass es sich anfühlte, als wären wir in einem Kinderlied gelandet. Ich wusste, dass es übertrieben war, aber ich erwartete fast, dass sich ein Hobbit zeigen würde.

Neben dem Charme der Landschaft berührte es uns, wie herzlich das englische Lichtnetz-Team uns begrüßte. Einige von ihnen waren neu und mit der Botschaft der Großmütter und dem Lichtnetz noch nicht so recht vertraut. Aber auch wenn sie noch wenig Erfahrung mit den Großmüttern hatten, liebten und respektierten sie Deborah, die Leiterin ihres Teams. Und Deborah hatte *eine Menge* Erfahrung mit den Großmüttern. So waren alle, die zum Lichtnetztreffen in England zusammengekommen waren, bereit, zu lernen. Die Gruppenleiterinnen des Lichtnetzes, die aus ganz Europa und Amerika angereist waren, um die Großmütter und das Lichtnetz im Vereinigten Königreich vorzustellen, gaben diesem Treffen ebenfalls Kraft und Sinn. Und als es vorbei war, waren die Engländer und Iren von der Hingabe der Großmütter vom Kontinent sehr beeindruckt.

Wir begannen in der Haupthalle des Anwesens, wo wir uns über das Wochenende hinweg immer wieder treffen würden Wir sangen und tanzten »All I ask of you is forever to remember me as loving you«, als ich merkte, was für eine herzerwärmende Wirkung dieses Lied auf die Gruppe hatte. Das uralte Sufi-Lied taute die berühmte britische Reserviertheit auf, und während wir von Partner zu Partner tanzten und uns dabei gegenseitig in die Augen schauten, beobachtete ich, wie sich die Aufmerksamkeit der Leute von ihren geschäftigen Gedanken weg und in ihr Herz bewegte. Überall im Raum öffneten sich nun die Herzen, und es flossen Tränen, und als die Energie im Raum in unsere Herzen wanderte, begannen wir, die Ermächtigung der Großmütter aneinander weiterzugeben. Dann warfen wir das Netz aus Licht für die Welt aus.

Im Laufe des Wochenendes verband uns alle nach und nach die eine Liebe. Diejenigen von uns, die aus Amerika kamen, waren begeistert, dass wir, obwohl wir uns jetzt auf der für uns gegenüberliegenden Seite des »Teiches« versammelt hatten, wieder den vertrauten Sog der einen Liebe spürten. Diese Menschen waren keine Fremden für uns, sie waren einfach neue Mitglieder unserer Familie.

Wir begannen auch gleich mit der Arbeit mit den Vorfahren des Lichts – den Vorfahren unserer Familienlinien und den Vorfahren des Landes. Und wir hielten diesen Fokus während des gesamten Treffens und auch während der Reise zu den heiligen Stätten von Stonehenge, Avebury, Glastonbury und anderen.

Bei der englischen Versammlung folgten wir der Anleitung der Großmütter und legten Wert darauf, uns auch mit den Göttern der baltischen Länder zu verbinden. Und es war diese besondere Verbindung, die es uns ermöglichte, eine starke Verknüpfung zwischen Himmel und Erde herzustellen. Die Himmel-Erde-Verbindung, die wir herstellten, wurde beinahe greifbar, und als dies eintrat, tauten im Versammlungsraum noch mehr Herzen auf. Während wir in der alten Halle sangen, tanzten, beteten und eine Zeremonie durchführten, leisteten wir gemeinsam große Arbeit. Wir sangen gemeinsam, und die eine Liebe vervielfachte sich und erhellte nun, wie schon in Lettland und dann ebenso in Litauen, auch die Landschaft in England.

Nachdem das Lichtnetztreffen in England vorüber war, erklärten sich viele Frauen dort bereit, im ganzen Vereinigten Königreich Gruppen und Studienkreise zu bilden. So entstand schnell ein Netzwerk der Unterstützung in ganz Schottland, Irland, Wales und England. Es entwickelte sich eine Vorwärtsdynamik, und als wir uns zurücklehnten und beobachteten, wie sie in ganz Nordeuropa zum Leben erwachte, mussten wir einfach staunen, wie die Großmütter das alles zustande gebracht hatten. Jeder Lichtpunkt auf der Lichtkette, die sie mir gezeigt hatten, strahlte nun hell. Das Netz aus Licht war jetzt in Lettland und Litauen und im Vereinigten Königreich verankert.

»Leben jenseits von Zeit«

Während unsere Gruppe quer durch Nordeuropa von Versammlung zu Versammlung reiste, wurden wir uns der Verbindung von Himmel und Erde, die um uns her und durch uns hergestellt wurde, zunehmend gewahr. Es gab etwas, das nun unseren persönlichen Kreislauf sowohl mit der Erde als auch mit dem Göttlichen verband. Und es geschah alles zugleich. Wir konnten zurücktreten und es zur selben Zeit, da wir daran teilnahmen, bezeugen.

Zum ersten Mal hatten wir die Verbindung zwischen Himmel und Erde in Lettland empfunden, sowohl im Steinhaus als auch an Laimas Quelle. An beiden Orten hatten wir Magie erlebt und gespürt, wie sie uns durchströmte. Und dieses Gefühl war in Litauen wieder präsent. Dort schien sich das Band zwischen Himmel und Erde mit uns im Versammlungsraum einzufinden. Es war unbestreitbar da, als die Litauer den Segen auf uns herabriefen. Und es war in den eindringlichen Liedern des Landes, in den Tänzen, im Gesang und in den Ritualen, die wir gemeinsam durchführten – den geplanten und den ungeplanten.

Die Geister des Landes erschienen ebenfalls, um uns zu treffen, kaum dass wir auf dem Flughafen in Großbritannien gelandet waren. Und sie blieben anschließend das ganze Wochenende bei uns. Die Ahnen, die alten Götter und die Geister des Landes in Nordeuropa, waren so präsent in allem, was wir gemeinsam taten, dass sie unseren Sinn für die Realität veränderten. Und nachdem wir fast zwei Wochen lang gespürt hatten, wie es war, Teil einer wachsenden Verbindung zwischen Himmel und Erde zu sein, wollte ich, als wir wieder zu Hause waren, wissen, was wir tun könnten, um diese Verbindung *überall* auf der Welt zu stärken. Nach meinem Empfinden musste die Verknüpfung der Erde mit dem Himmel, des Himmels mit der Erde allumfassend werden, überall stattfinden. Alle Lebewesen verdienten diese magische Verbindung.

Im folgenden Monat würde unsere Lichtnetz-Reisegruppe nach Australien zu einem Treffen am Uluru mitten im australischen Outback fliegen. Und so, wie wir uns vor den Treffen in Nordeuropa gefühlt hatten, fühlten wir uns auch vor dem in Australien. Uluru, auch Ayers Rock genannt, ist die heiligste Stätte der Aborigines, und wir wollten so viel Gutes wie möglich bewirken, solange wir an diesem alten heiligen Ort versammelt waren.

Mit diesem Ziel vor Augen reiste ich also ein paar Wochen vor unserer Abreise zu den Großmüttern. Doch bevor ich meine Frage stellte, begrüßte ich erst meine geliebten Lehrerinnen und rief die alten Götter Nordeuropas sowie alle Formen des Göttlichen an. Dann fragte ich die Großmütter und die alten Götter: »Was können wir tun, um die Verbindung zwischen Himmel und Erde zu stärken, nicht nur in Nordeuropa, sondern überall?«

Kaum hatte ich das gesagt, riefen die Götter der Nordlande im Chor: »**Ja!**« Die Großmütter, die direkt neben den Göttern standen, nickten zufrieden. »**Jetzt ist es an der Zeit, die Verbindung zu uns und zum Land zu aktivieren**«, sagten die alten Götter. »**Seit unvordenklichen Zeiten haben wir diese Verbindung gehalten, und da wir eng mit dem Land zusammenarbeiten, wird unsere Verbindung zur Erde auch euch helfen, die Verbindung herzustellen.**«

Nachdem sie dies gesagt hatten, gab es eine hektische Betriebsamkeit, als weitere der alten Götter zusammen mit den Elementargeistern der Erde herbeieilten, um sich uns anzuschließen. »**Ruft uns an**«, riefen sie gemeinsam, »**ruft uns an!**« Und schnell nickte ich: »Ja«. Es waren so *viele*! Es müssen Tausende gewesen sein, und als ich sie betrachtete, holte ich tief Luft und senkte den Kopf. Dann schloss ich meine Augen und richtete meine Aufmerksamkeit auf mich selbst. »Sprich zu mir«, sagte ich zu meinem Herzen, »sprich zu mir und sprich *für* mich.«

Danach herrschte eine lange Stille, und dann hörte ich mich zu den Wesen sprechen, die mich umgaben. »Ich kenne euch nicht«, sagte ich zu diesen Alten, die sich hier versammelt hatten, Götter ebenso wie Naturgeister, »aber ich möchte euch kennenlernen.« Und als ich meinen Kopf hob und zu ihnen aufblickte, stand eine Göttin vor mir.

Sie hatte Eiszapfen in ihrem Haar – das war das erste, was mir an ihr auffiel. Ich konnte ihre dunklen Locken durch das Eis sehen und bemerkte auch, dass ihre Wangen vor Kälte rosa waren. Neben ihr standen schwer bemuskelte Donnerwesen und auch viele kleine Wesen – Elementargeister aus Feuer, Fels, Erde, Wasser und Himmel. Irgendwie wusste ich, wer sie alle waren. Zwerge waren auch dabei, Elfen und Himmelswesen, die auf den Winden reiten. Ich hatte noch nie Himmelswesen gesehen, und als ich mit offenem Mund dastand und sie anstarrte, nickten die Großmütter aufmunternd. »**Mach weiter, mach weiter**«, sagten sie.

»Alle diese Wesen, die hier versammelt sind, sind sehr stark mit den Nordländern Europas und Asiens verbunden«, erklärte ich, und dabei beobachtete ich sie weiter. »Diese besonderen Geister und Götter sind in der westlichen Hemisphäre nicht sehr präsent«, sagte ich, »aber sie sind überall in der östlichen Hemisphäre zu finden.« Irgendwie wusste ich das alles, und als ich diese Information in mir aufnahm, verstand ich, dass es andere Geister gibt, die insbesondere in der westlichen Hemisphäre präsent sind. Nicht diese, aber dafür andere.

Dann wurden meine Gedanken von einem Donnergrollen unterbrochen, gefolgt von lautem Geschrei und Gesang, als alle Wesen, die sich hier versammelt hatten, begannen, die Kräfte der Erde, des Regens, des Schnees, des Eisregens, der Winde und der Hitze der Sonne anzurufen. »**Alles zu seiner Zeit**«, bekräftigten die Großmütter, und sie strichen über meine Arme, um mich zu beruhigen. Ich hatte zu zittern begonnen, und durch ihr Streicheln ließen mich die Großmütter wissen, dass das Zusammentreffen mit den Naturgeistern nach und nach stattfinden würde und ich keine Angst zu haben brauchte.

»**All dies wird genau zur rechten Zeit stattfinden**«, sagten sie, und kaum war es ausgesprochen, wurde ich von einem noch größeren Durcheinander von Geräuschen und Bewegungen überrascht. Als das Klappern und Klopfen um mich herum seinen Höhepunkt erreichte, beobachtete ich, wie die Wesen, die sich vor mir versammelt hatten, ihre Haltung veränderten, ihre Plätze tauschten und sich bewegten. Sie schienen jetzt neue Positionen einzunehmen, Plätze, die sie vorher nicht innehatten. Dann bemerkte ich, dass sie strammstanden, in Bereitschaft waren. »In Bereitschaft für was?« fragte ich mich…

»**Die Welten kommen zusammen**«, sagten sie, und ich erschrak über ihre Worte. »Was?« Dann musste ich zusehen, wie etwas, das wie zwei sehr große Platten aussah, ineinander glitt und sich leicht zurechtbog, so dass sie ineinanderpassten. Sie kamen nicht auf gewaltsame Weise zusammen, aber sie taten es mit ausgesprochener Kraft. Eine große Kraft war hier zugegen, und es gab kein Zurück. Eine Art tektonische Verschiebung fand direkt vor meinen Augen statt.

Jetzt gab es mehr Bewegung und weitere wilde Schreie. Mein Herz begann in meiner Brust zu pochen, und mein Mund wurde trocken, als das Kreischen, Heulen und Trompeten der Tiere überall widerhallte. Dann kamen Mammuts herbeigestürmt, riesige Ungeheuer. Sie stürmten im Laufschritt auf mich zu und donnerten auf ihrem Weg durch die Wälder über Bäume, die vor ihnen nachgaben und abknickten. Beim Rennen waren ihre Rüssel erhoben, und als sie vor mir auftauchten, hörte ich jemanden sagen: »**Neue Eiszeit.**« »Ich weiß nicht, was das bedeutet«, sagte ich zu mir und zu den Großmüttern und schüttelte den Kopf, um ihn klarzubekommen, »aber es sind so viele uralte Tiere hier versammelt – Säbelzahntiger, Mammuts, zottelige Pferde, monströse Bären... Alles Ungeheuer, die ich nie zuvor gesehen habe«, sagte ich. »Das sind Kreaturen aus längst vergangenen Zeiten«, flüsterte ich mit Verwunderung in meiner Stimme.

Dann war plötzlich alles still. Kein Geräusch, keine Bewegung, nichts. Ich hielt den Atem an, wachsam achtgebend, was als nächstes passieren könnte, aber als ich merkte, dass mir die Luft ausging, keuchte ich und sagte: »Das ist zu viel. Das ist einfach zu viel. Viel zu viel! Zu viel Bewegung, zu viel Veränderung.« Mittlerweile bebte ich richtig – mein Körper zitterte und zuckte vor Anspannung, und als ich merkte, was für ein Wrack ich war, holte ich schnell wieder Luft und stellte erneut die Frage für diese Reise: »Was kann man zu diesem Zeitpunkt tun?« fragte ich. »Was kann getan werden, um die Verbindung zwischen Himmel und Erde zu stärken?«

»**Frieden, Frieden, Frieden**«, hörte ich die Großmütter singen. »**Friede in mir...**«, sangen sie. Das war etwas, das wir bei unseren Lichtnetztreffen oft sangen, und es jetzt zu hören, war ein großer Trost. Und während die Großmütter weiter sangen, begann sich mein Körper zu entspannen und zu beruhigen.

Die Großmütter beobachteten mich aufmerksam aus den Augenwinkeln und sprachen: »**Bezieht diese alten Tiere mit ein, wenn ihr mit dem Lichtnetz arbeitet**«, sagten sie. »**Lasst sie Teil dieser Arbeit sein. Auch sie sind Ahnen des Lichts**«, sagten sie, und ich nickte. »Ich verstehe, Großmütter, wir werden das tun.«

»**Schließt die Eiszeit und alle Zeitalter der Erde in das Lichtnetz ein**«, sagten sie. »**Umarmt all das, was ihr ›Vorgeschichte‹ nennt, zusätzlich zur jüngeren Geschichte. Nehmt jetzt eine breitere Sichtweise ein**«, sagten sie. »**Umarmt die gesamte Evolution der Erde. Schaut nicht nur auf eure**

Zeit und nur auf das, was ihr als ›Geschichte‹ betrachtet«, sagten sie, **»sondern schließt die gesamte Evolution eures Planeten mit ein.**

Lasst diese zeitlosen Verbindungen mit den alten Göttern des Nordens, den Elementargeistern und allen Formen des Lebens, die jemals gelebt haben, Teil der Arbeit werden, die ihr tut. Zieht euch nicht von der fernen Vergangenheit zurück, weil ihr sie nicht versteht«, ermahnten sie mich. **»Bezieht sie mit ein!«** sagten sie. **»Die frühe Vergangenheit ist *nicht* mythisch. Sie ist real. Sie ist ein Teil des Planeten Erde.«**

Ich blieb stehen, als ich das hörte, und wandte mich nach innen. Ich würde diese Verpflichtung eingehen. »Ich werde es tun«, erklärte ich mir und den Großmüttern. »Ich werde alle Wesen umarmen.« **»Vergrößert eure Reichweite«**, nickten die Großmütter, und ich dachte daran, die Anasazi, die prähistorischen Höhlenmenschen und alles Leben, das je auf der Erde gelebt hat, mit einzuschließen. »Ich werde sie alle mit einschließen, und auch die Ahnen«, sagte ich zu den Großmüttern. »Sie alle sind unsere Vorfahren.«

»Eine immer größere Reichweite«, sagten die Großmütter. **»Denkt groß. Macht es groß. Seid von nun an *alles*-einschließend in der Arbeit, die ihr tut. Geht zurück zu den Geschichten der ersten Wesen. Adam und Eva, Großmutter Spinnenfrau, alle Versionen der ersten Wesen, von denen die verschiedenen Kulturen der Welt erzählen«**, sagten sie, und so schwor ich, auch dies zu tun. Ich würde an Adam und Eva denken, an die Geschichten der amerikanischen Ureinwohner, die ich gehört habe, ich würde an die Schöpfungsmythen denken, ich würde die Geschichten des Ramayana aufrufen. Ich würde es tun. Ich würde alles und jeden einbeziehen.

»Lass deine Füße jetzt *tief* in die Erde sinken«, sagten die Großmütter, **»tief! Lebe jenseits von Zeit«**, befahlen sie. Dann hielten sie mich fest in ihrem Blick und sagten: **»Leb zeitlos und umarme alles.«** Jetzt erhaschte ich einen Blick auf die Erde, wie sie war, bevor das Leben entstand, und was ich sah, war eine wirbelnde Masse, ein kreisender Feuerball. **»Ja!«** riefen die Großmütter. **»Du siehst wahrhaftig.«** Und während ich diese glühende Masse betrachtete, fühlte ich das Feuer auch in mir selbst und spürte seine elementare Kraft. »**Geh dorthin!**« sagten die Großmütter. »**Arbeite auch von diesem Ort aus. Dieser Ort wird dich über alle kleinlichen Sorgen hinausführen. Mach es groß!!**« skandierten sie. Dann lachten sie und sagten: »***Wir* haben gesprochen.**«

»Behalte deinen Kopf oben!«

Was ich auf dieser Reise gesehen hatte, hatte mich tatsächlich auf neues Terrain geführt. Vorher war die Vorgeschichte für mich nur ein Gedanke gewesen – und zwar ein vager; war nicht Teil meines Lebens... aber jetzt war es anders. Allerdings fiel es mir immer noch schwer zu glauben, dass all das wirklich passiert war – die Mammuts, die alten Götter der Nordlande und vor allem der Auftrag, Himmel und Erde zu verbinden. Es war eine Menge, was ich verarbeiten musste, und so wandte ich mich nach ein paar Tagen noch einmal an die Großmütter, um es besser zu verstehen.

»Liebe Großmütter«, sagte ich, als ich vor ihnen stand. »Das ist Neuland für mich, also bitte, leitet mich an, wie ich bei dieser Mission, Himmel und Erde zu verbinden, vorgehen soll.

»**Himmel und Erde sind nicht, noch waren sie je getrennt**«, sagten sie. »**Sie sind es nur in der Vorstellung. Deine Aufgabe**«, erklärten sie geduldig, »**ist es also, über die Grenzen deines Verstandes hinauszugehen. Die Lieder und Tänze der Balten sind kraftvoll, weil sie über den Verstand hinausgehen. In manchen Fällen wissen die Leute nicht einmal, wovon sie singen**«, sagten sie, »**aber sie fühlen trotzdem die Richtigkeit und Kraft in den Liedern. Und sie haben Recht. Die Lieder enthalten Kraft**«, nickten sie. »**Diese Lieder umgehen die Enge des Verstandes**«, sagten sie. »**Das ist ein guter Ansatzpunkt.**

Chanten und Singen erzeugen andere Gehirnwellen und ein anderes Energiefeld. Geht dem nach«, sagten die Großmütter und nickten mir nachdrücklich zu. »**Singt und integriert Tanzbewegungen in den Gesang, um Zugang zu dieser Energieebene zu bekommen, dieser Ebene, die nicht materiell ist und daher nichts mit den Fallen des Verstandes zu tun hat. Lieder, Gesänge und Tänze bewegen sich unterhalb der Irrwege des Verstandes. Geht dorthin!**« sagten sie. »**Führt mehr und**

mehr Lieder in unsere Arbeit ein und verbindet sie mit Bewegung. Wir werden euch dabei anleiten.

Fangt jetzt an, euch mit den Geistern des Uluru zu vereinen, dem Ort, an den ihr als nächstes reisen werdet«, sagten sie, und ich sah überrascht zu ihnen auf. »**Fangt jetzt an**«, sagten sie wieder, und mir wurde klar, dass wir bald, sehr bald, am heiligen roten Herzen Australiens – Uluru – ankommen würden. Es war Zeit, mit den Vorbereitungen für *dieses* Treffen zu beginnen. »Okay, Großmütter«, willigte ich ein, »ich werde sofort anfangen.«

»**Trommle und rufe die Geister des Uluru**«, sagten sie, und so nahm ich schnell die Trommel und begann. Und ich hielt einen gleichmäßigen Takt, bis ich lange Reihen von Aborigines sah, die durch das Outback auf den Uluru zugingen. »Sie versammeln sich für das Treffen mit uns«, sagte ich, und meine Stimme bebte vor Überraschung. Dann wurde mir klar, dass wir einen Rundbrief verschicken mussten, in dem wir die Menschen baten, sich mit uns zu vereinen, während wir uns darauf vorbereiteten, an diesem uralten heiligen Ort mit dem Lichtnetz zu arbeiten.

»Wir werden uns dort treffen, um Uluru mit dem gesamten Gewebe des Seins zu verbinden«, schrieb ich, »um alle Kraftorte auf der Erde miteinander zu verbinden, und mit allen, die mit dem Lichtnetz arbeiten.« »**Wir bitten euch, jetzt zu beginnen, euch jeden Tag auf diese Arbeit auszurichten**«, sagten die Großmütter, »**zu trommeln und euch mit den Geistern des Landes dort zu verbinden. Das Göttliche ist mit euch**«, sagten sie. »**Das Göttliche hat diese Arbeit veranlasst und jeden Teil davon arrangiert. Der Aufbau für Uluru beginnt jetzt.**«

Ich bekam eine Gänsehaut, als sie das sagten, aber ich antwortete: »Ja, Großmütter, wir werden jetzt beginnen.« Wieder fragte ich sie: »Wie können wir mithelfen, Himmel und Erde wieder in die eine Liebe zu bringen?« »**Liebende Gemeinschaft**«, kam es direkt zurück, »**liebende Einheit. Baut sie auf**«, sagten sie. »**Öffnet eure Arme und Herzen füreinander. Für alle! Wir werden euch führen**«, versprachen sie, »**zu einer immer größeren Umarmung.**

Lasst das Urteilen los und liebt einfach«, sagten sie. **»Es ist nicht eure Aufgabe, Dinge ›in Ordnung zu bringen‹ oder ›herauszufinden‹, was zu tun ist. Wir tun das«,** sagten sie. **»Eure Aufgabe ist es, in Liebe zu stehen, mit weit geöffneten Herzen und Armen. Wenn ihr das tut, macht ihr Platz für uns, um einzutreten, ihr macht Platz für uns, um durch euch zu leben und zu handeln. Wenn ihr das tut, wird eure ›Arbeit‹ zu unserer Arbeit; euer Leben wird zu unserer Botschaft. Haltet es einfach«,** sagten sie, **»sehr einfach. Wählt Liebe. Wählt jedes Mal die Liebe. Sagt ›Ja‹ zur Liebe und lasst dann alles andere los.**

Der Verstand mag dies als zu simpel beurteilen«, sagten sie, **»weil der Verstand vom Ego beherrscht wird, aber *es ist nicht simpel.* Es ist die weiseste, tiefgründigste Handlung, die ihr tun könnt. Wenn ihr glücklich seid, liebt«,** sagten die Großmütter. **»Wenn ihr traurig seid, liebt. Wenn ihr Zweifel habt, wählt die Liebe. Wählt immer und in jedem Moment die Liebe. Trefft diese Wahl, und die richtige Handlung wird daraus folgen, aber zuerst müsst ihr ›Ja‹ sagen zur Liebe.**

Wir sind jetzt hier«, sagten die Großmütter zu mir, **»und wir werden euch nie verlassen.«** Ich schaute zu ihnen auf, als ich das hörte, und merkte, wie weiblich sie waren, wie schön und weich. Ich konnte fühlen, wie sie mich in ihren Armen hielten, und als ich wieder hinschaute, sah ich, dass das Gesicht auf einer von ihnen mein eigenes Gesicht war. »Ich bin die Großmütter, und ich werde von den Großmüttern gehalten!« platzte es aus mir heraus, und aus irgendeinem Grund brachte mich diese Erkenntnis zum Weinen.

Schnell rückten sie näher und brachten mich in eine Position, in der ich besser sehen konnte. Mein Kopf war jetzt oben, und in dieser höheren, aufrechten Position konnte ich weit über die Dächer der Gebäude und das Land vor uns hinaussehen. **»Weitsicht«,** sagten sie zu mir, **»Weitsicht. Man verzettelt sich in den Details des täglichen Lebens – besonders in den dramatischen«,** lachten sie, **»und doch hat keines davon einen bleibenden Wert. Halte dich an die Weitsicht«,** sagten sie und zeigten mit dem Finger auf mich. **»Schau nur auf das, was wirklich ist.«**

»Okay, Großmütter«, sagte ich, »das werde ich. Ich werde es tun. Führt mich weiter, Großmütter.«

»Du hast eine Aufgabe zu erfüllen«, erinnerten sie mich, **»deine Aufgabe ist es, diese Vision für dich und andere festzuhalten. Brich nicht zusammen und knicke nicht ein unter dem ›Gewicht‹ der täglichen Probleme, Herausforderungen und Ablenkungen, sondern halte an der Weitsicht fest.«** »Okay«, sagte ich wieder, »das werde ich«, und jetzt sah ich, dass alle Probleme, die in meiner Familie auftauchten, Trennungen von Freunden und Nachbarn oder Enttäuschungen und Unentschlossenheit im Leben – all das war nichts anderes als eine Ablenkung von dem, was sie die Weitsicht nannten. Und wieder bemerkte ich, dass ich meinen Kopf erhoben hatte. *Erhoben.*

»*Behalte* deinen Kopf oben!« sagten die Großmütter. **»Lass dich nicht herunterziehen von Negativität, Sorgen und den Schwingungen der Angst, die heute in der Welt grassieren. Dies sind nur Ablenkungen. Streiten, konkurrieren, posieren, sich sorgen, sich abmühen – nichts als Ablenkungen«**, sagten sie und schüttelten nachdrücklich den Kopf. **»Behalte deinen Kopf oben und richte deine Augen auf den Ausblick über das Getümmel. Du bist hier auf der Erde, um große Dinge zu tun. Du bist nicht wegen der täglichen Dramen hier. Wenn du deinen Fokus immer wieder auf dein Herz richtest, anstatt ihn in den Wirrwarr deines Verstandes wandern zu lassen, wirst du beibehalten, was wir *Weitsicht* nennen.**

Die meisten von denen, die unseren Botschaften lauschen, sind Frauen«, sagten die Großmütter, **»Frauen und ein paar Männer. Das liegt daran, dass Frauen *in der Lage sind*, uns zu hören, während viele Männer das nicht können. Weil ihr die Energie von Yin selbst in euch tragt«**, sagten sie und sprachen damit zu den Frauen, **»sind eure Herzen offener für die Wahrheit, und ihr seid nicht so gefangen im Gezerre des Egos. Oh, ihr seid nicht frei vom Ego«**, lachten sie, **»aber ihr werdet nicht so sehr von ihm mitgerissen wie diejenigen, die von Yang-Energie geleitet werden.**

In manchen Weltgegenden«, sagten sie, »**werdet ihr, nur weil ihr Frauen seid, entwürdigt und missbraucht. In anderen Teilen werdet ihr übersehen und herabgesetzt. Die aus dem Gleichgewicht geratene Yang-Energie, die heute in der Welt um sich greift, versteht das Yin nicht«,** sagten sie. »**Sie versteht sich selbst nicht, und deswegen fürchten sie die Beständigkeit von Yin. Die überbordende Yang-Energie versucht, Frauen zu unterdrücken, weil Frauen Speicher für Yin sind. All das beruht auf Angst.**

Nur wenige Männer oder Frauen wissen um die enorme Kraft von Yin, die in einer Frau liegt«, sagten die Großmütter. »**Diese verborgene Kraft ist eine mächtige Waffe gegen Lügen, Falschheit und die tyrannischen Gewohnheiten des aus dem Gleichgewicht geratenen Yang. Yin hält stand… es hält immer stand. Es lässt sich nicht einschüchtern, es ist nicht ängstlich und es gibt das Leben niemals auf. Yin *ist*. Yin ist das, was du hältst«,** sagten sie und deuteten auf mich. »**Du bist eine sanfte Kriegerin.«**

»Oh!« flüsterte ich, »eine sanfte Kriegerin! Wow! Diese Worte…« Die Vorstellung, eine sanfte Kriegerin zu sein, fühlte sich für mich irgendwie richtig an. Die meiste Zeit neigte ich dazu, still zu sein und unter dem Radar zu operieren. Ich und alle anderen, die mit dem Lichtnetz zu tun hatten, neigten dazu, wenig über uns zu sprechen, aber wir *taten* eine Menge. Wo immer wir hingingen, hielten wir das Lichtnetz aufrecht – für uns selbst und für alle anderen. »Sanfte Kriegerin«, sagte ich. »Ja«, entschied ich, »dieses Wort gefällt mir.«

»Es hat nie eine Zeit gegeben, in der Erde und Himmel nicht miteinander verbunden waren.«

Das nächste Mal, als ich zu den Großmüttern ging, war ich nicht mehr so zuversichtlich. Aus irgendeinem Grund hatte ich tatsächlich begonnen, mein Alter zu spüren. Ich war inzwischen nämlich keineswegs mehr jung; ich war nicht einmal mehr im mittleren Alter. Tatsächlich stellte ich fest, dass ich für den größten Teil der Bevölkerung unsichtbar geworden war. Ich hatte angefangen, Medikamente zu nehmen, konnte nicht mehr gut hören, meine Körperteile schienen abwechselnd auszufallen, und die Verkäufer hatten angefangen, mich »Schätzchen« zu nennen. Letzteres brachte mich zwar zum Kichern, aber es war alles ein bisschen beunruhigend.

»Großmütter«, sagte ich, als ich vor sie trat, »für solche wie mich, die sich auf die Winterzeit des Lebens zubewegen, gibt es bestimmte Türen, durch die wir gehen müssen. Beängstigende Türen«, gab ich zu, »und es führt kein Weg daran vorbei: Wir müssen sie durchschreiten. Weniger Einfluss, verminderte Kraft, schwankende Gesundheit, und das alles, während wir in immer unsichereren Zeiten leben«, seufzte ich. »Manchmal habe ich das Gefühl, dass die Wegweiser, auf die ich mich früher verlassen habe, entweder von Unkraut überwuchert sind oder von Bulldozern abgetragen wurden. Wo ist jetzt meine Heimstatt?« fragte ich sie. »Worauf kann ich mich verlassen?«

»Du bist ungeduldig«, erwiderten die Großmütter. »Das weiß ich«, antwortete ich, »und es tut mir leid, dass ich so bin, aber ich bin wohl so geschaffen.« Sie lachten mich aus, als ich das sagte, und ich lachte mit ihnen. Es stimmte und es war ziemlich lustig. Aber während ich über die Absurdität von alldem kicherte, bemerkte ich etwas Seltsames. Da war eine langsam rollende Bewegung, die vom Boden unter meinen Füßen zu kommen schien. Die Bewegung war stetig, ich fühlte mich unsicher, es fiel mir schwer, das Gleichgewicht zu halten und sicher zu stehen. Dann wurde es stärker. Es kam jetzt auf mich zu, aus mehreren Richtungen zugleich, und lief auf die Stelle zu, wo ich stand. »Erhebt sich jetzt etwas aus dem Boden?« fragte ich. »Ist das etwa ein Erwachen im Land? Was *ist* es?«

»Die Versammlung, die in Australien stattfindet, ist in erster Linie für alles Land auf diesem Planeten«, sagten die Großmütter, und ich schaute sie zweifelnd an, denn ich fragte mich, was das mit diesem Gefühl zu tun hatte, das aus der Erde aufstieg. **»Vieles wird sich bald ändern, und du beginnst diese Veränderung in diesem Augenblick zu spüren«**, sagten sie. **»Wenn ihr euch am Uluru versammelt, werdet ihr neue**

Gewänder für das Land weben. Ein Gewand wird speziell für Australien sein, und es wird weitere für alle Länder der Erde geben, die sie tragen können. Es werden Gewänder des Lichts sein«, sagten sie und lächelten mich an, als wäre das, was sie gerade gesagt hatten, die normalste Sache der Welt.

Ich war mir nicht sicher, ob ich verstand, wovon sie sprachen, aber während ich mit ihnen wartete, bemerkte ich, dass jetzt zu der rollenden Bewegung der Erde, Rauch aus dem Boden aufstieg, auf dem wir standen. Dämpfe stiegen von der Erde auf, und während ich schaute und wartete, was als Nächstes passieren würde, verstand ich, dass es die Präsenz des Lichtnetzes war, die all dies geschehen ließ. Das Netz zog Rauch und Dämpfe aus dem Boden, und dabei hob es sich und sog sie in sich hinein.

»Ja«, sagten die Großmütter, **»das passiert *wirklich*. Es ist keine Einbildung. Wie wir dir schon oft gesagt haben, ist es an der Zeit, dass die alten Gifte, die in der Erde gespeichert waren, an die Oberfläche kommen.«** Ich schaute sie fragend an, und sie sagten: **»Das Singen wird das tun. Am Uluru wird das Singen helfen, die Gifte aus der Erde zu ziehen, also singt, während ihr dort seid. Singen, Chanten, Gebete, Gelächter und Musik«**, sagten sie. **»All das wird die Kraft der Liebe verstärken, die die alten Ängste, den Kummer, das Leid und die Wut entfernen wird. Was du jetzt siehst«**, sagten sie und zeigten auf den Rauch, der weiter aus der Erde aufstieg, **»ist etwas von diesem Gift.**

Die Engel werden mit euch wirken, wenn ihr die Arbeit am Uluru tut. Sie werden mit euch singen«, sagten sie. **»Wenn sich eure Herzen öffnen, wird die himmlische Heerschar mittun, und die Lieder, die ihr gemeinsam singt, werden die Erde selbst durchdringen und das Leiden, das im Land eingekerkert ist, durchdringen und aufheben. Sie werden es befreien, um ins Göttliche zu gehen«**, sagten sie, und beim Sprechen brach sich auf ihren Gesichtern ein strahlendes Lächeln Bahn. Dann hoben sie ihre Arme empor, breiteten ihre Hände aus und riefen: **»Es wird sich ins Licht erheben und gehen!**

Singt!« befahlen die Großmütter. **»Und dann singt weiter… und weiter. Lasst die Musik die Arbeit für euch tun«**, sagten sie. **»Wenn ihr**

singt, werdet ihr erhoben werden, und das Land wird erhoben werden. Großes Gutes wird daraus entstehen!« Sie riefen: **»Großes Gutes!**

Alles wird gutgehen bei der Versammlung am großen roten Felsen«, sagten sie, **»alles wird sehr gutgehen. Während ihr am Uluru seid, werdet ihr unter dem Schirm des Gesangs und im Lichtnetz arbeiten. Wir werden mit euch dort sein«,** versprachen sie, **»und diese Versammlung wird ein Segen für alle sein.**

Überall auf eurem Planeten erwachen jetzt die ewigen Geister der Erde«, sagten die Großmütter. **»In der nördlichen und südlichen Hemisphäre, im Osten ebenso wie im Westen. Die heiligen Verbindungen zwischen Himmel und Erde, die vor langer Zeit geschmiedet wurden, machen sich wieder bemerkbar. Das Erwachen«,** sagten sie, **»dies ist die Zeit des Erwachens.**

Im Mai habt ihr die Kraft dieser Verbindung in Europa gesehen«, sagten sie, **»und bald werdet ihr sie am Uluru sehen. Bereitet euch auf ein Einströmen von Kraft vor, wenn Energie vom Uluru in das Lichtnetz fließt, das euren Planeten stabil hält. Der Zweck dieser Reise zum Uluru ist es, diese Verbindung zu erwecken.«** Dann sahen mir zwölf entschlossene Großmütter in die Augen und sagten: **»Wir versprechen dir, dass die Verbindung stattfinden *wird*.**

Es hat nie eine Zeit gegeben, in der Erde und Himmel nicht miteinander verbunden waren«, lächelten die Großmütter. **»Sie sind Teil der einen Liebe, die keine Trennung kennt. Es ist nur der Verstand, der eine Trennung zwischen dem sogenannten ›Profanen‹ und dem ›Heiligen‹ schafft. Der Ego-Verstand hat den Mythos der Trennung geschaffen. Doch dieser Mythos wird sich bald auflösen, denn in Wahrheit sind alle eins, waren immer eins und werden immer eins sein.**

Wenn ihr zu heiligen Orten auf eurem Planeten reist, mit der Absicht, sie mit dem Lichtnetz zu verbinden, unterstützen wir euch«, sagten die Großmütter. **»Es ist unser Wille, dass das Lichtnetz in dieser Zeit gestärkt wird. Es muss gestärkt werden, um seine Aufgabe, euren Planeten stabil zu halten, zu erfüllen.**

Weise andere auf den Zweck dieser Mission hin, damit auch sie an dieser Verbindung und dem Erwachen teilhaben können. Jeder Mensch, der an das Lichtnetz denkt, stärkt seine Kraft und hilft ihm, seine Aufgabe zu erfüllen: die Erde in diesen Zeiten des Wandels zu halten. Je mehr Kraft, desto mehr Segen und desto mehr Gutes«, sagten sie. »**Verbreitet Liebe«,** sagten die Großmütter. »**Vermehrt das Gute überall auf dem Antlitz dieses Planeten und bleibt mit uns im Netz aus Licht verbunden.«**

Sobald diese Reise zu Ende war, versandte ich einen Aufruf, in dem ich darum bat, sich an der Arbeit zu beteiligen, die bald am Uluru stattfinden würde. Aus allen Ecken der Welt antworteten Menschen auf diesen Aufruf.

Von Horizont zu Horizont überzogen die Sterne das Firmament.

Die Großmütter hatten recht. Die Versammlung am Uluru entpuppte sich als Segen, als ein Segen und als eine starke Erfahrung. Unsere Gruppe reiste in Etappen zu dem massiven roten Felsen, der aus der Wüste emporragt und das weite Outback beherrscht. Wir flogen von Los Angeles nach Sydney und flogen nach ein paar Tagen in der Stadt weiter ins Outback.

Die Luft in der Wüste birgt das klare Licht dieses Klimas, das es möglich macht, über weite Entfernungen sehen zu können. Und weil es in der Weite des Outbacks wenig künstliches Licht gibt, haben die Sterne dort eine unvergessliche Präsenz.

Eines Morgens gegen 5:00 Uhr verspürte ich eine solche Sehnsucht, allein mit den Sternen am Uluru zu sein, dass ich allein auf das Land hinauswanderte. Es war kalt, als ich mir in der Dunkelheit meinen Weg durch die harten Gräser bahnte, aber schließlich fand ich eine freie Stelle und legte mich auf die rote Erde, um den Himmel zu betrachten. Millionen von Sternen säumten das Rund des Nachthimmels, und dieses Rund umgab mich von Horizont zu Horizont. Die Sterne bedeckten das Firmament. Millionen von glühenden Lichtpunkten – über mir und zu allen Seiten. Funkelnde Sterne, Sternschnuppen und Sternbilder, die ich nie zuvor gesehen hatte.

Ich schaute zu, wie Sterne auf die Erde fielen und andere am funkelnden Himmel zu singen und zu tanzen schienen. Die Luft am frühen Morgen war frisch, und die Lichter am Himmel waren lebendig. Als ich auf dem Boden lag, warf ich das Netz aus Licht aus und bat die alten Geister des Uluru, Kraft in das Netz strömen zu lassen und es zu stärken, damit es eine leidende Welt trösten und heilen konnte. Und unter diesem australischen Himmel in der Morgendämmerung wurde meine Verbindung zu den Sternen so stark, dass ich, sogar als ich nach Amerika zurückgekehrt war, die tiefe Heilung des Uluru mitnehmen konnte.

Jeden Tag versammelten wir uns um den großen Felsen und vollführten gemeinsam Zeremonien. Wir sangen und arbeiteten an ihm und unter seinen roten Überhängen, und nachts arbeiteten wir unter den Sternen der südlichen Hemisphäre. Wir sangen mit den Felsen, den Bäumen und Gräsern und verankerten das Lichtnetz an diesem ehrwürdigen Ort, den Aborigines heilig und jetzt auch uns heilig.

Unsere Herzen öffneten sich für das Land, und das Land öffnete sich für uns. Wir öffneten uns auch füreinander und immer für die Großmütter, die uns hier zusammengebracht hatten, um gemeinsam diese Arbeit zu tun. Und am Ende strahlten wir alle vor Glück – so viel Glück, dass uns mehrere Male Fremde anhielten und fragten, ob sie sich unserer Gruppe anschließen könnten. Natürlich sagten wir: »Ja!« Wir nahmen sie in unserer Gruppe auf, und als wir schließlich den Uluru verließen, um unsere Reise zurück nach Hause anzutreten, waren wir voll der Dankbarkeit – übervoll.

KAPITEL FÜNF

Unter dem Nachthimmel werdet ihr eure Freundschaft mit den Sternen finden und erforschen.

Einige Monate nach der Zusammenkunft in Australien war es an der Zeit, das nächste Treffen zu planen, diesmal in Kalifornien. Diesmal wurden wir in den Joshua Tree-Nationalpark in der Mojave-Wüste geschickt. Ich verstand nicht, warum die Großmütter uns an einen so abgelegenen Ort führten – mindestens zwei Autostunden von Los Angeles entfernt. Das bedeutete, dass die Leute nach L.A. fliegen und dann entweder ein Auto oder einen Shuttle nach Joshua Tree nehmen mussten. Bevor wir also anfingen, den Leuten davon zu erzählen, musste ich die Großmütter bitten, uns zu sagen, warum wir uns so weit draußen treffen sollten.

»Großmütter«, sagte ich, als ich bei ihnen war, »diese Versammlung im Joshua Tree-Nationalpark… Ich weiß nicht, ob die Leute so eine weite Anreise auf sich nehmen wollen, und doch scheint es richtig zu sein, uns dort zu versammeln. Warum spüren wir einen solchen Sog zu diesem Ort?«

»Dieses Treffen fühlt sich irgendwie anders an«, fuhr ich fort und dachte dabei nach. »Es scheint, als hätte es eigentlich sogar mehr mit der Erde zu tun als mit den Menschen, die daran teilnehmen«, sagte ich, aber sie antworteten nicht. »Großmütter«, sagte ich also, »Uluru fühlte sich auch ein bisschen so an – als ob die Arbeit mit dem Land das Wichtigste sei. Könntet ihr bitte den Zweck dieses Treffens in Joshua Tree verdeutlichen?« fragte ich, und dann hatte ich aus irgendeinem Grund das Bedürfnis, das alles noch einmal zu wiederholen, Wort für Wort.

Als ich mit der Wiederholung geendet hatte, nickten die Großmütter zustimmend und öffneten ihre Arme, um mir die weiten, offenen Räume zu zeigen, die den Park ausmachen. Das erste, was mir auffiel, war, dass sowohl auf der Erde als auch in der Atmosphäre über dem Land eine große Helligkeit herrschte. Die Luft schien zu funkeln, während ein leichter Wüstenwind ein Gefühl von Freiheit über das Land trug. Als ich die Wüstenbrise auf meiner Haut spürte, wurde ich daran erinnert, wie sich die Luft am Uluru angefühlt hatte, und als ich das weite, offene Gefühl dieses Ortes einatmete, weitete sich mein Herz. »Das ist der Grund, warum wir zum Joshua Tree fahren«, murmelte ich. »Um über die Ablenkungen des täglichen Lebens hinauszugelangen, um über unsere Begrenzungen hinauszugehen und an einen Ort der klaren Sicht zu kommen.«

Da merkte ich, dass auch ich, genau wie die Großmütter, mit ausgestreckten Armen und nach oben gerichteten Handflächen dastand. Langsam begann ich mich im Kreis zu drehen. Die Großmütter drehten sich mit mir, und während wir uns gemeinsam drehten, sah ich, dass das Licht immer schwächer wurde. Die Atmosphäre war dämmrig geworden, und die Farben wurden immer schwächer. Und dann war es Nacht. Alles lag im Dunkeln, und als wir uns mit erhobenen Armen weiter so drehten, sah ich, dass wir uns unter den Sternen drehten.

Das ging eine Weile so – ein langsames und gemessenes Drehen unter dem Nachthimmel. Dann begann sich der Himmel allmählich aufzuhellen, und als es wieder Tag wurde, drehten wir uns immer noch weiter, aber jetzt taten wir es unter der Sonne. Während wir uns immer weiter drehten und drehten, in die Dunkelheit und ins Licht, sangen die Großmütter:

»Empfangt. Empfangt von der Erde. Empfangt von den Sternenvölkern. Nehmt auf.« »Ja, Großmütter«, flüsterte ich, fasziniert vom langsamen Rhythmus unserer Drehbewegung.

»Hier, an diesem Wüstenort, werdet ihr den Wind hören«, sagten sie, und ich nickte zustimmend. **»Hier werdet ihr *fähig sein,* dem Wind zu lauschen«**, sagten sie und sahen mich lange an. **»Hier werdet ihr *fähig sein,* unseren Herzschlag zu spüren, zu fühlen, dass wir euch leben. Hier werdet ihr *fähig sein,* euch über euren Verstand hinauszubewegen«**, sagten sie, und als ich das hörte, verschlug es mir den Atem. **»Hier, an diesem heiligen Ort, werdet ihr all das tun können«**, sagten die Großmütter, **»und wenn ihr euch über euren Verstand hinausbewegt, werdet ihr euch öffnen für eine neue Ebene der Klarheit.**

Ihr kommt«, sagten sie, ihre Köpfe nickten langsam auf und ab, und ich sah zu ihnen auf, nicht sicher, was sie meinten. **»Ihr kommt und ihr *werdet*«**, sagten sie. **»Wenn ihr euch diesem lauteren Ort in der Wüste nähert, werdet ihr zerfließen. Dies ist kein Ort für Betriebsamkeit und Streben.«** Sie schüttelten den Kopf. **»Dies ist kein Ort zum Streiten, noch ist es ein Ort zum…«** Sie hielten inne, suchten nach dem richtigen Wort und schüttelten dann enttäuscht die Köpfe. Es gab kein »richtiges« Wort für das, was sie sagen wollten. **»Dies ist ein Ort der Klarheit und Freiheit«**, sagten sie schließlich. **»Er existiert jenseits der Enge der menschlichen Gesellschaft.«**

Ich holte tief Luft, als ich das hörte, und danach herrschte nur noch Stille, bis die Großmütter endlich weitersprachen. **»Ihr werdet im Joshua Tree-Park Freiheit und große Ausdehnung erfahren. Jene, die an diesem Treffen teilnehmen, hungern danach«**, sagten sie und nickten einander zu. **»Dieses Ereignis wird nicht wie die anderen sein«**, sagten sie. **»Fangt jetzt an, mit der Natur zu arbeiten, und fangt an, die Sterne anzurufen. Unter dem Nachthimmel werdet ihr eure Freundschaft mit den Sternen finden und erkunden«**, sagten sie, **»also fangt jetzt an.«**

Ich hatte bei der Versammlung am Uluru begonnen, mit den Sternen zu arbeiten, und nachdem wir aus Australien zurück waren, verbrachte ich abends zu Hause oft Zeit mit den Sternen. Obwohl wir im dicht besiedelten Südkalifornien leben, liegt unser Haus nahe genug an offenem Land und dem Pazifischen Ozean, so dass am Nachthimmel oft viele Sterne zu sehen waren. Wir sehen sie nicht in so großer Zahl, wie man sie am Uluru oder im Joshua Tree-Park sieht, aber wir sehen sie. Und für mich wurden die Sterne zu einer einladenden Erscheinung. Zum ersten Mal in meinem Leben waren diese Lichtpunkte Freunde, und ich saß oft mit meinen neuen Freunden draußen im Garten, sprach mit ihnen, liebte sie und genoss unsere Verbindung.

»Was Menschen zerstört haben, müssen Menschen wieder in Ordnung bringen.«

Nach einigen Monaten der Arbeit mit den Sternen sagten die Großmütter eines Tages zu mir: »**Es gibt große Risse und Brüche im Netz aus Licht. Das ist besonders im Nahen Osten der Fall, aber das Netz ist auch in der nördlichen Hemisphäre geschwächt – in Nordeuropa und Russland. Wo immer das Muster aus Licht und Liebe, das den Planeten hält, geschwächt wurde**«, erklärten sie, »**gibt es Terror, Gewalt und böse Taten. Diese Gebiete sind verwundet**«, sagten sie, »**und deshalb bitten wir euch, dort etwas zu tun.**

Das Lichtnetz selbst ist vollkommen«, sagten sie, »**aber weil es eine Schnittstelle zur Menschheit gibt, kann es durch Taten der Menschen zerrissen werden.**« Sie hatten mir das schon früher gesagt, aber angesichts dessen, was jetzt in der Welt geschah, gingen mir ihre Worte besonders zu Herzen. »**Es ist ein Schaden am Netz entstanden**«, sagten sie mit ernsten Gesichtern, »**und was Menschen zerstört haben, müssen** *Menschen* **wieder in Ordnung bringen. Das ist das Gesetz**«, verkündeten sie und nickten mit den Köpfen, während sie mich eindringlich ansahen. »**Wir bitten euch, jetzt bereit zu sein und das Lichtnetz zu stärken, das euren Planeten hält. Viele von euch arbeiten schon lange auf diese Weise**«, sagten sie. »**Bitte macht weiter und bittet andere, mitzuhelfen. Das Lichtnetz wird jetzt mehr denn je gebraucht.**

Manche nennen es *Lichtnetz* oder *Kosmisches Netz* oder *Gitter aus Licht*, *Heiliges Muster*, *Indras Netz* oder bei anderen Namen«, sagten sie, »aber wie auch immer es genannt wird, es ist das gleiche Gebilde. Dies ist das Netz aus Licht, das euren Planeten während der Zeiten des Wandels, die euch bevorstehen, stabil halten wird. Wir bitten euch, voranzugehen und euren Platz im strahlenden Netz zu finden und dann das Licht für euch selbst und für alles, was lebt, zu halten, zu halten und zu halten.

Ihr könnt für diejenigen beten, die in eurer Welt leiden, aber ihr werdet mehr Gutes tun, wenn ihr, während ihr betet, Licht direkt in das Lichtnetz sendet. Das Netz enthält jeden und alles, was lebt, so dass eure Gebete und die Arbeit, die ihr damit tut, sofort jeden erreichen. Wenn du einen Baum gießt«, sagten sie, »dann besprenkelst du nicht jedes einzelne Blatt mit Wasser. Nein!« erklärten sie. »Du gießt die Wurzeln des Baumes, die dann die Feuchtigkeit an jeden Zweig, jedes Blatt, jede Blüte und jede Frucht weiterleiten. Genauso ist es mit dem Netz aus Licht«, sagten sie. »Wir bitten euch besonders, die Kraft des Lichtnetzes für den Nahen Osten zu verstärken«, sagten sie. »Diese Ausstrahlung von Licht wird das gesamte Netz stärken und es in die Lage versetzen, alles und jeden im Nahen Osten zu erheben. Und überall auf der Erde.

Schon oft haben wir euch gesagt, dass ihr euch zu Beginn der Arbeit das Netz aus Licht wie ein großes Fischernetz vorstellen könnt, das die Erde bedeckt und alles Land, die Luft und das Wasser durchdringt. Irgendwo in diesem strahlenden Netz ist ein Platz, der sich für dich richtig anfühlt, also nimm diesen Platz ein. Und wenn du das getan hast, dann lasse dein Herz Liebe und Licht in das Netz gießen, das seinerseits Liebe und Licht in dein Herz zurückfließen lassen wird. Sitz ruhig da, gib und empfange auf diese Weise, und wisse, dass je mehr Licht ihr aussendet, desto mehr kommt zu euch zurück. Auch das«, sagten die Großmütter, »ist das Gesetz.

Das Lichtnetz wird durch die Ausstrahlung des Herzens erhellt. Es ist euer Herz, das das Licht durch die Gitterlinien des Netzes schickt

und diesen Planeten hält. Lasst also euer Herz sich mit dem Netz aus Licht verbinden und ruht dann darin und beobachtet, wie Liebe und Licht durch das Netz und durch euren Körper strömen. Ruht aus«, sagten sie, **»und fühlt, wie es ist, im Netz aus Licht gehalten zu werden.**

Alles **wird durch die Berührung des Netzes gesegnet, und wenn ihr die Kraft seiner Ausstrahlung auf den Nahen Osten ausrichtet, wird es beginnen, die Tränen dort zu trocknen. Das ist Segensarbeit«,** sagten die Großmütter, **»und wir versichern euch, dass es das Wertvollste ist, was ihr tun könnt.**

Wenn ihr mit dem Lichtnetz arbeitet, werdet ihr selbst zum Segen«, sagten sie. **»Ihr segnet und ihr werdet gesegnet – alles auf einmal«,** lächelten sie. **»Indem ihr an das Lichtnetz denkt, verbindet ihr euch automatisch mit den heiligen Orten auf eurem Planeten, mit den heiligen Wesen, die das Leben auf der Erde halten und tragen, und mit Menschen reinen Herzens, die nach dem größten Guten für alle streben. Jedes Mal, wenn ihr an das Netz denkt und Licht aus euren Herzen fließen lasst, tut ihr unsagbar viel Gutes. Wie wir schon oft gesagt haben«,** sagten sie und sahen mir lächelnd in die Augen, **»wirst du zu einem wandelnden Segen auf der Erde.«**

»Terror ist eine üble Krankheit, und Terroristen sind daran erkrankt, aber man muss sich nicht anstecken.«

Ich habe diese Botschaft der Großmütter in einem Rundbrief verschickt, damit auch andere daran teilhaben konnten, und daraufhin habe ich von vielen Menschen gehört, dass es sie ermutigt hat. Aber die Gewalt und die Terrorakte auf der ganzen Welt ließen nicht nach. Also ging ich wieder zu den Großmüttern. »Bitte erzählt uns von den Terroristen, die jetzt die Welt bedrohen, Großmütter. Sie verursachen so viel Leid.« Ich schüttelte verzweifelt den Kopf. »Und wir verstehen nicht, warum sie das tun.«

»Hier ist es euch unmöglich zu verstehen, was mit den Menschen los ist, die diese Taten begehen«, sagten die Großmütter, **»denn ihr wohnt nicht in der Dunkelheit, wie sie es tun. Die Terroristen leben jeden Tag**

in Angst und Hass, und da ihr nicht darin lebt, könnt ihr nicht verstehen, warum sie tun, was sie tun.«

»Großmütter«, fragte ich, »was *können* wir tun? Wie können wir mit diesem Ansturm des Bösen fertig werden?« »**Wir denken, ihr macht das ziemlich gut**«, antworteten sie. »**Ihr konzentriert euch auf die Liebe und ihr strebt nach Ausdehnung, nicht nach Zusammenziehung. Ihr arbeitet zusammen, zieht an einem Strang, ermutigt euch gegenseitig und bleibt in Liebe miteinander verbunden.**

Terror ist eine üble Krankheit«, sagten sie kopfschüttelnd, »**und Terroristen sind daran erkrankt, aber man muss sich nicht anstecken.**« Sie hielten mich fest im Blick, um sicher zu sein, dass ich verstand, was sie meinten, und ich schluckte: »Ja, Großmütter.« »**Es gibt immer ein gewisses Maß an Krankheit auf der Erde**«, erklärten sie, »**und manchmal wird eine böse Krankheit eine Epidemie auslösen. Im Moment gibt es eine Epidemie von Grausamkeit und Hass auf eurem Planeten**«, sagten sie, »**und diejenigen, die diese mörderischen Taten begehen, sind davon infiziert. Sie sind vom Hass verdreht worden, aber ihr müsst euch nicht anstecken lassen.**

Haltet euch von den kranken Bereichen des Massenbewusstseins fern«, sagten sie, und ich sah zu ihnen auf, denn ich fragte mich, was sie meinten. »**Duldet keine üblen Gedanken oder üble Verhaltensweisen**«, sagten sie. »**Weist Menschen, die in der Dunkelheit wohnen, die Tür, und weist auch derartige Gedanken ab. Haltet euer Haus, euer Denken und euer Herz rein, und wenn ihr euch in die Welt hinausbegebt, geht an saubere, helle Orte. Sucht die Gesellschaft von liebevollen Menschen und lebensbejahenden Ereignissen.**

Wir bitten euch, für die kranken und beschädigten Menschen zu beten. Werft das Netz aus Licht über die verdunkelten Orte auf der Erde – über die verdunkelten Orte in der Welt draußen und auch über die verdunkelten Orte in euch. Öffnet euch für die negativen Gedanken, die euch verborgen waren, und lasst sie jetzt durch das Lichtnetz gehoben werden«, sagten die Großmütter. »**Lasst die innewohnende Güte**

eures Herzens aufsteigen und sich ausdehnen. Vertraut auf die Reinheit eures Herzens«, sagten sie. »Dieses Herz wird die Welt erhellen.

Konzentriert euch weiter auf das Netz aus Licht«, erinnerten sie mich. »Und tut dies, damit das Netz euch alle in Liebe miteinander verbinden kann. Wir bitten euch alle, die Aufgabe zu erfüllen, die euch gegeben wurde, und dies auf bescheidene Weise, auf stille, unmerkliche Weise zu tun. Es gibt keinen Grund, die Aufmerksamkeit auf sich zu ziehen«, sagten sie. »Seid einfach. Ihr braucht über nichts von dem, was wir euch sagen, zu sprechen«, fügten sie hinzu. »In der Tat, braucht ihr nichts *zu tun. Seid* einfach still das Licht, das ihr seid. Verankert und sendet Licht. Das ist genug«, sagten sie. »Das ist es, was jetzt nottut. Ruft uns jeden Tag an«, sagten sie und nickten aufmunternd, »und wir werden euch halten.

Und hier ist noch etwas: Um die Energie auf der Erde vom Terror zur Heilung zu bewegen, haltet alle Menschen für eure Brüder und Schwestern. Das ist besonders wichtig«, sagten sie. »Wendet euch nicht von irgendeiner Gruppe ab wegen dem, was sie vielleicht getan hat. Zieht euch nicht einmal von bösen Verbrechern zurück. Auch Täter sind eure Brüder und Schwestern. Es mag schwierig sein, sie als die verlorenen, verängstigten Brüder und Schwestern zu betrachten, die sie sind, aber sie zu verunglimpfen, wird nichts bringen«, sagten die Großmütter kopfschüttelnd. »Wir bitten euch, euch daran zu erinnern, dass jeder Mensch, ganz gleich, wie dunkel seine Tat ist, ein Mitglied der menschlichen Familie ist. Liebt sie aus der Ferne«, sagten sie.

»Wenn ihr *alle* Wesen im Lichtnetz haltet, werden auch die Täter und die Möchtegern-Täter dieser hasserfüllten Verbrechen erhoben und von Frieden erfüllt. Weil das Netz negative Zustände wegbrennt, wird es automatisch die Angst und die Wut aufheben, die diese schrecklichen Ereignisse antreiben. *Haltet alle Wesen im Netz*«, sagten sie. »Das«, sagten sie, »ist es, was man mit Tätern jeglicher Art tun sollte.

Obwohl die Hysterie in der Welt heute zunimmt und sich die Angst nährt, *lasst nicht zu, dass sich die Angst von euch nährt.* So böse diese terroristischen Aktionen auch sind, sie werden irgendwann vorüber-

gehen. Das versprechen wir euch«, sagten sie und hielten inne, als sie sich aufrichteten. »***Das Netz aus Licht ist das Gewebe des Seins des Universums«***, sagten sie, »**und es ist keine Kleinigkeit, sich mit dem Gewebe des Seins des Universums zu verbinden. Das Netz ist die Grundlage der Schöpfung; wenn ihr euch also jemals dabei ertappt, in Angst zu verfallen, ruft das Lichtnetz an!**

Ruft es tausendmal am Tag an«, sagten sie. »**Verbindet euch über das Netz miteinander und heißt dabei alle Formen des Göttlichen willkommen, die ihr liebt. Ruft Jesus, Allah, Buddha, Maria, Krishna, Lakshmi, die Großmütter an. Ruft sie an! Jede ist eine Form des *Einen*, wenn ihr also eine von ihnen anruft, werden sie alle antworten.**

Bitte versucht nicht, allein durch diese schwierigen Zeiten zu gehen«, sagten die Großmütter. »**Bleibt mit uns verbunden, verbunden mit dem Netz aus Licht und miteinander, und dann entspannt euch und lasst das Licht euch halten.«**

»Du hast ein Portal für die Erde geöffnet.«

Das Lichtnetztreffen im Joshua Tree-Nationalpark stand kurz bevor. Es würde unser zehntes Treffen in Kalifornien sein, und ähnlich wie kürzlich in Belgien, würden wieder Frauen und Männer auf eine Art und Weise zusammenkommen, die nur wenige von uns zuvor erlebt hatten. Außerdem würde dieses Mal eine indianische Sängerin dabei sein.

Wir eröffneten die Versammlung am frühen Abend, sangen und trommelten mit der Sängerin, tanzten, während wir abwechselnd den Ahnenumhang trugen. Eine Gruppe von Männern war zu dieser Versammlung gekommen, und in dieser Nacht gingen sie singend und trommelnd um das Retreat-Zentrum herum, um uns Frauen in ein schützendes Energiefeld zu hüllen. Wir waren tief berührt, dass sie das für uns taten.

Am nächsten Tag würde ein stiller Spaziergang in der Joshua Tree-Wüste stattfinden. Wir würden dort mit den großen Felsen kommunizieren und uns dann im Freien für eine Zeremonie versammeln. In der Nacht würden wir unter dem Sternenhimmel arbeiten.

Alle Lichtnetztreffen sind spirituell bewegend und wunderschön, und dieses war keine Ausnahme; aber hier geschah etwas, das uns besonders bewegte und bewirkte, dass die Menschen dieser Gruppe einander sehr nahekamen. Ich konnte nicht genau sagen, was dieses Treffen so unvergesslich gemacht hatte, aber ein paar Tage danach reiste ich zu den Großmüttern, um ihre Weisheit zu hören. Ich wusste, sie würden es mir sagen können.

»Großmütter«, fragte ich, »was ist eigentlich letztes Wochenende im Joshua Tree-Park passiert? Irgendetwas ist jetzt anders«, sagte ich. Sie warfen mir einen kurzen Blick zu. »**Ihr habt dort ein Portal für die Erde geöffnet**«, antworteten sie, »**ein Portal zwischen den Menschen und eurem Planeten.**« Ich legte den Kopf schief, als ich das hörte. »Was meint ihr, Großmütter?«

Sie lächelten milde und sagten: »**In der Vergangenheit gab es viele dieser Tore auf der Erde. In jenen Tagen gab es eine unmittelbare Kommunikation zwischen der Erde und ihren Bewohnern, aber als die Portale geschlossen wurden, hörte das auf.**« Ich wollte fragen, was geschehen war, um diese Öffnungen zu verschließen, aber bevor ich ein Wort herausbekommen konnte, sagten sie: »**Aber jetzt nicht mehr!**

Die Tore öffnen sich wieder«, verkündeten sie, »**und dieses im Joshua Tree-Park wird genauso offen sein wie das am Uluru. Es gibt keinen Grund mehr, sie zu verschließen und zu schützen**«, sagten sie. »**Zur jetzigen Zeit *muss* die Kommunikation zwischen den Menschen und den Elementargeistern der Erde fließen. Als ihr euch im Joshua Tree-Park versammelt habt**«, sagten sie, »**habt ihr es geschafft, das Portal nicht nur dort, sondern an Hunderten anderer Orte auf der Erde zu öffnen.**«

»Hunderte?« fragte ich nach. Es fiel mir schwer zu glauben, was ich da hörte. »**Ja**«, nickten sie. »**Das Netz aus Licht hat die Arbeit, die wir gemeinsam in der Wüste getan haben, vervielfacht, sie um ein Vielfaches vergrößert. An diesem Tag fanden überall auf dem Planeten Öffnungen statt.**

Deshalb bist du jetzt so müde«, erklärten sie. »**Du hast die Aufgabe erfüllt, die wir dir gestellt haben, und es war eine große Aufgabe. Du**

hast es getan, und es ist vollbracht«, sagten sie und schlugen sich in die Hände, um es zu unterstreichen. »**Vollständig.**

Ruhe jetzt aus, bis wir zurückkehren, um dir die nächste Stufe der Arbeit zu präsentieren. Schlafe und lass uns dich mit Liebe zudecken und von ihr wiegen.« Und sie streckten ihre Arme nach mir aus. »**Ruhe«**, sagten sie. »**Wir wickeln dich fest ein.«** Ich ließ sie gewähren. Genaugenommen war ich zu fassungslos, um etwas anderes zu tun. Dann nahm ich sie beim Wort und ging direkt ins Bett – und blieb dort für den größten Teil des Tages.

»Wir sind nicht das, was man eine ›Organisation‹ nennen würde, wir sind eher ein Organismus.«

Einige Tage nachdem ich diese Nachricht erhalten hatte, setzte ich mich an den Computer. Ich hatte gemerkt, dass etwas in mein Bewusstsein drang. Es hatte mit dem zu tun, was im Joshua Tree-Park stattgefunden hatte.

Schon vor einiger Zeit war mir aufgefallen, dass, egal ob wir bei einem großen Lichtnetztreffen oder einem kleineren monatlichen Treffen waren, die Gedanken, Gefühle und Handlungen aller Anwesenden ineinanderzugreifen schienen. Dieses Gefühl des Zusammenkommens als Einheit hatte sich auch im Joshua Tree-Park eingestellt. Was jetzt in den Treffen geschah, war anders als vor zwanzig Jahren, als die Großmütter zum ersten Mal erschienen waren. Jetzt spürten wir selten die Energie einer Person sich gegen eine andere wenden. Machtkämpfe, die früher ziemlich oft auftraten, waren selten geworden und fast verschwunden. Und als ich über all das nachdachte, wurde mir klar, dass diese Veränderung so allmählich vor sich gegangen war, dass ich sie nicht wirklich bemerkt hatte. Aber jetzt fiel sie mir auf.

In diesen Tagen waren wir oft so synchron miteinander, dass wir »die Sätze des anderen vollendeten«. Und wann immer wir uns trafen, stand schnell ein *Thema* im Vordergrund. Mittlerweile plante ich unsere Treffen nicht mehr bewusst, aber trotzdem oder vielleicht gerade deshalb haben wir uns jedes Mal, wenn wir zusammenkamen, auf ein bestimmtes

Thema konzentriert – jedes Mal. Und ich hörte von anderen Lichtnetz-Gruppenleiterinnen, die dasselbe erlebten.

Auf dem Joshua Tree-Treffen hatte ich schließlich darüber gesprochen. »Wir sind nicht das, was man eine ›Organisation‹ nennen würde«, sagte ich, »wir sind eher wie ein Organismus.« Als ich das sagte, nickten alle und lachten, weil sie es auch bemerkt hatten. Und bei einem kürzlichen Lichtnetztreffen in Laguna Beach spielten die Großmütter mit uns, um es zu beweisen.

Wir arbeiteten gerade mit den drei Büchern der Großmütter, als unser Kreis zu etwas fand, das wir spaßeshalber »Großmütter-Roulette« nannten. Wir reichten ihre Bücher im Kreis herum, und jede von uns las ein oder zwei Absätze aus dem Buch vor, auf die ihr Auge zufällig fiel. Die anderen teilten dann ihre Reaktionen auf das Gelesene mit, und es folgten Gruppengespräche. Diese konnten lang oder kurz sein, aber unser Ziel war es, für die Führung der Großmütter ganz offen zu sein… und dann zu erspüren, welche Antworten uns in den Sinn kamen.

Wir fanden heraus, dass, wenn eine vorgelesene Stelle ein Thema aufbrachte, die nächste zufällig ausgewählte Stelle oft ebenfalls auf dieses Thema einging, genau darauf! Und das geschah immer wieder. Als Jo zum Beispiel erwähnte, dass sie den Überlebenden der letzten terroristischen Greueltat das Ho'oponopono-Gebet geschickt hatte, tauchten wir in dieses wunderschöne hawaiianische Vergebungsgebet ein und sangen es gemeinsam. Und als wir zur nächsten Stelle aus einem der Bücher der Großmütter kamen, stellte sich heraus, dass es um die *Kraft der Vergebung ging.*

Wir verbrachten eine Stunde damit, dieses Spiel zu spielen, und immer wieder waren wir verblüfft, wie alles passte und aufeinander Bezug nahm. Ohne es beabsichtigt zu haben, webten wir etwas, und gleichzeitig schien dieses »Etwas« uns zu weben. Die Großmütter spielten mit uns und wir mit ihnen. An diesem Tag gab es viele Tränen, aber auch viel Freude und die Taschentuchbox machte regelmäßig die Runde. Diese Art des »Arbeitens«, so beschlossen wir, war etwas für uns.

Geschichten von Männern, Frauen und Vergebung

Das Treffen im Joshua Tree-Park war schön gewesen, ein voller Erfolg. Und das nächste, was anstand, war das Treffen in Belgien. Eine Gruppe von uns würde dorthin reisen, so wie wir zusammen nach Australien, Lettland, Litauen und England gefahren waren. Und weil die Großmütter uns so viele Informationen gegeben hatten, wie wir in diesen unsicheren Zeiten mit dem Lichtnetz wirken können, nahm ich an, dass dies auch der Schwerpunkt des Belgien-Treffens sein würde. Aber wie sich herausstellte, war es zwar *ein* Schwerpunkt, aber nicht *die* Hauptsache.

Wir würden dieses Treffen in einem großen Sportkomplex außerhalb von Antwerpen abhalten, der wegen seiner guten Erreichbarkeit ausgewählt worden war. Wir würden den Freitagabend für neue Leute reservieren, die noch nicht mit den Großmüttern arbeiten, und obwohl diese Leute nicht an der ganzen Versammlung teilnehmen würden, würden sie einen Vorgeschmack auf die Arbeit der Großmütter bekommen können.

Etwa hundert Menschen kamen zu dem Treffen am Freitagabend, und nachdem wir die Botschaft der Großmütter von der Wiederherstellung des Gleichgewichts auf der Erde und der Schaffung von Harmonie zwischen Frauen und Männern vermittelt hatten, stand ein junger Mann auf und sprach. »Ich stehe hier«, sagte er, »und bitte die Frauen, den Männern die schrecklichen Dinge zu vergeben, die sie euch angetan haben.« Als er diese Worte sprach, hätte man eine Stecknadel fallen hören können.

»Ich habe diese Dinge auch getan«, fuhr er fort, »und jetzt, wo ich euch Frauen hier sehe und verstehe, was ich euch angetan habe, möchte ich, dass ihr wisst, dass ich diese Dinge nie wieder tun werde.« Zitternd vor Rührung sprach der junge Mann mutig weiter, und als die Frauen im Raum ihn hörten, rannen ihnen Tränen über das Gesicht. Viele von ihnen murmelten ihm Worte der Vergebung zu.

Dann stand eine Frau auf. »Ich möchte die Männer um Verzeihung bitten«, sagte sie, und alle sahen sie erstaunt an. »Ich möchte die Männer um Verzeihung bitten für die Art und Weise, wie wir sie nicht verstanden haben. Männer geben der Welt«, sagte sie, »und oft verstehen wir das nicht. Wir wollen, dass Männer uns etwas geben«, sagte sie. »Wir wollen, dass sie zu Hause etwas geben, und deshalb wissen wir nicht zu schätzen, was sie der Welt geben. Männer sollen der Welt etwas geben«, sagte sie, »und so bitte ich die Männer hier, uns zu verzeihen.« Wieder gab es Tränen, als die Frauen zustimmend nickten und die Männer lächelten.

Wortlos schauten wir uns nun alle einfach an. Es fühlte sich an, als hätte gerade ein Wunder stattgefunden, und es war erst Freitagabend! Wir fühlten uns wie eine Familie, und die Zusammenkunft hatte noch gar nicht richtig begonnen.

Das weitere Wochenende war genauso herzerwärmend, obwohl das meiste nicht ganz so dramatisch war. Wir arbeiteten mit dem Lichtnetz, warfen es über die Welt, und wir arbeiteten sowohl mit unseren Vorfahren als auch mit unserem individuellen Selbst. Wir tanzten und sangen und waren tief miteinander verbunden. Am Sonntagmorgen begannen einige der Männer, sich zeremoniell durch die große Menge der Frauen bei der Versammlung zu bewegen und schauten ihnen in die Augen, während sie sangen: »All we ask of you is forever to remember us as loving you.« (»Alles, worum wir euch bitten, ist, euch immer daran zu erinnern, dass wir euch lieben.«)

Alle Augen waren auf diese Männer gerichtet, als dieses vielgeliebte Sufi-Lied wieder einmal seine Magie wirkte. Die Frauen in der Halle waren vom Gesang der Männer tief berührt, als plötzlich eine Frau auf die Knie fiel und zu weinen begann. Zu sehen, wie diese Männer ihre Liebe auf diese innige Weise zum Ausdruck brachten, hatte den Schmerz ihrer Vergangenheit wieder aufleben lassen, und nun begann sie, für alle Frauen zu weinen, die jemals durch die Hand eines Mannes Leid erfahren hatten. Von einem Strom der Trauer erfasst, konnte sie nicht aufhören zu wimmern, und als einer der Männer merkte, dass sie nicht anders konnte, fiel er vor ihr auf die Knie. Sie klammerte sich an ihn, aber sie konnte immer noch nicht aufhören zu weinen. Inzwischen weinten die meisten von uns mit. Wir konnten die Tiefe ihres Schmerzes spüren, wussten aber nicht, wie wir sie trösten sollten.

Dann begann der Mann, der sie festgehalten hatte, langsam vor ihr auf den Boden zu sinken, bis schließlich sein Kopf zu ihren Füßen lag. Er beugte sich dort vor ihr nieder und machte sich völlig verletzlich. Später erzählte er uns, dass er, als er auf die Knie fiel, schreckliche Scham und Schuldgefühle für all die Verbrechen empfand, die Männer an Frauen begangen hatten. Da wurde ihm klar, dass er noch weiter hinuntergehen musste, um sich wirklich vor ihr zu erniedrigen… und das tat er.

Als sie die Vollkommenheit seiner Reue sah und erkannte, wie sehr ihm all das leid tat, was sie erlitten hatte, bereute, streckte sie ihre Arme nach ihm aus. Dann deckte sie ihn mit ihrem Körper zu, und während sie ihn hielt und wiegte, verstummte ihr Weinen allmählich, und wir alle spürten die Veränderung, die in ihr vorging. Ein kollektiver Seufzer ging durch den Raum, und als wir uns schweigend ansahen, verstanden wir, dass das, was wir gerade erlebt hatten, die heilende Kraft der Liebe war. In unseren Herzen verbeugten auch wir uns daraufhin vor dieser Frau und diesem Mann, voll Dankbarkeit, dass sie uns die Möglichkeit gegeben hatten, an einem solchen heilenden Moment teilzuhaben. Wir wussten, dass niemand in diesem Raum jemals wieder derselbe sein würde, und ich glaube, so war es auch.

Als wir wieder zu Hause waren, dachte ich an diese Versammlung in Belgien zurück, und es dämmerte mir, dass aktuell etwas Großes zwischen Männern und Frauen geschieht. Am Morgen vor dem letzten Tag dieser Versammlung saßen einige von uns um den Frühstückstisch und sprachen mit einem Musiker, der schon lange Teil der Lichtnetzarbeit war. Er schüttete uns sein Herz aus und sagte: »In meinem Leben haben Frauen mich oft durcheinandergebracht.« Und als wir nachfragten, was er damit meinte, sagte er: »Ich habe in der Nähe von Frauen oft gestottert und geschwitzt wegen ihrer großen *Schönheit*. Es ist ihre innere Schönheit, die mich so berührt«, sagte er. »Sie überwältigt mich.«

Als ich diesen außerordentlich sensiblen Mann vernahm, verstand ich, dass er das Wesen einer Frau im besten Sinne »versteht«, darum weiß, wie Frauen auf natürliche Weise miteinander, mit der natürlichen Welt und mit ihrem Herzen verbunden sind. Die Frauen, von denen er sprach, leben mit offenem Herzen, und die Schönheit dieses offenen Herzens ist es, die ihn umhaut.

Dann sagte er: »Bei Männern ist es anders für mich. Ich habe bei Männern nie so ein Gefühl«, und an der Art, wie er es sagte, konnte ich sehen, dass es stimmte. Er war ein seltener Mann – fühlte sich nicht bedroht von Frauen, war nicht begierig, sie zu besitzen, sondern ein Mann, der die Natur einer Frau, die in ihrem Kern lebendig ist, bewunderte und verstand.

»Es bildet sich jetzt ein Bienenstock, eine goldene Wabe, in der ihr leben, euch bewegen und miteinander verbinden könnt.«

Ein paar Wochen nach meiner Rückkehr aus Belgien, hatte ich ein sehr ungewöhnliches Erlebnis. Als ich mitten in der Nacht wach lag, sah und fühlte ich das Lichtnetz wie flüssigen Honig. Das Netz bildete eine zähflüssige Verbindung über die ganze Erde, und ich sah und fühlte es, als es geschah. Es gab eine Menge Bewegung innerhalb des Netzes – eine Bewegung, die ich nie zuvor gesehen oder wahrgenommen hatte. Und die Richtung der Bewegung war abwärts, als ob die Sterne und das Reich der Engel eine goldene Flüssigkeit in das Netz aus Licht abgaben. Ein dicker Strom von Gold ergoss sich über den Planeten und machte es möglich, dass sich alles auf der Erde mit allem anderen verbinden konnte. Der Fluss aus geschmolzenem Gold verband die verschiedenen Lebensformen miteinander, und während ich dem zusah, fühlte ich in mir ein wohliges, geborgenes Behagen. Dann hörte ich ein gewaltiges Summen, das immer weiter summte und brummte, bis ich von ihm eingehüllt war. Ich wurde von Millionen von Bienen angefächelt! Ich war umgeben von ihren zarten Flügeln. Ich *liebte* das Gefühl, so eingehüllt zu sein, und schwelgte darin, mit dieser goldenen Bewegung eins zu sein. Also machte ich am selben Nachmittag eine Reise zu den Großmüttern, um zu fragen, was das alles bedeutete.

Kaum hatte ich gefagt, antworteten sie: »**Das war keine Einbildung. Es *bildet sich* jetzt ein Bienenstock, eine goldene Wabe, in der ihr leben, euch bewegen und euch miteinander verbinden könnt. Ob ihr es glaubt oder nicht, das ist real**«, sagten sie, »**aber um diese goldene Substanz tatsächlich zu erfahren, müsst ihr still dasitzen und daran denken, euch**

für ihr Einströmen zu öffnen. Geschmolzenes Licht, flüssiges Gold«, sagten sie. »**Fühle es!**« befahlen sie, und ich tat es.

»**Der Körper ist ein guter Lehrer**«, erinnerten sie mich, »**also lass deinen Körper den ersten sein, der dies erfährt. Und wenn der Körper sich für dieses Honig-Licht öffnet, wird er den Verstand lehren, wie dieser es ebenfalls empfangen kann. Das Herz muss nicht gelehrt werden**«, sagten sie, »**es *kennt* die Wahrheit bereits.**

Sobald du dich öffnest, um dieses Herabströmen zu empfangen, beginnst du, langsam auszuatmen. Das wird es den Räumen in dir erlauben, sich zu entspannen und sich mit Güte zu füllen. Goldene Güte«, sagten sie, und ich lachte.

»**So etwas hast du dir nie vorstellen können, nicht wahr?**« lächelten sie. »**Du hättest nie gedacht, dass du so viel Gutes annehmen könntest, nicht wahr? Das Gute fließt in jeden Teil von dir**«, sagten sie, »**bis zum Überfließen. Lass es einfließen, und wenn du das getan hast, dann öffne dich, um noch mehr davon aufzunehmen. Deine Kapazität, Güte zu speichern, wächst. Du wirst ein Gefäß des Guten werden**«, sagten sie, »***alles Guten.***

Jedes Mal, wenn du ausatmest, öffnet sich mehr Raum in dir«, erklärten sie und machten eine ausladende Geste, »**und das erlaubt dem Licht, hereinzuströmen und dich bis zum Überlaufen zu füllen. Während *du* dieses Gute empfängst, wisse, dass *alle anderen* es ebenfalls empfangen, genau wie du**«, sagten sie, und ihr Lächeln wurde breiter. »**Wenn du ›Ja!‹ zu diesem Einströmen sagst, beeinflusst dein ›Ja!‹ alles, was lebt. Wir haben dir das schon häufig gesagt**«, sagten sie, »**aber wir werden es noch einmal sagen. *Du kannst dir nicht selbst helfen, ohne allen anderen zu helfen.* Lasse dich selbst also auf diese Weise empfangen und dann empfange noch mehr. Warum nicht?**« fragten sie. »**Warum solltest du nicht?**

Es ist Zeit für dich, voll und ganz zu werden, was du schon immer warst«, sagten sie. »**Zeit für dich, sozusagen aus dem Schatten zu treten und zuzugeben, wer du bist. Du bist ein strahlendes Wesen aus Licht**«, sagten die Großmütter, und sie überschütteten mich mit Blicken von solcher Liebe, dass es mir die Sprache verschlug. »**Du bist die Güte selbst.**

Du bist golden. Nimm dein Geburtsrecht an«, sagten sie. »**Jedes Mal, wenn du an diesen Regen aus goldener Güte denkst, wirst du mehr davon erhalten. Du wirst von Glück erfüllt sein, und die Welt wird ebenfalls von Glück erfüllt sein. Spiel deine Rolle!«** riefen die Großmütter. »**Steh auf und empfange! Fordere dein Geburtsrecht ein, damit auch die Welt ihr Geburtsrecht einfordern kann.«**

KAPITEL SECHS

Du unterschätzt dich.

Als ich das nächste Mal zu den Großmüttern ging, sagten sie, kaum dass sie mich erblickten: »**Wir wollen dich an etwas erinnern – und du *musst* erinnert werden.**« »Ja, Großmütter?« antwortete ich, aber innerlich stöhnte ich: »Uh, oh. Woran muss ich erinnert werden? Was kommt jetzt?«

»**Du neigst immer noch dazu, dich als gesonderte Person zu betrachten**«, sagten sie, und ich sah überrascht zu ihnen auf. »Immer noch?« sagte ich, und sie starrten zu mir zurück. »Nun, äh ja!« Ich stimmte schließlich zu, überrumpelt von ihren bohrenden Blicken. »Ich hatte gehofft, dass ich diese Art der Beziehung zu mir selbst überwunden hätte,« sagte ich zu ihnen, »aber ihr habt recht. Ich stecke immer noch in dieser Art zu denken fest.« »**Wir wissen! Wir wissen es!**« lachten sie. »**Aber diese Sicht, die du auf dich hast, ist falsch! Falsch, falsch, falsch!**« sagten sie und fuchtelten mit den Händen, als wollten sie es verjagen. »**Und es ist *diese* Sicht auf dich, die dein Elend verursacht.**« Sie schüttelten den Kopf. »**Du bist mehr als eine separate Person**«, sagten sie, »***viel* mehr.**

Als wir dir das Netz aus Licht zum ersten Mal gezeigt haben, dachtest du, es sei ein Weg, sich mit anderen zu verbinden und ein Werkzeug, um Leiden zu lindern.« »Ja, Großmütter«, sagte ich, »das ist richtig.« »**Du dachtest, wir würden dir das Netz aus Licht geben, um der Erde**

zu ›helfen‹.« Ich nickte ihnen zu, und mit einem Funkeln in den Augen sagten sie: **»Nun, hör mal zu.**

***Das Netz aus Licht ist mehr als du denkst.* Es ist das Gewebe des Seins und als solches hält es alles im Universum aufrecht und verflicht es. Und es ist in der Lage, dies zu tun«,** lächelten sie, **»weil *es Liebe ist.* Das ist auch, was *du* bist«,** sagten sie, und ich sah sie erwartungsvoll an.

»Wenn du denkst, dass du nur ein Körnchen bist auf der Erde, eines unter Millionen, dann unterschätzt du dich. Natürlich *bist* du auf der physischen Ebene ein Körnchen«, sagten sie, **»aber in Wirklichkeit bist du eins mit dem Lichtnetz, eins mit dem Gewebe des Seins des Universums.«** Jetzt begann sich alles in meinem Kopf zu drehen. Sie hatten mir das schon früher gesagt, aber heute sprachen sie mit solchem Nachdruck, dass die wirkliche Bedeutung mehr war, als ich aufnehmen konnte. Als sie sahen, dass ich mich überwältigt fühlte, zogen sie mich dicht zu sich heran. Sie drückten mich fest an ihre Brüste und legten ihre Arme um mich, und da begann sich die Spannung, die sich in mir aufgebaut hatte, zu lösen.

»Du bist eins mit uns«, erklärten sie mir. **»Du bist *nicht getrennt.* Siehst du«,** sagten sie, **»gerade jetzt erlaubst du dir, in unserer Umarmung zu verschmelzen; du erlaubst dir, eins mit uns zu werden. Lass dich von uns so halten«,** flüsterten sie, während sie mich wiegten. **»Entspanne dich und atme mit uns. Du bist unser eigen«,** sangen sie, **»unser eigen. Du bist eins mit dem Göttlichen. Dein Herz schlägt mit unseren Herzen. Fühle es«,** sagten sie, und dann wiegten sie mich weiter.

Tränen traten mir in die Augen, liefen über und rannen mir über die Wangen. »Ich fühle mich so entspannt hier bei ihnen, so getröstet, so sicher«, sagte ich zu mir, während ich mich tiefer in ihre Umarmung sinken ließ. Ich fühlte all diese Dinge, während sie mich so hielten, und dann wurde mir bewusst, dass tief in mir etwas zu schmelzen begann. Was schmolz?

»Du kannst niemals allein sein«, versicherten mir die Großmütter auf meine Frage hin. **»Du bist genauso ein Teil des Flusses der Liebe, der durch das Leben fließt, wie wir es sind. *Das Netz aus Licht ist es,***

das überall das grundlegende Muster für das Leben bildet«, sagten sie, und mir fiel auf, dass sie mich genau anschauten, um zu sehen, ob ich verstand, worauf sie hinauswollten.

»Das Netz aus Licht existiert überall. Es existiert in allem. **Das Netz aus Licht umhüllt und verbindet alles, was ist«,** sagten sie. **»Es ist das Licht und die Liebe des Netzes, das jetzt durch dich fließt, so wie es durch uns fließt. Wie kann sich ein Wassertropfen in einem Fluss von den anderen Tropfen abgrenzen?«** fragten sie und beobachteten mich aufmerksam. **»Das kann er gar nicht«,** antworteten sie. **»Und du kannst es auch nicht.**

Dieser fließende Strom des Lebens *ist* das, was du bist«, sagten sie, tätschelten mich sanft und umarmten mich dann wieder. **»Du bist eins mit allem, was ist. Du bist göttlich«,** erklärten sie, ihre Gesichter von einem Lächeln erhellt. **»Dein Körper, deine Persönlichkeit und dein Verstand – sie sind nichts als Manifestationen dieses Flusses. Manifestationen, die für eine kurze Zeitspanne erscheinen«,** sagten sie mit wehmütig geneigten Köpfen. **»Und wann immer du dieses verkrampfte Selbstgefühl loslässt, an dem du so sehr hängst, und dir stattdessen erlaubst, einfach mit dem Fluss des Lebens zu fließen, kann das Leben dich weiter und immer weitertragen.**

Die Kraft dieses immer fließenden Lichtes, dieser Liebe ist so groß, dass sie nicht gemessen werden kann«, sagten die Großmütter. **»Auch die Kraft deines *Seins kann nicht gemessen werden.* Du bist kein separater Jemand«,** sagten sie. **»Lass diese alte Vorstellung jetzt dahinschmelzen. Verstehst du, worauf wir hinauswollen, wenn wir dir sagen, dass du dich unterschätzt? Verstehst du, wer du *bist*?«**

»Ja, Großmütter«, sagte ich. »Ich höre, was ihr sagt, und ich verstehe es. Zumindest glaube ich das.« Ich sah sie fragend an, und als sie meinen Blick sahen, antworteten sie: **»Unglücklichsein entsteht nur, wenn man sich selbst als eine separate, begrenzte Person betrachtet«,** sagten sie und schauten mir in die Augen, um sich zu vergewissern, dass ich ihnen zustimmte. **»Es ist jetzt an der Zeit, diese alte Lüge loszulassen«,** lächelten sie, und während sie ihre Hände weit spreizten, sagten sie: **»Öffne**

dich für das Netz. Wir bitten dich, das zu tun, denn jedes Mal, wenn du es tust, hebst du automatisch dich und die Welt an.« Dann lachten sie und sagten: »**Du wirst niemals, niemals unglücklich sein im Netz aus Licht!**«

Ich dachte darüber nach: dass ich, sobald ich wirklich anfing, mich als Teil des Lichtnetzes zu sehen, ich mich nicht mehr als getrennt von Gott betrachten würde. Ich wusste, dass die Großmütter damit recht hatten, und ich konnte bereits etwas von dieser neuen Ausrichtung auf das Leben erahnen, die sich langsam, ganz langsam in mir entwickelte. Das Lichtnetz *war dabei,* mein Gefühl der Trennung von der Quelle aufzulösen. Ich hatte gemerkt, dass ich, selbst wenn ich es versuchte, nicht mehr auf die alte Art und Weise beten konnte, die man mir beigebracht hatte: Gott oder die Großmütter anzuflehen, als ob sie irgendwo »da draußen« wären. Man hatte mir beigebracht, so zu beten, mich gelehrt, mit Gott in Beziehung zu treten, als ob das Göttliche getrennt von mir wäre, aber das funktionierte nicht mehr. Jetzt fand ich es schwer, ja sogar unmöglich, zum Göttlichen zu beten, um mich mit ihm verbunden zu fühlen. Wenn ich mich wirklich verbunden fühlen wollte, musste ich mich in mein eigenes Herz fallenlassen, dort still sitzen und auf Gott/die Großmütter/das Göttliche warten. Das Gefühl von mir selbst als einer separaten Person, war etwas, das ich mein ganzes Leben lang mit mir herumgetragen hatte, und es begann zu zerschmelzen.

»Lass die Erde deine Liebe erwidern.«

Mit der Zeit habe ich verstanden, wie unerbittlich die Großmütter sind. Sie geben *niemals* auf, und immer wieder, wenn ich sie am Ende ihrer Geduld wähnte, sah ich ein, dass sie es nie tun würden. Immer und immer wieder haben sie mir meine Verbindung mit dem Lichtnetz gezeigt. Sie taten es auf die eine und dann auf die andere Weise, entschlossen, dass ich endlich meinen Teil im großen Einssein des Lebens begreifen würde.

Seit die Großmütter an jenem Tag, als ich mit dem Hund am Strand spazieren ging, erstmals aufgetaucht waren, habe ich verstanden, dass das, was ich früher für *mein Leben* hielt, gar nicht *mir gehört.* Die Großmütter sagen, dass das Leben manchmal ein Abenteuer, aber vor allem eine Reihe von Lektionen ist, die zu meistern wir hergekommen sind. So habe ich in einer Lektion nach der anderen mit diesen weisen Lehrerinnen festgestellt, dass ich eigentlich nicht hier bin, damit es *nach mir* geht. Vielmehr bin ich eine Schülerin – hier, um zu lernen.

Ich bin mit den Großmüttern unterwegs, und eigentlich sind wir *alle* auf dieser Reise, ob wir es erkennen oder nicht. Ich habe gelernt, mich nicht zu sehr an meine Agenda zu klammern, weil ich immer wieder festgestellt habe, dass es eigentlich gar nicht *meine* Agenda ist, sondern *unsere*.

Normalerweise beginne ich meinen Tag mit einer Vorstellung, was ich tun werde, aber ich bin mir immer bewusst, dass das, was ich für den Tag vorhabe, sich jeden Moment ändern kann – und wird. Also tue ich, was immer mein Plan für den Tag ist, bis die Großmütter die nächste Lektion für mich bereithalten. Ich kann nicht sagen, dass ich jemals weiß, was als nächstes kommt oder wann es kommt, aber so seltsam es auch klingen mag: Es gefällt mir so. Es ist ein Abenteuer für mich. Und es ist nicht so, dass all diese Lektionen der Großmütter angenehm sind, aber sie scheinen alle notwendig, sogar befreiend zu sein.

Irgendwann hörten das Zielesetzen und das Bemühen um ein gewünschtes Ergebnis, wie ich es früher betrieb, einfach auf. Als die Großmütter zum ersten Mal zu mir sagten: **»Du bist nicht die ›Macherin‹; du bist die ›Seiende‹«**, hatte ich keine Ahnung, was sie damit meinten. Aber sie arbeiten nun schon seit über zwanzig Jahren an mir, so dass diese Lektion endlich ankommt.

Letzte Woche habe ich viel Zeit in meinem Garten verbracht, um Unkraut zu jäten, zu pflanzen, umzugraben und Äste zurückzuschneiden, und an einem heißen Tag, an dem ich eine Weile hart gearbeitet hatte, war ich nachmittags ziemlich müde. Als ich ins Haus trat, ließ ich meine schmutzigen Handschuhe und Schuhe an der Tür stehen und liegen und ließ mich auf die Couch fallen. Und ich erinnere mich, dass ich, als ich ausatmete und mich auf die Kissen legte, das seltsame Gefühl hatte, dass mir gleich etwas Aufregendes passieren würde. Also kuschelte ich mich in die Kissen und wartete ab, was es wohl sein würde.

Aus der liegenden Position, in die ich mich gebracht hatte, hatte ich einen guten Blick auf den Garten, und während ich aus den Fenstern auf all das Grün da draußen schaute, strömte plötzlich ein Schwall von Liebe in das Haus, strömte von den Pflanzen im Garten und strömte von den Hügeln hinter dem Haus herbei. Dann begann etwas Wundervolles mich zu umspülen und in meinen Körper zu strömen. Glück, ein Gefühl von Leichtigkeit und Freude durchströmten mich. Anmut. Es fühlte sich an, als würde ich in einer Kaskade von Gnade gebadet werden. Gnade und Liebe durchfluteten den Raum, und ich spürte, wie sie mich aktiv aufsuchten. Und als ich mir dessen bewusstwurde, lag ich absolut still und wartete voller Vorfreude.

»Oh, mein Gott!« flüsterte ich schließlich, als die Kaskade der Liebe in mir und um mich herum aufstieg. »Der Garten liebt mich!« rief ich. »Er liebt mich!« Eine Welle der Liebe nach der anderen rauschte nun heran, und ich lag auf der Couch und staunte. Ich staunte so sehr, dass ich fast vergaß zu atmen. »Die Natur liebt mich!« Endlich atmete ich aus, und nun kamen mir die Tränen. »Die *ganze* Natur!« Ich weinte, kaum fähig zu glauben, was geschah. Aber ich wurde überflutet, absolut überflutet mit Liebe. Ein herrliches Gefühl nach dem anderen strömte über und durch mich, und es ging noch lange so weiter.

»Es ist nur ein Gefühl«, sagte ich mir schließlich, als mein Verstand versuchte, meine Erfahrung zu relativieren. Aber mein Herz wollte nichts davon wissen. »Aber was für ein Gefühl!« rief ich aus. Obwohl das, was mir gerade geschah, nichts war, was ich mir wirklich erklären konnte, *wusste ich* ohne Zweifel, dass sich gerade etwas *Großes* zwischen der Natur und mir ereignet hatte.

»Wie kann so etwas passieren? Wie ist so etwas möglich?« flüsterte ich. Und den Rest des Nachmittags ging ich in einer Art Benommenheit umher – dieses seltsame, süße Geheimnis in meinem Herzen eingeschlossen. Und als ich an diesem Abend zu Bett ging, staunte ich immer noch über das, was auf der Couch geschehen war, weinte noch ein paar Freudentränen und kuschelte mich dann selig in die Nacht.

Als ich am nächsten Morgen aufwachte, hatte ich das Gefühl, dass ich einfach verstehen *musste*, was zwischen der Natur und mir stattgefunden hatte. Ich musste es wissen. Das war etwas, das nicht warten konnte, also ging ich zu den Großmüttern. Ich war sicher, dass sie es mir sagen konnten.

»Es steigt jetzt eine Güte auf«, sagten die Großmütter, nachdem ich ihnen erzählt hatte, was am Tag zuvor geschehen war. **»Eine tiefliegende Güte. Sie ist direkt unter deinen Füßen, und sie ist überall um dich herum«**, sagten sie und breiteten ihre Hände zur Bekräftigung weit aus. **»Du bist tatsächlich von dieser Güte eingehüllt«**, erklärten sie, und ich schaute überrascht zu ihnen auf. **»Tatsächlich«**, sagten sie, **»bist du so sehr davon eingehüllt, dass sie dich überall begleitet, wohin du auch gehst. Du lebst und bewegst dich in einer Matrix des Guten.«**

»Wirklich, Großmütter?« fragte ich. »Geht es wirklich darum?« Ihre Antwort hatte mich erstaunt, aber ich war freudig überrascht. Sie erklärten mir etwas mehr von dieser aufsteigenden Flut der Güte, und je länger ich ihnen zuhörte, desto mehr spürte ich deren Gegenwart. »Das muss es gewesen sein, was mir gestern passiert ist, Großmütter«, sagte ich schließlich. »Ich muss in diese steigende Flut, die ihr beschreibt, hineingetaucht sein. Da *ist* jetzt etwas in mir, Großmütter«, sagte ich. »Ich kann fühlen, wie es in mir umherwogt, genau in der Mitte meines Körpers, und was immer es ist, es trägt mich wirklich. Es erfüllt mich mit einem solchen Gefühl der Zufriedenheit«, sagte ich. »Etwas ist gestern in mir aufgestiegen, und jetzt durchdringt es mich ganz. Und …«, ich hielt inne, als ich weiter darüber nachdachte, »ihr habt recht. Das einzige Wort, das zu diesem Gefühl passt, ist *Güte.*«

Da hörte ich auf zu reden und starrte sie nur verwundert an. **»Dachtest du, all die Liebe, die du seit so vielen Jahren an die Erde schickst, würde nicht zu dir zurückkommen?«** fragten sie. **»Dachtest du, dass du die einzige bist, die gibt? Dass das Geben nur in eine Richtung fließt – von dir zu Mutter Erde?«** fragten sie, und ich fühlte ein Zucken in meinem Körper, so verblüfft war ich von ihrer Frage. Ich bemerkte auch, dass sich meine Hand erhoben hatte, die nun meinen offenen Mund bedeckte. Ich hielt den Atem an.

»**Was wir dir sagen, ist wahr**«, sagten sie mit einem Lächeln über meine Reaktion. »**Zweifle nicht an uns und zweifle nicht an dir** «, sagten sie, und nun sahen sie mich mitfühlend an. »**Erinnere dich, dass das, was du als ›du selbst‹ betrachtest, in Wirklichkeit wir sind. Es gibt keinen Unterschied zwischen dir und uns**«, sagten sie mit einem Kopfschütteln. »**Der einzige Moment, an dem es einen Unterschied gibt, ist, wenn dein Verstand dich in Zweifel zieht. Dann fliegt dein Verstand nach Osten, Westen, Norden und Süden und verwirrt dich. Also, entspann dich**«, die Großmütter machten beschwichtigende Gesten mit ihren Händen, um mich zu beruhigen, »**und lass dich von uns führen. Wir werden dich führen – immer**«, sagten sie, und ich merkte, dass sie mich wieder so ansahen wie eine geduldige Glucke ihr Küken.

»**Es gibt nicht die kleinste Kleinigkeit, die wir nicht berücksichtigen und bei der wir dich nicht anleiten**«, versprachen sie. »**Du bist wir und wir sind du. Wir sind dasselbe**«, sagten sie, und nun konnte ich meine Augen nicht mehr von diesen majestätischen, großherzigen Frauen abwenden. Sie gossen so viel Liebe über mich aus. Und die Dinge, die sie sagten! Ihre Worte füllten meine Augen einmal mehr mit Tränen.

»**Du Liebe**«, sagten sie schließlich und sahen mich mit so viel Zuneigung an, dass es mir wirklich die Sprache verschlug. »**Nimm an, was Mutter Erde dir gibt. Es findet ein *gegenseitiger Austausch von Liebe* statt**«, sagten sie, »**und du bist ein Teil davon. Du gibst und sie gibt. Es ist wie das Atmen**«, erklärten sie. »**Du kannst nicht nur vom Ausatmen leben. Du musst auch einatmen**«, sagten sie, »**also nimm es auf. Fang an, all diese Güte einzuatmen. Empfange sie**«, sagten sie. »**Lass die Erde deine Liebe erwidern.**« Und als sie sahen, wie verblüfft ich war, wiederholten sie: »**Lass die Erde deine Liebe erwidern.**«

Nach dieser Sitzung ging ich direkt ins Bett. Mein armer Körper summte und brummte von freudigen, bis dahin ungekannten Gefühlen, und ich lag unter der Bettdecke und vibrierte – und vibrierte immer stärker. Als sich mein Körper endlich beruhigte und entspannte, hielt ich ein langes Schläfchen. Und als ich aufstand, beschloss ich, das Leben langsamer anzugehen – zumindest für eine Weile. Langsam war noch nie mein Stil gewesen, aber an diesem Punkt war langsam alles, was ich in mir hatte. Die Erfahrung mit Mutter Erde und diese Reise zu den Großmüttern hatten mir eine Menge zu denken gegeben. Ich wusste, es würde seine Zeit dauern, bis ich alles in mir aufgenommen hatte.

Es erregte mich außerordentlich, was ich bei dieser Begegnung mit Mutter Natur entdeckt hatte. Die Erde war lebendig, wirklich lebendig. Ein lebendiges Wesen – fähig, Liebe und Mitgefühl zu geben. Wir Menschen lieben die Erde, und die Erde liebt uns zurück! »Sie liebt uns! Sie liebt… mich!« Ich staunte immer wieder über diese Wahrheit. Dieser Teil der Beziehung berührte mich zutiefst, und als ich alles aufschrieb, fühlte ich diesen Rausch der Liebe wieder und immer wieder.

»Die große Anhebung«

Nach dieser Erfahrung verging mindestens ein Monat, bevor ich wieder zu den Großmüttern ging. Es war ungewöhnlich für mich, ihnen so lange fernzubleiben, aber ich war so voll von dem, was ich gelernt hatte, dass in mir kein Platz mehr für etwas anderes war. »Ich verdaue«, sagte ich mir.

Als ich das nächste Mal zu ihnen ging, spürte ich, kaum dass ich anfing zu sprechen, ein warmes Gefühl in der Mitte meines Körpers, und mit der Wärme kam das Gefühl einer freudigen Ausdehnung. Dann, als ich mich entspannte und mir erlaubte, mich auszudehnen, bemerkte ich, dass jemand oder etwas anwesend war und mich mit Licht flutete. Rosa, goldene, blaue und weiße Lichter tanzten vor mir in der Luft. Sie webten Muster in die Luft, und die Muster, die sie machten, hoben mich empor. Wer oder was auch immer diese Energie war, es begann mich in diese schönen Farben einzuhüllen, während ich immer höher stieg, und als sich endlich meine Überraschung darüber, was mit mir geschah, gelegt hatte, schaute ich mich um und sah, dass ich nicht allein war. Alle, die ich kannte, stiegen zusammen mit mir auf! Wir alle waren Teil dieser Aufwärtsbewegung.

Dann sprachen die Großmütter: »**Zu dieser Zeit, da sich die Energie auf der Erde verändert, werden diejenigen von euch, die mit der Quelle** verbunden bleiben, eine Anhebung wie diese spüren. Ihr werdet ein Aufsteigen und eine Ausdehnung erleben, und wenn ihr euch erhebt, werdet ihr Tausende mit euch ziehen.

Wenn ihr in diesen schwierigen Zeiten, in denen ihr lebt, mit der Quelle verbunden bleibt, wird eine immer höhere Schwingung für euch entstehen«, erklärten sie, »und diese Schwingung wird einen Aufwind bilden, einen Aufwind, der in der Lage ist, große Mengen an Energie anzuheben. Wo immer es *hohe* Energie wie diese gibt«, erklärten sie, »verursacht der Aufwind, den sie erzeugt, eine Anhebung.

Zu dieser Zeit haben sich viele Menschen verpflichtet, sich auf das Göttliche einzustellen, *egal was passiert!*« sagten sie. »Mehr und mehr von euch tun dies jetzt, und die Entscheidung, die ihr getroffen habt, ermöglicht es euch, eure Schwingung hochzuhalten.

So funktioniert es«, erklärten sie. »Alles ist Energie. *Du* bist Energie; *wir* sind Energie; *alle* sind Energie. Und«, sagten sie, »wenn Menschen uns oder irgendeine Form des Göttlichen anrufen, verbinden sie sich energetisch automatisch mit dem Netz aus Licht, das das Leben überall trägt und hält.

Weil das Lichtnetz ist, was es ist«, erklärten sie, » hebt es diejenigen an, die es anrufen, und gleichzeitig hebt es jeden an, mit dem diese verbunden sind. Es ist die *Liebe*«, sie zuckten die Achseln, »und es geschieht automatisch. *Eure* Verbindung zur Quelle«, erklärten die Großmütter, »lässt auch diejenigen, die mit euch verbunden sind, an der Quelle teilhaben. Diese göttliche Verbindung ist mächtig«, sagten sie und warfen mir einen vielsagenden Blick zu, »und die wachsende Reichweite des Lichtnetzes ermöglicht es nun vielen Menschen, sich anzuheben. Auch Tiere«, sagten sie. »Alle Formen von Energie heben sich jetzt an – sie erheben sich gemeinsam und dehnen sich aus. Siehst du, wie wichtig es für dich ist, mit dieser Quelle des Lichts verbunden zu bleiben?

Diese Aufwärtsbewegung, von der wir sprechen, umfasst sowohl niederfrequente Energie als auch hochfrequente Energie«, erklärten die Großmütter. »Auch das, was ihr als niedrige oder negative Energie betrachtet, steigt aus der Tiefe an die Oberfläche«, lachten sie. »Und

wenn diese schwere Energie an die Oberfläche kommt, seht ihr oft Gewalt, Hass und Angst überall auf der Welt auftauchen. Aber mach dir darüber keine Sorgen«, sagten die Großmütter und legten ihre Arme um mich, um mich zu beruhigen. **»Auch diese schwierigen Energieformen werden durch den Aufwind beeinflusst. Es ist wahr, dass diese Energien von einem niedrigeren Ort aufsteigen, aber wie alles andere auch, steigen sie auf.«**

Als ich die Großmütter anschaute, empfand ich eine so große Dankbarkeit für sie. Dankbarkeit dafür, dass sie uns helfen zu verstehen, warum unsere Welt in einem solchen Chaos steckt, und dankbar dafür, dass wir wissen, wie wir helfen können. »Verbunden bleiben ist der Schlüssel«, murmelte ich, »verbunden bleiben mit der Quelle.« Und während ich darüber nachdachte, spürte ich wieder diese Wärme in mir – etwas, das größer ist als mein kleines Selbst, etwas, das mich nach oben bewegte. Es erhebt mich, hebt andere, hebt alles an.

»*Nichts* ist ein Fehler«, flüsterte ich. »*Nichts* ist verschwendet. Und jeder gute Gedanke, jeder glückliche Moment, jeder kleine liebevolle Dienst – all das trägt zu dieser Anhebung bei, die ich jetzt sehe. Die Energie steigt überall auf dem Globus. Natürlich sind sich nur wenige von uns dessen bewusst«, sagte ich, »und obwohl wir es wahrscheinlich nie in den Nachrichten hören werden, *findet* diese unaufhaltsame Aufwärtsbewegung statt. Sie ist überall und in jedem Moment gegenwärtig. *Der große Aufstieg.*«

Schickt die »spirituellen Truppen«.

Etwa zu dieser Zeit erhielt ich eine E-Mail mit der Bitte um Fürbitten für kleine Kinder, die an Herzproblemen leiden. Der Brief enthielt Bilder von den Kindern – einige von ihnen waren noch Babys. Also betete ich für sie und bat darum, dass ihnen ihre Ängste genommen werden und sie sich in Liebe gehalten fühlen. Ich dachte an ihre Familien, und als sich mein Herz ihnen zuwandte, sah und fühlte ich, wie das Lichtnetz aus Licht auch sie anhob. Das Netz reagierte sofort auf meinen Ruf, und sobald es sie umarmte, entspannten sich sowohl die Babys als auch ihre Familien.

Wie wirksam diese Fürbitte war! Ich konnte es in meinem Körper spüren, und als das Netz sie alle anhob, traten mir Tränen in die Augen. Da wurde mir klar, dass ohne jede wirkliche Anstrengung meinerseits ein liebevoller Gedanke (diese Fürbitte) einfach davongeflogen war und sofort eine liebevolle Antwort gezeitigt hatte. Es war so einfach, so mühelos … und so *wirklich*!

Als ich darüber nachdachte, kam mir der Gedanke, dass das Göttliche (Gott, Jesus, Allah, die Großmütter, das Netz aus Licht – wie auch immer ihr es nennen wollt) Energie ist und daher leicht auf Gedanken reagiert. »Das Göttliche *ist* Energie!« dachte ich, als ich mich an ein energetisches Gesetz erinnerte: *Die Energie folgt dem Gedanken.* »Das Göttliche *ist* Energie, also reagiert es natürlich auf Gedanken«, sagte ich mir. Und als ich mir die Babys vor Augen rief, verband ich automatisch das Licht in meinem Herzen mit dem Lichtnetz, was die Bewegung des Lichts zu ihnen bewirkte. Der Anstoß »meiner« Liebe war alles, was nötig war, um die große Liebe in Gang zu setzen.

Wir alle sind Teil des Lichtnetzes, aber die meiste Zeit verschließen wir vor dieser Tatsache die Augen. Wir verbringen unsere Tage »betäubt« von der materiellen Welt und glauben, dass wir nur diese begrenzten physischen Körper sind, diese »fehlerbehafteten« Persönlichkeiten, und natürlich bestätigt die Welt uns dies.

Aber wir sind Teil des Göttlichen. Deshalb habe ich es in meinem Körper gespürt, als das Lichtnetz die Babys erreichte. Jedes Mal, wenn wir einen liebevollen Gedanken aussenden, geschieht großes Gutes. Jeder Moment des fürsorglichen Segnens (und das ist die Fürbitte für einen anderen Menschen) schickt automatisch die »spirituellen Truppen«. Und das ist etwas, das wir jeden Tag tun können, etwas, das wir jede Minute tun können.

Als ich wieder darüber nachdachte, hörte ich die Großmütter sagen: **»Du sehnst dich danach, zu dienen; du sehnst dich danach, zu spüren, dass dein Leben einen Sinn hat. Und das ist richtig so, denn Dienen wird dich dazu bringen, dich mit dem Sinn deines Lebens zu verbinden. Für diese kranken Kinder zu beten *ist* Dienst«**, sagten sie. **»Es ist**

eine Gelegenheit, die dir gegeben wurde, und wir danken dir, dass du sie ergriffen hast.

Kommt zusammen in der ›Gemeinschaft der Guten‹«, fuhren sie fort, und mit einer großen Geste öffneten sie ihre Arme weit, um die Größe dieser Gemeinschaft anzudeuten. »**Geht dorthin, wo Liebe praktiziert wird, wo Liebe hochgeschätzt und gelebt wird. Wann immer ihr könnt, verbringt eure Zeit mit offenherzigen Menschen. Lasst die Liebe in euch leben und aus euch herausströmen. Lasst euren Kopf, euer Herz und eure Hände in den aktiven Dienst treten. Gebt jenen in der Familie des Lebens, die diese Liebe brauchen – gebt den Menschen, den Tieren, den Gewässern und der Erde selbst. Lasst Güte eure erste Antwort sein«**, sagten sie und sahen mich mit ihren liebevollen Blicken an. »**Lasst Güte und Großzügigkeit euer Herz erfüllen. Ihr wurdet für Großes geboren«**, sagten die Großmütter. »**Alle zu lieben und allen zu dienen** ***ist*** **Größe.«**

»Du bist dem ›Anfüllen‹ deiner Zeit mit Aktivitäten entwachsen.«

Wir waren neulich auf einer Dinnerparty, und obwohl ich die Leute mochte, mit denen wir zusammen waren, und die Unterhaltung lebhaft und lustig war, hinterließ der Abend bei mir nicht das warme, weite Gefühl, das ich mir erhofft hatte. Im Nachhinein wurde mir klar, dass ich schon oft den Verlust von engen Freunden zu beklagen hatte, Freunde von der Art, wie wir sie früher hatten und die wir jetzt nicht mehr oft erlebten. Es fehlt mir, mit Menschen an einem Tisch zu sitzen, mit denen ich mich wirklich verbunden fühle. Ich vermisse vor allem die Liebe. Also, ratlos, was ich tun sollte, ging ich zu den Großmüttern. »Großmütter«, sagte ich, »bitte sprecht mit mir über diesen Verlust, den ich fühle. Er belastet mich.«

»**Was willst du?**« fragten mich die Großmütter unvermittelt. »**Gott oder Freunde?**« »Nun, Gott«, antwortete ich, und ihre Antwort ernüchterte mich, »aber können wir nicht auch Freunde auf dem Weg haben? Gott ist das Wichtigste (eigentlich das Einzige)«, sagte ich, »aber hier unten auf der Erde wird es ganz schön einsam ohne Freunde.«

Die Großmütter lachten und lachten, als ich das sagte. »Vielleicht finden sie das, was ich sage, lächerlich«, dachte ich, »aber ich erinnere mich noch an meine früheren Freundschaften, mit Mahri zum Beispiel, und damals war es anders.« Ich wollte es ihnen gerade sagen, als sie fortfuhren. **»Diese Freundschaften *waren* anders«**, bestätigten sie. **»Es waren Freundschaften, die auf Gott ausgerichtet waren. Sie waren nicht nur Geplauder. Das gestern Abend«**, fügten sie hinzu, **»war im Grunde nur Geplauder. Deshalb hinterließ er kein dauerhaft gutes Gefühl in dir.**

Du bist über diese Art zu sein hinausgewachsen«, sagten sie, **»bist über das ›Anfüllen‹ deiner Zeit mit Aktivität hinausgewachsen. Du bist für uns geboren, nicht für leere Unterhaltung. Politik, Gesellschaft, Klatsch und Tratsch… Was tun sie für dich?«** fragten sie und hielten mich in ihrem Blick.

»Äh, nicht viel, Großmütter«, antwortete ich widerstrebend. Ich erkannte, dass sie recht hatten. »Aber ich mag Menschen«, sagte ich, »und ich habe ein warmes Gefühl für sie. Ich mag sie *wirklich*«, sagte ich wieder, »und ich fühle mich einsam.« **»Das wissen wir«**, sagten sie, **»aber dieses Leben ist ein Einsitzer, ein Einzelplatz«**, sagten sie. **»Es ist keine Hausparty. Deine wichtigste Beziehung ist mit dem Göttlichen, also halte deinen Geist und deine Gedanken dort. Lass dich nicht von all den vorbeiziehenden Shows ablenken«**, sagten sie. **»Sei freundlich zu allen. Liebe sie, aber um dein Herz zu füllen, wende dich an uns, wende dich nur an das Göttliche.**

Du kannst zu allen Partys und Abendessen gehen, zu denen du willst, aber *nur Gott ist wirklich für dich da*«, sagten sie. **»Kein anderer. Vergiss das nicht. Alles Übrige kommt und geht«**, sagten sie, und ich sah, wie eine Nebelschwade hereinwehte und dann wieder hinauszog. **»Das Zeug ist nicht real«**, sagten sie. **»Erinnere dich…«**

»Bringt Mutter Erde und ihre Menschen wieder in ihre ursprüngliche Gestalt.«

Ich erinnerte mich immer wieder an die Großmütter und dass sie gesagt hatten, das Leben sei keine Hausparty und meine grundlegende Beziehung auf der Erde sei jetzt die mit ihnen. »Warum«, fragte ich mich, »fällt es mir so schwer, mich daran zu erinnern? Ich weiß, dass es wahr ist, also warum akzeptiere ich es nicht einfach? Warum will ich immer etwas anderes? Uff«, stöhnte ich. »Ich habe genug von diesem Thema. Gebt mir etwas zu tun, Großmütter. Gebt meinem Verstand etwas zu tun.«

Dann erinnerte ich mich, dass ich *doch* etwas zu tun hatte. Es stand wieder ein Lichtnetztreffen am Uluru im australischen Outback an. Und um die Arbeit am Uluru zu verstärken, hatten die Großmütter uns gebeten, mehrere Lichtnetztreffen in verschiedenen Teilen der Welt abzuhalten. Diese würden alle etwa zur gleichen Zeit stattfinden, und die Kraft, die sich aus dieser vervielfältigten Arbeit ergab, würde die Verbindung zwischen der Erde und den Menschen festigen. »**Tut es jetzt!**« hatten die Großmütter gesagt, als sie uns diese Arbeit aufgetragen hatten.

»**Bringt Mutter Erde und ihre Menschen wieder in ihre ursprüngliche Gestalt**«, hatten die Großmütter gesagt. »**Bringt sie zurück in ihre gemeinsame heilige Verbindung. Jetzt ist die Zeit dafür. Es soll keine Trennung mehr zwischen der Erde und ihren Menschen geben. Diese Verbindungen werden das Lichtnetz stärken, so dass es seine Aufgabe, die Erde in diesen turbulenten Zeiten stabilzuhalten, besser erfüllen kann.**«

Wir würden wieder am Uluru arbeiten. Vor zwei Jahren waren wir dort gewesen, und nun würden wir diesen uralten Ort erneut bitten, das Lichtnetz zu halten, während es die Erde stabilhält. Da Uluru einer der großen Kraftorte auf der Erde ist, würde dieser Ort im australischen Outback den Mittelpunkt für die Arbeit aller anderen Gruppen bilden. Wir würden das Uluru-Treffen vom 20. bis zum 26. Juli abhalten, und Menschen aus der ganzen Welt würden an diesen entlegenen Ort reisen.

Und während wir die Zeremonie am Uluru abhielten, würden andere Lichtnetztreffen überall auf der Erde stattfinden. In Europa, den Vereinigten Staaten, Kanada, Südamerika, Neuseeland, Asien und Afrika würden sich alle miteinander verbinden. Jeder Ort würde alle anderen unterstützen, so dass der gesamte Planet vom Netz aus Licht überzogen und tief darin verankert wäre. Das war unser Ziel. Gemeinsam würden wir die Kraft des Netzes auf dem gesamten Planeten verstärken – um das Leben zu segnen und die Erde stabilzuhalten.

Wir veröffentlichten die Orte, Daten und Zeiten der einzelnen Treffen auf der Website der Großmütter und baten jene, die nicht zu einer dieser Veranstaltungen kommen konnten, sich zu verbinden, wo immer sie waren. »Bitte verbindet euch Ende Juli mit dem Lichtnetz, mit Uluru und mit allen heiligen Stätten auf der Erde«, baten wir, »ebenso wie mit den weiteren Versammlungen, die überall auf der Welt stattfinden werden. Ruft einfach die Großmütter und das Lichtnetz an, und wenn ihr das getan habt, bittet darum, dass das Licht fließen möge. Und... wenn ihr euch entschließt, die Kraft dieser Verbindung zu verstärken, indem ihr in eurer Gegend eine kleine Versammlung abhaltet, lasst es uns wissen.« Als der 20. Juli kam, waren bereits zweiundzwanzig Treffen auf der ganzen Welt geplant, die alle mit dem Muttertreffen in Uluru in Übereinstimmung waren.

Als es vorbei war, waren die Großmütter erfreut über die Art und Weise, wie die Menschen auf ihren Aufruf reagiert hatten, die Verbindung zwischen der Erde und ihren Menschen zu festigen. Und kurz nach dieser vielfältigen Juli-Versammlung sprachen sie darüber.

»**Danke, dass ihr diese heilige Verbindung hergestellt habt**«, sagten sie zu allen. »**Licht *ist* und Liebe *ist*. Das Lichtnetz ist real, aber erst wenn jemand ›Ja‹ dazu sagt, kann es sich vollständig verankern. Bevor es sich verankert, ist es wie eine Wolke, die durch die Atmosphäre schwebt**«, erklärten sie. »**Es ist da**«, sagten die Großmütter. »**Es ist da, aber solange ihr euch nicht entscheidet, es anzunehmen und ihm ein Zuhause zu geben, kann es sich nicht wirklich mit euch verbinden. Es ist eure Entscheidung, euch der Liebe und dem Licht zu öffnen, eure Entscheidung, ›Ja‹ zum Netz aus Licht zu sagen, das ihm ein Zuhause gibt**«, sagten sie. »**Und es ist eure Entscheidung, euch für die Potenz des Lichtnetzes zu öffnen, die seine Kraft für alle auf der Erde verstärkt.**

Werdet jetzt zu diesem Erden-Anker«, sagten sie. »**Werdet eine Heimstatt für Licht und Liebe. Sagt ›Ja‹ zum Netz aus Licht. Verankert**

euch jetzt«, sagten die Großmütter, wobei sie alle eine Faust in die andere Hand schlugen. »**Verankert euch tief. Sobald ihr die Entscheidung trefft, ein Ankerpunkt für das Netz aus Licht zu sein, wird sich euer Leben ändern**«, sagten sie. »**Ihr werdet zu der machtvollen Person, als die ihr geboren wurdet. Kein Umherhüpfen mehr an der Oberfläche des Lebens**«, lachten sie und schüttelten den Kopf, »**kein ›*Ja-Aber*‹ mehr und keine Unentschlossenheit. Sobald ihr zu diesem Erdenanker geworden seid, werdet ihr zielgerichtet und vollständig sein.**

Spürt diese Verankerung, die tief in eurer Körpermitte stattfindet«, sagten sie. »**Spürt sie jetzt. Fühlt, wie das Licht durch eure Körpermitte nach unten fließt und in die Erde sinkt. Ihr *seid* eine Heimstatt – ein Sammelbecken für die Energie von Yin. Wo immer ihr hingeht**«, sagten sie und nickten bekräftigend, »**wird eure Gegenwart die Kraft des Lichtnetzes verstärken. Ihr seid für Großes geboren**«, erklärten sie. »**Und wir versichern euch, dass dies nicht nur ein Spruch ist. *Es ist die Wahrheit.* Ihr *seid* für Großes geboren. Also**«, fügten sie hinzu, »**geht langsam und tief, wenn ihr beginnt. Ihr werdet diese Arbeit nicht allein machen. In jedem Moment werdet ihr uns bei euch und in euch finden.**

Ihr seid zur rechten Zeit am rechten Ort«, versicherten mir die Großmütter, »**und alles geschieht genau so, wie es geschehen soll. Ganz gleich, wie die Welt zu sein scheint, wir versichern euch, dass aus diesen dunklen Zeiten, in denen ihr lebt, größere Güte, größere Kraft und stärkeres Licht hervorgehen werden, als ihr es euch vorstellen könnt. Also, werft jetzt euren Anker**«, sagten sie, »**und sendet Licht aus.**«

KAPITEL SIEBEN

Du hast dich gemeldet, weil du dem Licht dienen wolltest.

Es war jetzt Herbst 2016, und wir befanden uns im Vorfeld der US-Präsidentschaftswahlen. Das Leben in unserem Land hatte sich noch nie so mies angefühlt. Es war ein politischer Feuersturm, und weil ich so etwas wie diese Hitze noch nie erlebt hatte, ging ich, um zu verstehen, was *wirklich* vorging, zu den Großmüttern. »Helft mir!« rief ich. »Es fühlt sich an, als würde Grausamkeit die Welt beherrschen und als würde alles in Stücke gerissen. Ich verstehe das nicht. Wie können wir helfen? Was können wir tun? Was kann jede einzelne von uns tun?«

»**Die Welt fordert dich heraus**«, sagten die Großmütter kopfschüttelnd, »**und das Leben ist so verwirrend, dass du manchmal von seiner Verrücktheit überwältigt wirst.**« »Ja«, sagte ich, » genau das. Alles scheint wirklich verrückt zu sein.«

»**Dies ist schließlich das Kali Yuga**«, erinnerten sie mich. »**Vergiss das nicht. Du lebst in der Tiefe der Negativität, die schon vor Tausenden von Jahren vorhergesagt wurde. Du steckst mittendrin.**« »Das Kali

Yuga!« keuchte ich, als ich mich an das Zeitalter der Zerstörung erinnerte, von dem die Veden vor mehr als siebentausend Jahren gesprochen hatten. »Das *ist* es tatsächlich, nicht wahr?« fragte ich. »Das *muss* es sein.«

»**Du lebst in schwierigen Zeiten**«, sagten die Großmütter, »**und... du hast dich hierfür gemeldet. Du hast dich gemeldet, weil du dem Licht dienen wolltest**«, sagten sie und warfen mir einen wissenden Blick zu. »**Du wolltest wertvolle Arbeit tun. Die Tatsache, dass du in dieser Zeit lebst, ist kein Zufall. *Du wurdest auf die Erde gerufen, um in einer unsicheren Welt das Licht zu halten.* Du wurdest gerufen, und du bist dem Ruf gefolgt. Und...**«, sie hielten inne, während sie mir einen verständnisvollen, mitfühlenden Blick zuwarfen, »**als du diesem Ruf gefolgt bist, gab es für dich als Individuum nichts mehr zu tun.**

Sobald du ›Ja‹ zu uns gesagt hattest, wurdest du zu einem Instrument für das Licht. Jetzt durchfluten dich in jedem Moment Licht und Liebe. Unglücklicherweise«, sagten sie, »**wirst du manchmal so abgelenkt von all den Dramen, die sich um dich herum abspielen, dass du das Bewusstsein dafür verlierst. Aber die Wahrheit ist, dass du Licht leitest – du leitest *immerzu* Licht. Selbst wenn du dich müde, entmutigt und verloren fühlst, bist du es nicht wirklich**«, sagten sie und nickten wissend. »**Als du *Ja* zu uns gesagt hast, sind wir gekommen, um dich zu erfüllen, zu führen und zu leiten. Also**«, sie sahen mich eindringlich an, »**kannst du nicht verloren sein. Du bist nie allein. Niemals!**« erklärten sie. »**Wir sind dir so nah wie dein Atem.**

Erinnere dich daran«, sagten sie. »**Erinnere dich daran, nun, in diesen herausfordernden Zeiten. Lass dich von uns halten und umarmen und wiegen. Wir werden mit dir Auto fahren, mit dir kochen, mit dir arbeiten und mit dir leben, vierundzwanzig Stunden am Tag. Es gibt keine Trennung zwischen dir und uns**«, sagten sie. »**Trennung ist eine Illusion.**« Dann richteten sich diese würdevollen Großmütter zu ihrer vollen Größe auf und erklärten: »**Du bist eins mit dem Göttlichen. Ruhe in unserer Umarmung und lasse uns für alles sorgen. Wir werden dich vorwärtsschubsen. Du kannst dich auf uns verlassen. Bitte einfach um unsere Führung und bewege dich dann in die Richtung, die wir dir weisen.**

Stütze dich auf uns«, sagten sie. **»Übergib uns deine Sorgen, und anstatt dich über dieses und jenes zu ärgern, genieße deine Zeit mit uns. Genieße auch die Zeit mit den anderen. Jede von euch ist eine kostbare Blume in unserem Garten«**, sagten sie, während sie mich liebevoll ansahen. **»*Blühe so, wie zu blühen du geschaffen wurdest.* Lass dich sein und sei du selbst. Es ist nichts falsch an dir. Wir lieben dich genau so, wie du bist.**

Fange heute an, dich selbst zu lieben und ebenso andere zu lieben«, sagten sie, **»so wie wir dich lieben. Wenn du all die Dinge loslässt, von denen du denkst, dass du sie tun und sein *solltest,* und uns stattdessen erlaubst, diese ›harten‹ Dinge zu tun, wirst du feststellen, dass du das Leben mehr genießt. *Es ist Zeit für dich, glücklich zu sein.* Du wirst sehr geliebt«**, sagten sie mit sanften Blicken. **»Wirklich. Du hast keine Ahnung, wie sehr!«**

Seit Jahren hatte ich schon so ein Gefühl, eigentlich ein inneres Wissen, dass ich es mir ausgesucht hatte, zu dieser Zeit geboren worden zu sein. Ich wusste, dass es kein Zufall ist, dass ich jetzt am Leben bin. Mein ganzes Leben lang wollte ich dienen und hatte in verschiedenen helfenden Berufen gearbeitet, so dass diese Arbeit mit den Großmüttern in gewisser Weise das nächste Kapitel in einer fortlaufenden Geschichte war. Aber... ich hätte nie erwartet, dass ich *so* hässliche Zeiten erleben würde. Oder *so* kritische.

»Na gut«, sagte ich mir. »Schade, sehr traurig, Sharon. Mach einfach weiter! Solange du hier bist, willst du voll dabei sein. Also, lass das Lernen weitergehen!« Und mit diesem Gedanken ging ich ein paar Tage später wieder zu den Großmüttern.

»Nimm dir jetzt Zeit, bei uns zu sein.«

Als ich vor sie trat, schauten mich die Großmütter lange an und sagten dann: **»Deine nächste Etappe wird darin bestehen, mit uns, mit Bär und den mitfühlenden Tiergeistern zu sein. Nimm dir jetzt Zeit, bei uns *zu sein*«**, sagten sie, und ich antwortete: »Ja«, und nickte ihnen und Bär zu, der bei ihnen stand, »das werde ich.«

Konzentriere dich auf deine Beziehung zu *uns*«, sagten sie und richteten ihre beträchtliche Energie auf mich. Die Wirkung ihres Blickes traf mich hart, und schnell richtete ich mich auf sie aus und rief alles in mir auf, in *diesen* Moment zu kommen. Jetzt war nicht die Zeit, mich zurückzuziehen, keine Zeit, meine Aufmerksamkeit zu zersplittern. Etwas Großes, etwas Wichtiges war im Begriff zu geschehen. Ich wusste es.

»Ihr seid nah und lieb, Großmütter«, gestand ich, »du bist nah und lieb, Bär«, sagte ich zu meinem geliebten Bären. »Ihr seid trostreich«, sagte ich zu ihnen allen, »ihr seid mein Zuhause, bei euch fühle ich mich geborgen und ihr füllt mich aus.« Und während mir die Worte über die Lippen kamen, fühlte ich die Nähe zu den Großmüttern und noch mehr zu Bär. Das Aufwallen der Liebe überwältigte mich so sehr, dass ich zu schluchzen begann, sogar vor Schluchzen bebte.

»**Umpf!**« antwortete Bär mit einem leisen Knurren; er streckte eine große Tatze nach mir aus und zog mich an sich. Er umschlang mich mit seinen Tatzen und drückte mich eng an seine Brust, und ich schmiegte mich in sein Fell, und als ich die samtige Weichheit auf meiner Haut spürte, weinte ich noch mehr. »Es tut mir so leid, Bär«, sagte ich. »Ich bin so stur. Ich klammere mich daran, immer in Eile zu sein, unabhängig zu sein oder zu sein, was auch immer ich zu sein glaube – oh, es tut mir so leid, dass ich mich um mich selbst gedreht habe und dir so lange ferngeblieben bin. Mit dir zusammen zu sein, ist genau das Richtige für mich«, sagte ich, »und ich habe dich so vermisst.«

»**Uumm**«, seufzte er und tätschelte mich, als wollte er sagen: »Ist ja gut, ist ja gut.« Ich schmiegte mich in seine Arme und wimmerte, als die alten, verhärteten Krusten meines »Ichs« zu schmelzen begannen. Ich wurde weicher; ich ließ los. »Ich gehöre zu Bär«, sagte ich mir. »Ich gehöre ihm.«

»**Ruh dich aus**«, grummelte er in mein Ohr, »**ruh dich einfach aus. Es gibt im Moment nichts zu tun. Es wird mehr kommen. Mach dir keine Gedanken darüber. Es kommt noch etwas**«, sagte er, »**aber jetzt ruh dich erst einmal aus.**« Ich weinte weiter. Es war alles, was ich tun konnte. Es war, als wäre ich endlich »nach Hause gekommen«, und ich war so erleichtert, bei ihm »zu Hause« zu sein, dass ich nur noch wimmern konnte:

»Ich bin nicht mehr allein. Ich bin nicht allein. Ich kenne diese Welt mit Bär und den Großmüttern«, sagte ich mir. »Das ist *meine* Welt, und ich bin so froh, hier zu sein.«

»**Warte, warte, warte**«, riefen sie im Chor – die Großmütter, Bär und der Heilige Mann. »**Warte, warte, warte.**« »Okay«, willigte ich ein und seufzte glücklich. »Das werde ich«, und kuschelte mich tiefer in Bärs Arme. »Es gibt nichts, was ich jetzt tun muss«, sagte ich mir. »Sie kümmern sich um alles. Und das werden sie auch weiter tun«, seufzte ich zufrieden, »alles was ich tun muss, ist ausruhen und warten. Ausruhen und warten. Gott sei Dank«, murmelte ich, und das war das Letzte, woran ich mich erinnere.

»Außerhalb der Zeit«

Drei Wochen später, in den frühen Morgenstunden, fuhr ich hellwach hoch. Ich rollte mich im Bett zusammen, die Decke um mich gewickelt, und fragte mich, was mich so hatte hochschrecken lassen. Aber es war Bär. Er war mir im Traum erschienen, und wie immer hatte er mich aufgeschreckt. »Okay, okay«, sagte ich, wobei ich ein paar Mal tief Luft holte, »ich verstehe, worum es hier geht. Du schreckst mich auf, damit ich aufwache und mich an den Traum erinnere. Und du hast es wieder getan! Ich werde morgen früh zu dir reisen«, sagte ich zu ihm und zu mir, und dann drehte ich mich um und schlief wieder ein.

»Bär«, sagte ich am nächsten Morgen, als ich mich auf die Reise vorbereitete. »Du bist letzte Nacht in meinem Traum erschienen. Eigentlich kamen zuerst die Waschbären«, sagte ich, als ich mich daran erinnerte, dass zwei Waschbären auf dem Dach herumgetapert waren, bevor ich ins Bett ging. »Dann habe ich von dir geträumt«, sagte ich und konnte mich jetzt an mehr aus dem Traum erinnern. »Da waren auch zwei von dir!« rief ich überrascht, als ich mich an diesen Teil erinnerte. »Es gab auch zwei von dir in meinem Traum. Zwei Waschbären, und dann zwei Bären?« Was hatte das zu bedeuten? fragte ich mich.

Ich dachte eine Weile darüber nach, sah aber den Zusammenhang nicht. »Da ist etwas, aber ich weiß nicht, was es ist«, sagte ich schließlich.

»Jedenfalls, was auch immer es bedeutet, ich werde jetzt zu dir kommen, und...«, ich zögerte, »ich werde auf die alte Weise kommen.« Aus irgendeinem Grund hatte ich heute das Bedürfnis, den langen Weg in die Untere Welt zu nehmen – nicht den Steinkreis der Großmütter zu benutzen, sondern auf die Art und Weise zu Bär zu reisen, wie es mir zuerst beigebracht worden war.

Also konzentrierte ich mich ganz auf mich und fragte nach meinem Sipapu, meiner Öffnung in die Untere Welt. Und als ich sie sah, tauchte ich hinab und stürzte mich durch Mutter Erde hinunter, bis ich endlich in der Unteren Welt ankam. Einmal angekommen, sprang ich in den nun vertrauten Fluss, wo mein Kanu im Wasser auf mich wartete. Ich kletterte hinein und paddelte, bis ich spürte, wie das Kanu auf dem altbekannten Ufer aufsetzte.

Als ich auf den Sand kletterte, trat ich einen Schritt vor, um nach Bär zu rufen, aber er war schon da – und ragte vor mir auf. »Oh, Bär!« rief ich. »Ich bin so froh, dich zu sehen!« meine Stimme erstickte fast vor Rührung. Jedes Mal, wenn ich ihn sah, schwoll mein Herz in meiner Brust, genau wie jetzt, und die Tränen begannen zu fließen. Es passierte jedes Mal. »So viel Gefühl!« sagte ich. »Jedes Mal, wenn ich dich sehe! Ich bin dir so dankbar, Bär«, flüsterte ich, und bevor ich mich versah, kniete ich vor ihm nieder.

»Bär!« rief ich. »Du kommst immer! Derzeit reise ich nicht mehr so oft zu dir, nicht wie früher, und trotzdem kommst du immer noch. Immer! Du bist so treu! Und das rührt mich so sehr«, fuhr ich mit tränenerstickter Stimme fort. Dann kam mir aus irgendeinem Grund das bevorstehende Lichtnetztreffen in Ohio in den Sinn. »Ist das der Grund, warum du jetzt auftauchst?« fragte ich ihn. »Gibt es etwas, das du mir zum Treffen in Ohio beibringen willst? Denn wenn dem so ist«, sagte ich, »dann möchte ich es erfahren.«

Da lehnte Bär seinen großen Kopf dicht zu mir herüber, und mir fiel auf, dass er nachdenklich aussah. Ich sah auch, dass er glücklich war, dass ich von ihm lernen wollte. Irgendwie gefiel ihm das. Er brummte tief in seiner Kehle, hauchte mich an und legte seine Tatzen auf meinen Scheitel.

Dann ließ er sie langsam hinunter zu meinen Schultern gleiten und beließ sie dort, lehnte sich zu mir und sah mir in die Augen. Dann zog er mich dicht zu sich heran, so dicht, dass wir uns direkt in die Augen sahen. Und als er das tat, konnte ich nicht umhin zu bemerken, dass Bär, als er so auf seinen Hinterbeinen stand, *viel* größer war als ich.

Einen Moment lang erschreckte mich seine Größe, aber als er das sah, öffnete er schnell seine Tatzen, nahm mich auf und zog mich mit einem tiefen Brummen in der Brust sanft zu sich heran. »Ohhhh!« Ich stieß die Luft aus, als ich sein warmes Fell spürte, dann sackte ich in seiner massigen Umarmung zusammen. »Das ist eine Art Verschmelzung«, staunte ich, als ich merkte, wie mein Körper mit seinem eins zu werden schien. »Ich werde eins mit Bär.« Und als ich diese Worte sprach, merkte ich, wie leise meine Stimme klang. Dann wurde ich mir eines tiefen dröhnenden Geräusches gewahr, das von irgendwo in der Nähe zu kommen schien. »Was macht dieses Geräusch?« fragte ich, aber das Dröhnen ging weiter, bis ich erkannte, dass *ich* es war, die dieses Geräusch machte. Es kam von mir!

Ich hatte *gebrummt*! »Das ist *mein* Brummen«, sagte ich verblüfft. Und dann begann Bär auch zu brummen, genau wie ich. Wir brummten ein paar Minuten lang zusammen und dann verschmolz das Brummen und wurde zu einem Klang – mein Brummen und sein Brummen. Es war mein Atem und sein Atem. »Oh«, keuchte ich, »das *ist die* Einheit mit Bär. Ich werde eins mit ihm.

Wow«, flüsterte ich und zog das Wort in die Länge. »Ich kann mich nicht erinnern, so etwas schon einmal gefühlt zu haben.« Dann spürte ich meinen Körper, merkte, dass er sich nicht wie meiner anfühlte. »Was war das?« fragte ich mich, und dann sah ich, dass es nicht mein Körper *war*! Es war *seiner*! »Ich gehe so, wie Bär geht«, sagte ich, als ich mir zusah, wie ich den Weg entlangtrollte, mein Gang langsam und rhythmisch. »Und jetzt bin ich auch auf allen Vieren – genau wie er«, dachte ich, während ich uns beide beobachtete. Ich schüttelte ungläubig den Kopf.

»Bär ist nicht mehr von mir getrennt«, sagte ich voll Staunen. »Überhaupt nicht getrennt! *Ich bin er!*« rief ich. Dann beobachtete ich, wie »Bär« über seine Schulter zu mir hinschaute, und als ich das sah, wurde mir klar, dass es eigentlich ›ich‹ war, die über meine Schulter zu diesem anderen ›Ich‹ hinschaute. »Das bin ich in seinem Körper«, fiepste ich, »und ich… und… Ich meine, wir gehen.« Ich konnte den Rhythmus dieses Gehens spüren – eine schwere, jedoch mühelose, rollende Bewegung. Diese Bewegung war etwas Neues für mich, eine Bewegung, die ich noch nie zuvor so empfunden hatte. In diesem Moment *war ich Bär*, und als dieser schwerfällige Körper, der jetzt mir gehörte, einen sonnenüberfluteten Pfad im Wald hinabtrollte, ertönte in meinem Kopf ein altes Lied, *The Banks of the Ohio*:

I asked my love to take a walk, to take a walk, just a little walk. Down beside where the waters flow. Down by the banks of the Ohio.

(Ich bat meinen Liebsten, einen Spaziergang zu machen, nur einen kleinen Gang.

Unten, wo das Wasser fließt. Unten an den Ufern des Ohio.)

Ich sang weiter, und dann ließ ich mich in meinem Bärenkörper gemächlich auf das Flussufer plumpsen, und dabei bemerkte ich, dass ich im Indianerstil saß. Die Beine gekreuzt saß ich da, schaute, wie das Wasser des Flusses talwärts floss, und betrachtete die Boote auf dem Fluss. Es waren altertümliche Boote, Kielboote, und sie wurden von einer Vielzahl von rauhen Gestalten gesteuert. Ich saß da und beobachtete diese Männer eine ganze Weile, und während ich ihnen bei der Arbeit zusah, wurde mir klar, dass gar nicht so viele Boote im Wasser waren – nur ein paar.

Da erkannte ich, dass dies einer anderen Zeit entstammen musste. So musste es sein. Dies war nicht die Art Handel, die heute auf einem Fluss zu sehen sein würde, und während ich die Szene vor mir beobachtete, trat ein Bewusstsein für diesen bestimmten Zeitabschnitt in der Geschichte in meinen Geist. Die Szene hatte etwas Rohes, Rauhes, und ich merkte jetzt, dass sie mich verunsicherte. Die Männer, die die Boote flussabwärts steuerten, stießen und schubsten sich bei ihrer Arbeit und warfen buchstäblich ihr Körpergewicht durch die Gegend.

Ich hatte diese Art von männlichem Verhalten schon früher gesehen, deshalb war ich überrascht, dass es mich jetzt störte. Aber dann hörte ich mich sagen: »Es gibt hier eine Rauhheit, und dieselbe Rauhheit zeigt sich ebenso in unserer Zeit.« Und als ich das sagte, stieß Bär einen langen »**Wohh**«-Laut aus und brummte tief in seiner Kehle. Dann legte er sanft eine Tatze auf meinen Rücken, um mich zu beruhigen, und als ich seine Berührung spürte, wurde mir klar, dass ich jetzt nicht länger Bär war. Nein. Jetzt war ich *mit* Bär. Jetzt waren wir wieder zu zweit, und als ich mir dessen gewahr wurde, entspannte ich mich.

»Oh, ja«, sagte ich mir, »das ist *viel* besser. Ich fühle mich wieder wie ich selbst.« Und kopfschüttelnd musste ich über meine Antwort kichern. »Es ist viel einfacher für mich, Bär *zu sehen* und *mit* Bär zusammenzusein, als Bär *zu sein*«, gestand ich mir ein. Bär zu sein hatte mich aus meiner Komfortzone katapultiert, und jetzt hatte Bär in seinem Mitgefühl mich direkt wieder in diese zurückgebracht. »Ich schätze, mein Geist ist noch nicht frei genug für die Sache mit der Verschmelzung«, murmelte ich, während Bär teilnahmslos mit dem Kopf nickte.

Ein paar Minuten vergingen, während wir einfach still beieinandersaßen, und dann fragte ich ihn: »Bär, was soll ich auf dieser Reise lernen? Du bist in meinem Traum erschienen«, erinnerte ich ihn. »Du hast mich so erschreckt, dass ich aufwachte. Was soll ich jetzt lernen?«

Bär sagte nichts, aber jetzt bemerkte ich, dass die Männer mit langen Stangen in den Händen auf den Kielbooten standen, mit deren Hilfe sie diese voranstakten. Jedes Mal, wenn sie sich auf ihre Stangen stützten, reichten diese auf den Grund des Flusses, und als ich ihnen bei der Arbeit zusah, konnte ich die Kraft der Verbindung spüren, die sie empfanden, als sie ihre Boote flussabwärts bewegten. Als sich das nächste Mal ein Mann abstieß, hörte ich Bär mit seiner gewaltigen Stimme: »**Tiief**« brummen. Und als ich das hörte, sah ich mich selbst tief im Fluss stehen, die Beine in einem kraftvollen Stand gespreizt. Ich war bis zu den Hüften im Wasser, und wie ich so im Fluss stand, konnte ich spüren, dass ich nicht nur im Wasser verankert, sondern auch mit der Erde selbst verbunden war. Wie diese Stangen, mit denen die Männer arbeiteten, war auch ich tief verankert.

Das Gefühl, so verankert zu sein, dauerte nur einen Moment, dann verlagerte sich mein Gewahrsein auf das Wasser, das mich wild umtoste. Und obwohl es laut und schnell floss, machte mir dieser wilde Fluss keine

Angst. Ganz und gar nicht. Dafür war ich zu gefestigt. Ich konnte jedoch nicht umhin zu bemerken, dass das Wasser sehr unruhig war – überall gab es Strudel und wirbelnde Strömungen. Und nachdem ich ein paar Minuten lang zugeschaut hatte, wanderten meine Gedanken zurück zu dem bevorstehenden Treffen in Ohio. »Wird es bei der Versammlung auch solche Störungen geben?« fragte ich mich. »Wird mir deshalb dieses aufgewühlte Wasser gezeigt?«

Dann fiel mir wieder ein, dass die Großmütter, als ich sie das erste Mal nach dem Treffen in Ohio gefragt hatte, mich mit einer Aussage überraschten, die sich wie eine Verkündigung anfühlte. »**Lasst eine große Versöhnung im Zentrum der Vereinigten Staaten stattfinden**«, hatten sie erklärt. »**Eine Ahnen-, Rassen- und Kulturheilung, um die Vergangenheit, die Gegenwart und die Zukunft zu erlösen. Ihr habt lange genug darunter gelitten, dass eine Gruppe von Menschen gegen eine andere ausgespielt wurde**«, sagten sie, »**aber heute rufen wir euch zu der einen Liebe. Verbindet eure Herzen mit unseren, während wir gemeinsam das Lichtnetz wirken, um diese *große Versöhnung* voranzubringen.**« Nachdem sie diese Erklärung abgegeben hatten, wusste ich, dass auf dem Treffen in Ohio etwas Wichtiges geschehen würde. Und jetzt, als ich das Wasser des Flusses beobachtete, hallte ihre Ankündigung in meinem Geist wider.

Sowohl im Wasser als auch in meinen Gedanken bewegte sich so viel, dass ich, als ich endlich meine Aufmerksamkeit wieder auf mich lenkte, zunächst nicht sagen konnte, ob ich wieder Bär war oder ob ich nur bei Bär saß. »Vielleicht ist beides wahr«, entschied ich schließlich. Es schien jetzt egal zu sein, ob wir zu zweit waren oder nur einer. Was für mich zählte, war, wie *ruhig* ich war. Nach all dem Hin und Her von mir zu Bär und wieder zu mir, staunte ich über meine entspannte Haltung. Als ich weiter am Ufer saß und das Kommen und Gehen auf dem Fluss beobachtete, bemerkte ich, dass ich fest war wie ein Fels.

»Es ist interessant, dass ich all diese Aktivität, all das Drama und die Bewegung auf dem Fluss sehen kann«, sinnierte ich, »aber nichts kann mich sehen. Ich sitze hier, aber die Leute auf dem Fluss wissen nicht, dass ich hier bin«, dachte ich. »Ich bin eine Beobachterin, jemand, der hinter den Kulissen sitzt und beobachtet. Es fühlt sich an wie eben, als ich Bär sehen und gleichzeitig Bär sein konnte. Ich bin nur Beobachterin«, wiederholte ich, und für einen Moment wurde mir bei diesem Gedanken ein winziges bisschen schwindelig. Aber dieses Gefühl hielt nicht lange an, und schnell kehrte ich zu dem felsenfesten Zustand in meinem Inneren zurück. Und von diesem verankerten Ort tief in mir selbst beobachtete ich den Fluss weiter.

Schließlich holte ich tief Luft, legte den Kopf schief und fragte: »Was ist hier eigentlich wirklich los? Was soll ich hier lernen, Bär?« Ich drehte mich zu ihm um und begann erneut: »Du bist zu mir gekommen. Was hat…?« Aber er unterbrach mich. **»Verankere dich«,** sagte er, und bei diesen Worten spürte ich wieder, wie ich mit ihm verschmolz.

Jetzt war ich *wirklich* groß. *Massig.* Ich war *Bär.* »Niemand kann *diesen* Bären zu Fall bringen«, sagte ich, als ich die enorme Kraft in mir spürte. »Ich bin verankert.« Und dann sprach eine Stimme in der Ferne: ***»Außerhalb der Zeit.«***

»Oh!« Ich stieß die Luft aus, als es mir dämmerte. »Bär existiert außerhalb der Zeit«, sagte ich, »und wer ich wirklich bin, ist ebenfalls außerhalb der Zeit. Es spielt keine Rolle, ob ich erscheine, um Bär zu sein, oder ob ich erscheine, um ich zu sein. Ich bin tatsächlich irgendwo hinter den Kulissen: außerhalb der Zeit.« So kam mir endlich die Einsicht.

»Ich hab's verstanden«, sagte ich. »Ich fahre nur nach Ohio, um meine Rolle in einem Theaterstück zu spielen. Es ist eine wichtige Rolle«, sagte ich, »und es ist eine wichtige Produktion, aber es ist nur ein Schauspiel. Ich werde meinen Part spielen, meine Rolle in diesem besonderen Stück, aber *was* ich bin, ist *nicht* ein Schauspieler in dem Stück. *Was ich bin,* ist eigentlich *außerhalb der Zeit.* Ich existiere jenseits all der Rollen, die mir jemals gegeben wurden, jenseits all der Dramen, die jemals stattgefunden haben und je stattfinden werden. Und das gilt für alle. Das Stück ist bloß ein Stück«, erkannte ich und zuckte erleichtert mit den Schultern. Was für ein herrliches Gefühl der Freiheit mir das gab!

Jetzt blickte ich auf all die Vorbereitungen zurück, die ich für dieses Treffen in Ohio getroffen hatte, und warf einen Blick auf die weiteren Vorbereitungen, die ich zu treffen hatte. Ich schaute, und es sah alles gut für mich aus. Es *war* gut, aber die Qualität, jenseits von Zeit und Raum verankert zu sein, war das, was wirklich zählte: in der Lage zu sein, die Dramaturgie des Schauspiels zu beobachten, anstatt mit ihm identifiziert und im Drama gefangen zu sein. »Darin liegt die Kraft«, sagte ich und Bär nickte zustimmend mit dem Kopf. »**Ja!**« brummte er. »**Ja!**«

»Bär«, sagte ich, »bitte hilf mir, alles im Leben auf diese Weise zu betrachten. Hilf mir, ›außerhalb der Zeit‹ zu bleiben – um *nur* von diesem Ort aus zu beobachten und zu leben«, sagte ich. »Hilf mir, mich aus den Dramen und dem Sog des Augenblicks herauszuhalten.« Da lachte Bär über meine Verwendung des Wortes »nur«. »**Es gibt eine Zeit fürs Schauspiel**«, sagte er. »**Ein leichtes Stück ist gut. Das ist ein Teil des Spiels. Du kannst das Stück *genießen*.**« »Okay«, antwortete ich, und nachdem ich darüber nachgedacht hatte, nickte ich zustimmend. »Ich glaube, ich verstehe, was du mir hier sagen willst«, sagte ich, und als ich ihn ansah, schien er zu lächeln. »***Spiele* deine Rolle**«, sagte er, und ich hörte die Betonung, die er auf das Wort »spielen« legte. Bär wollte, dass ich meine Rolle in diesem Stück in Ohio genoss und mir um nichts Sorgen machte. »Okay!« Ich lächelte, als ich mich zu ihm umdrehte. »Das werde ich.«

Dann sah ich ihn wieder an und fragte: »Bär, gibt es noch etwas?« Und kaum hatte ich gefragt, fühlte ich mich wieder als er, fühlte das Massige meines Bärenleibs. Mein menschliches Selbst war wieder einmal in dieses Bärenwesen eingezogen. »Danke, Bär.« Ich verbeugte mich und brummte ihm ein tiefes, langes »Huumm« zu. Dann legten wir unsere Pfoten aneinander, und Kopf an Kopf schlossen wir unsere Augen. »Du bist mir lieb und teuer, Bär«, sagte ich zu ihm, »so lieb und teuer. Du bist großartig.« Und als wir uns umarmten, fühlte ich wieder, wie wir verschmolzen.

Mit geschlossenen Augen ruhte ich eine Weile in seinen Armen, und das nächste, was ich wusste, war, dass ich ihn verließ. Ich verließ ihn, aber ich ging nicht *wirklich* weg. »Ich kann ihn nicht mehr verlassen«, sagte ich mir, »denn ich *bin* er.« Und bei diesen Worten, verwandelte ich mich wieder in meine menschliche Gestalt.

»Rein, raus – rein, raus«, lachte ich. »Ich bin Bär. Ich bin ich. Ich bin Bär. Ich bin ich.« Und aus irgendeinem Grund kribbelte es mich bei diesem Wechsel meiner Identität. Ich musste kichern, als ich in das Kanu stieg und auf den Fluss hinauspaddelte. »Was soll's?« sagte ich. »Diese ›Spiel‹-Sache macht irgendwie Spaß.«

Dann schaute ich mich um und sah, dass das Sipapu auf mich wartete, also begann ich meine Reise zurück durch Mutter Erde nach oben, kletterte und kletterte, bis ich schließlich in meinem Vorgarten auftauchte. Dann schaute ich mich in dem Garten um, den ich liebe, ging ins Haus, stieg die Treppe hinauf, legte mich auf das Bett und sagte »Danke« zu meinem lieben Lehrer. »Danke, Bär, danke.«

Bei dem Treffen in Ohio überraschten mich ein paar kleinere gesundheitliche Herausforderungen. Aber aufgrund von Bärs Rat, *außerhalb der Zeit* zu bleiben, war es ein Leichtes, damit umzugehen und trotzdem meinen Fokus auf dem Treffen zu halten. Mehrmals während des Wochenendes verstärkten wir die Kraft des Lichtnetzes im ganzen Herzland und verankerten sie dort tief. Wir arbeiteten auch mit den eingeborenen Völkern des Mittleren Westens, um die rassischen und kulturellen Spaltungen zu heilen, die sich im Land festgesetzt hatten.

Indem wir die Ahnen des Lichts anriefen, leisteten wir tiefe Vergebungsarbeit an den historischen Gräben zwischen den frühen europäischen Siedlern und den ursprünglichen Völkern dieser Gegend. Ehrfürchtig riefen wir die Namen der Stämme von Ohio und sprachen das Hoʻoponopono-Gebet der Vergebung. Wir arbeiteten auch daran, die Spaltungen zwischen Menschen verschiedener Rassen und Kulturen zu überwinden, die in dieses Land eingewandert waren, und harmonisierten die Verbindung zwischen den Ansässigen und Einwanderern.

An diesem Wochenende teilten sich alle gemeinsam aus ganzem Herzen mit und erlebten die segnende Kraft der Vergebung. Wir alle waren tief bewegt in dieser Zeit, und als das Treffen zu Ende war, meldeten sich mehrere Frauen und baten darum, Leuchtfeuer im Netz aus Licht zu werden, um das Netz in ihren Städten zu verankern, Gruppen zu gründen und die Botschaft der Großmütter zu leben. Neue Studiengruppen würden entstehen, um die Bücher der Großmütter zu lesen und über sie zu sprechen und ihre Arbeit im ganzen Mittleren Westen und Südosten zu verbreiten. Wir hatten uns wirklich miteinander verbunden und beschlossen, uns im nächsten Jahr wieder zu treffen.

Die Geschichte der Alten und der Neuen Welt unterscheidet sich.

Zu dieser Zeit hatten wir alle schon ein paar Jahre lang mit den Ahnen gearbeitet und uns auf die Heilung des Schmerzes der Vergangenheit konzentriert. Wir hatten gemeinsam Ahnenarbeit geleistet: in Kalifornien, Alabama, Australien, Neuseeland, in Europa – und jetzt auch im Mittleren Westen der Vereinigten Staaten. Und jedes Mal, wenn wir uns mit den Ahnen des Lichts verbanden und gemeinsam eintauchten, um den Schmerz der Vergangenheit zu heilen, ganz gleich, wo wir waren, liefen Tränen, Magie geschah und Liebe erfüllte den Raum.

In den Jahren, in denen wir diese Arbeit taten, haben wir viel gelernt. Das eine war, dass es überall dort, wo ein Stamm, ein Clan oder eine Nation eine andere überlagert hatte, Wunden gab, die geheilt werden mussten. Jedes Mal, wenn wir ein Lichtnetztreffen abhielten, führten wir also Ahnenheilung durch, um diese rassischen, nationalen und kulturellen Spaltungen zu heilen, wo immer wir sie fanden. Und bei dieser Arbeit wurde uns klar, dass das, was in Europa vonnöten war, etwas anderes war als das, was in Amerika, Neuseeland und Australien gebraucht wurde.

Europa, das wir als Alte Welt bezeichnen, ist ein Ort, wo die kulturelle Spaltung schon vor langer Zeit begann. Teilungen in Europa sind auch deshalb vielschichtig, weil jedes Mal, wenn ein Land erobert wurde, eine erneute Teilung stattfand. Und weil es Schichten über Schichten von Invasionen gab, ganz zu schweigen von einer großen Zahl von Kriegen, wartete in Europa sehr viel Ahnenheilung darauf, vollbracht zu werden.

In den Ländern der Neuen Welt kam es bis vor relativ kurzer Zeit nicht zu gewaltsamen Auseinandersetzungen zwischen den Kulturen. Soweit wir wissen, waren die einheimischen Kulturen der Neuen Welt ziemlich stabil, bis vor drei- oder vierhundert Jahren fremde Invasoren auftauchten. Stämme hatten sich gegenseitig bekriegt, aber als europäische Kolonisten auftauchten und Krieg gegen die Lebensweise der Ureinwohner führten, töteten sie nicht nur einzelne Menschen, sondern sie versuchten, ihre gesamte Kultur zu zerstören.

Als sich die Lehren der Großmütter vom Lichtnetz über die Welt verbreiteten, stellten wir fest, dass die in Europa nötige Heilungsarbeit die größere Herausforderung war. Und die Religionsgeschichte Europas trug das ihre dazu bei. Vor dem Römischen Reich und der Ausbreitung des Christentums, die darauf folgte, war die spirituelle Verbindung der Menschen mit Mutter Erde stark gewesen – in Europa so stark wie in den anderen Teilen der Welt. Aber als Rom und dann die römisch-katholische Kirche Europa zu beherrschen begannen, war die tiefe Verbindung zwischen den Menschen und der Erde gefährdet.

Sogenannte »heidnische Gebräuche« waren im christlichen Rom verpönt, aber als die römisch-katholische Kirche Rom offiziell übernahm, wurden diese alten religiösen Wege verunglimpft und verfolgt. Nach Jahrtausenden, in denen die Menschen im Einklang mit der Natur lebten, wurden mit der Ankunft der Kirche plötzlich die Geister der Erde als »böse« bezeichnet. Als dies geschah, mussten sogar die traditionellen Heilerinnen dieser Zeit – diejenigen, die mit Pflanzen und Kräutern arbeiteten und diese anbauten – um ihr Leben fürchten. Das dunkle Mittelalter, die Inquisition und die Hexenprozesse folgten bald und zeigten uns das Patriarchat von seiner schlimmsten Seite.

Während sich in Europa die Abwendung von der Harmonie mit der Erde vollzog, lebten die indigenen Völker in der Neuen Welt noch so, wie sie es immer getan hatten. Ihre Kulturen beruhten weiterhin auf der Natur – ihre Lieder, Zeremonien und ihr Glaube zeugten von ihrer Verbundenheit mit Mutter Erde. Als jedoch europäische Kolonisten in die

Neue Welt eindrangen, versuchten sie, diese Lebensweise zu zerstören und die indigenen Kulturen auszulöschen.

Aufgrund der unterschiedlichen Geschichte der Alten und der Neuen Welt fiel es uns in der Neuen Welt viel leichter als in der Alten Welt, uns mit der Urkraft des Landes zu verbinden. Die Europäer sind schon viel länger von Mutter Erde »abgeschnitten« als die Bewohner der Neuen Welt. Trotz des Völkermordes und der Verfolgung der Ureinwohner in der Neuen Welt gibt es hier also noch eine uralte Verbindung zwischen Mensch und Erde.

Heute bemühen sich viele Europäer sehr, sich wieder mit ihrem Land zu verbinden; in bestimmten Ländern ist dies jedoch leichter zu bewerkstelligen als in anderen. In Litauen und Lettland zum Beispiel, wo das Christentum erst spät Einzug gehalten hatte und die Menschen oft mit dem Schwert »bekehrt« wurden, besteht noch eine Verbindung zum Land und zu den alten Naturgottheiten. Das macht es diesen Menschen relativ leicht, mit dem Lichtnetz zu arbeiten und sich für die Liebe der Großmütter zu öffnen. Aber in vielen anderen Ländern Europas ist die Verbindung zum Land ziemlich schwach, und die Menschen müssen sehr darum ringen, wieder eine Verbindung mit Mutter Erde aufzubauen.

Ahnenarbeit hilft, in Europa und anderswo die alte Verbindung zum Land wiederzubeleben. Jedes Mal, wenn Menschen an einer Ahnenheilung teilnehmen, beginnen die Wunden der alten kulturellen Spaltungen, die den europäischen Kontinent durchdringen, zu heilen. Inzwischen gibt es überall in Europa Lichtnetzgruppen, die sich regelmäßig treffen, um das Lichtnetz im Land zu verankern und sowohl das Land als auch die menschliche Verbindung zu ihm erneut zu heiligen.

Ungefähr zu der Zeit, als ich diesen Teil des Buches zusammenstellte, erhielt ich eine Nachricht von Marian, einem Leuchtfeuer in Irland, die gerade von einem spirituellen Workshop in Dublin zurückgekehrt war. Ihr Brief bezieht sich auf die Heilungsarbeit, die jetzt in Europa stattfindet.

Sie schrieb:

»Ich beziehe mich ständig auf die Botschaften der Großmütter in *Unsere Liebe ist unsere Macht* (das zweite Buch der Großmütter), und als eine der Vortragenden bei der spirituellen Veranstaltung am letzten Wochenende die wunderbare Energie der Großmütter erwähnte, hatte ich das Gefühl, dass sie meine Sprache spricht.

Gleich danach begann eine der Teilnehmerinnen, durch ihre eigenen tiefen Prozesse zu gehen, und ich saß da, während sie ihre persönlichen Schrecken durchlief. Ich hielt mit allen anderen Teilnehmern des Workshops den Raum für sie, während die Leiterinnen mit ihr sprachen. Dann sagte eine der Leiterinnen: ›Würde Großmutter bitte aufstehen?‹ und ich erstarrte fast vor Schreck. ›Komm her‹, sagte sie zu mir; ich kann mich nicht mehr genau an ihre Worte erinnern, aber im Grunde sollte ich helfen, mich um diese Frau zu kümmern. Ich glaube, es ging darum, dass die irische Großmutter (ich) der Frau, die gerade nach Irland zurückgekehrt war, helfen sollte, an ihren Problemen mit diesem Land zu arbeiten.

Also nahm ich meine Decke und wickelte sie sanft und mit so viel Fürsorge und Ehrfurcht, wie ich konnte, um die auf dem Boden sitzende Frau. Ich trug zufällig den Schal, den ich bekommen hatte, als ich die Ermächtigung der Großmütter erhielt, also legte ich eine Hand mit einem Stück dieses Schals auf ihren Kopf und eine Hand über ihr Herz – und, Himmel, rief ich die Großmütter an!

Als ich spürte, wie sich langsam ihre Angst löste, nahm ich sanft meine Hände weg, richtete mich auf und ließ ihr Liebeskraft zufließen. Ich fühlte diese schöne Energie, und dann begann jemand mit einer schönen Stimme ›Oh, wie wir dich lieben‹ (das Lied der Großmütter) zu singen, und alle stimmten mit ein. Du kannst dir vorstellen, wie das war! Dann nahm ich meinen Schal und wickelte ihn sanft um den Kopf und die Schultern der Frau.

Dann, als die Leiterin wieder zu den Menschen sprach, versuchte plötzlich das Mädchen neben mir zu sprechen, konnte es aber nicht – es war starr vor Angst. Die Leiterin ging zu ihm und arbeitete mit ihm. Und ehe ich mich versah, hatte sie meine Hände genommen, und ich hielt das Mädchen fest. Wieder kamen die Großmütter ins Spiel. Ich berichte dir das alles nur, um einen Eindruck davon zu vermitteln, wie es ablief. Ich habe erst heute Morgen gemerkt, dass ihr euch alle in Ohio getroffen habt, als das in Irland passiert ist.

Seid gesegnet, ihr alle.«

»Dies sind keine ›guten‹ Zeiten. Dies sind ›große‹ Zeiten, ›göttliche‹ Zeiten.«

Die Welt der Großmütter und des Lichtnetzes war für mich herausfordernd, erhebend und immer faszinierend. Ich merkte jedoch, dass der Alltag in Amerika ebenfalls herausfordernd war – *nicht* aber erhebend. Und als die Politik in Amerika immer hässlicher wurde und die Amerikaner begannen, sich auf eine Art zu verhalten, in der ich sie nicht mehr wiedererkannte, rang ich darum, standhaft zu bleiben – emotional und spirituell.

»**Wir sehen dich**«, sagten die Großmütter eines Tages. Ich war gerade in ihrem Kreis angekommen, um ihnen eine Frage zu stellen, als sie sagten: »**Wir sehen, wie du darum ringst, einen sicheren Hafen für dich selbst zu finden. Du suchst nach Stabilität in der Welt, und du versuchst es, während die Stürme und Frustrationen der Zeit, in der du lebst, um dich herum wüten. Die Nationen beben jetzt**«, sagten sie, »**das Land unter deinen Füßen bebt, und viele eurer geheiligten Institutionen fallen. Es ist schwer, jetzt festen Boden zu finden**«, sagten sie, während sie zurücktraten und mich musterten. »**Wir verstehen, wie es für dich in dieser Zeit auf der Erde ist**«, nickten sie, »**und deshalb sind wir gekommen, um dich zu unterstützen.**«

Ich schluckte, als ich das hörte. Die Großmütter hatten mich richtig gelesen, und nun starrte ich sie an, hielt den Atem an, und Tränen traten mir in die Augen. »**Was sich heute in eurer Welt abspielt, ist kein schrecklicher Irrweg**«, sagten sie, und ich schluckte wieder. »Es sieht für mich aber so aus, als wäre es ein Irrweg, Großmütter«, sagte ich mit bebender Stimme. »**Der gegenwärtige Umbruch in der Gesellschaft muss geschehen**«, versicherten sie mir, während sie mich weiterhin mit ruhigen, gleichmütigen Blicken betrachteten. »**Es wird zu nichts Gutem führen, wenn du anderen die Schuld für die Übel gibst, die du jetzt**

siehst. Denn wer von euch ist schon schuldlos?« fragten sie mit durchbohrendem Blick.

»Dies ist der große Wandel, der vor langer Zeit vorhergesagt wurde«, sagten sie, **»und nun ist er da. Du erlebst ihn, und du hast in diesem Wandel eine Rolle zu spielen. Wann immer du dich mit uns oder irgendeiner anderen Form des Göttlichen, die du liebst, verbindest, bist du in der Lage, standhaft zu bleiben, selbst wenn alles um dich her zusammenbricht. In dieser Zeit ist es unmöglich, Stabilität in der äußeren Welt zu finden«,** sie schüttelten den Kopf, **»also verschwende deine Zeit nicht damit, danach zu suchen.**

Und reagiere nicht mit Verzweiflung auf all diese Umwälzungen. Verstecke dich nicht, sondern verbinde dich mit jenen, die ebenfalls das höchste Gute suchen. Ruft uns an, haltet euch an das Netz aus Licht, und kommt zusammen, um unsere Bücher und Botschaften zu studieren. Ihr werdet dort finden, was ihr braucht«, sagten sie.

»Du bist in dieser Zeit geboren«, sagten sie und bannten mich mit ihrem Blick. **»Denn du hast diese Wahl bewusst getroffen, und was sich jetzt auf der Erde ereignet, *ist kein Zufall.* Du wurdest für große Dinge geboren. Bringe deinen Geist zur Ruhe«,** sagten sie und wiegten langsam den Kopf, um mich zu beruhigen, **»und wende dich in deinem Inneren der Gegenwart zu, die dich nie verlassen hat und nie verlassen wird. Bleib an diesem Ort der inneren Stille«,** sagten sie, **»und von hier aus werden wir dich führen.«**

Immer und immer wieder las ich diese Botschaft von ihnen. Ich brauchte sie und wusste, dass ich sie noch viele Male würde hören müssen. Im November würden die Präsidentschaftswahlen in den USA stattfinden, und bei all den politischen Stürmen und Dramen, die tobten, würde ich jedes bisschen Stehvermögen abrufen müssen, das ich aufbringen konnte.

»Mach langsam.«

Kurz vor der Wahl wollten Roger und ich zu einer Reise nach Japan aufbrechen. Roger war während des Vietnamkriegs dort gewesen, aber ich noch nie. Also fragte ich die Großmütter vor unserer Abreise, welche mögliche »Arbeit« ich tun könnte, wenn wir dort waren. Wir würden in einer kleinen Gruppe reisen, gemeinsam durch die Landschaft ziehen und dem alten Samurai-Pfad folgen: durch die Berge, kleine Dörfer und Städte. Wir würden öffentliche Verkehrsmittel benutzen, in traditionellen Gasthöfen übernachten, Kimonos tragen und nur japanisches Essen zu uns nehmen. Unser Ziel war es, das »echte« Japan zu erleben, und obwohl all das für mich verlockend klang, wollte ich auf dieser Reise auch so viel Arbeit leisten, wie ich unterbringen konnte. Also ging ich zu den Großmüttern, in der Hoffnung, einen Auftrag zu bekommen.

»Es gibt etwas in Japan, das zu verstehen für dich wichtig ist«, sagten sie, und der Ausdruck, der mir einfiel, als sie das sagten, war ›verankern‹. Dann begannen sie zu sprechen, nicht nur über diese Reise, sondern über das Leben allgemein. **»Gleite nicht über die Oberfläche des Lebens«**, sagten sie, **»sondern wirf deinen Anker aus und verbinde dich mit der Tiefe. Wenn du den Anker nicht auswirfst«**, sagten sie und sahen mich mit hochgezogenen Brauen an, **»wirst du am Ende ein oberflächliches Leben führen. Du wirst nur vor dich hin dümpeln und, abgelenkt von der sich ständig verändernden Geschäftigkeit in der Welt, vergessen, wozu du geboren wurdest. Tu das nicht«**, sagten sie mit einem Kopfschütteln. **»Verschwende dein Leben nicht mit der Suche nach Unterhaltung.«** »Das werde ich nicht, Großmütter«, versprach ich, sah sie eindringlich an und fragte mich, warum sie mir das jetzt sagten. »Ich will mein Leben nicht vergeuden«, sagte ich und sah sie fragend an.

»Geh langsam und geh tief. Du musst dich mit Mutter Erde verbinden – jetzt. Schiebe das nicht auf«, sagten sie und warfen mir einen ernsten Blick zu. **»Du brauchst sie und sie braucht dich. *Jetzt*!«** befahlen sie. »Okay, Großmütter«, sagte ich, »ich bin einverstanden, und es klingt, als wäre das wirklich wichtig.«

»Wende dein Gewahrsein nach innen«, sagten sie, **»und denke an deine Verbindung zum Netz aus Licht und zu uns, den Großmüttern. Dann rufe deine Mutter.«** Ich schaute überrascht zu ihnen auf. Was meinten sie? **»Sie wartet darauf, von dir zu hören«**, sagten sie. **»Sie wird**

sich dir nicht aufdrängen oder sich in dein Leben einmischen.« Sie schüttelten den Kopf. »**Nein. Das wird sie nicht.**

Du musst ihr die Hand reichen«, sagten sie mit viel Gefühl. »**Der erste Schritt muss von dir kommen. Und dann musst du auf sie warten.«** Jetzt verstand ich, dass sie sich auf Mutter Erde bezogen. Sie meinten, dass ich den Kontakt mit ihr aufnehmen müsse. »**Noch einmal: Wir sagen dir**«, sie fixierten mich mit ihrem Blick, »**sie wartet. Mache einen bewussten Schritt, dich mit ihr zu verbinden. Singe für sie**«, sagten sie, »**sprich mit ihr, zünde eine Kerze für sie an. Gehe abseits des Weges, um ihr etwas Schönes darzubringen. Geh langsam**«, sagten sie wieder.

Jetzt verstand ich, dass ich den Kontakt mit Mutter Erde suchen sollte. Und diese Verbindung mit ihr hatte etwas damit zu tun, warum Roger und ich nach Japan fahren würden. »Okay, Großmütter«, sagte ich, »das werde ich tun. Ich werde nach Wegen suchen, um mich auf dieser Reise mit ihr zu verbinden.«

Lernen in Japan

An unserem ersten Tag in Tokio spazierten Roger und ich mehrere Stunden durch einen bewaldeten Park in der Nähe unseres Hotels. Der Park lag direkt im Zentrum dieser dicht bevölkerten Stadt, aber zugleich war er so groß, so dicht bewachsen, so voller Statuen, Brücken und Pagoden, dass er eine Welt für sich zu sein schien. Hier stießen wir auf Hunderte von Skulpturen von Babys und Kindern, die alle in rote Tücher gehüllt waren, sowie auf viele Schreine mit Buddha-Figuren – manche klein, manche riesig. Überall brannten Kerzen, während die Menschen ruhig zwischen den Schreinen des Parks umhergingen. Es war eine ganz eigene Welt.

In Kürze sollten wir eine Tour durch die Stadt machen, und während Roger am Rande des Parks auf den Bus wartete, stieß ich auf einen abgelegenen Schrein direkt am Rand des Parks. Einen kleinen Weg hinunter, stand versteckt ein alter Verschlag mit einer dunklen Buddha-ähnlichen Figur, einem Altar mit Blumen und, an seinem Fuß, einem Eimer und Lappen. Offensichtlich hatte sich jemand um diesen Schrein gekümmert.

Ich stand still vor dieser Buddha-ähnlichen Figur, neigte meinen Kopf und begann, mit ihr zu sprechen. Ich hatte mir vorgenommen, mich in Japan ganz auf Heilung und die Kommunikation mit Mutter Erde zu konzentrieren, und hier war eine Gelegenheit dafür. Und war dieser Ort auch düster und etwas gespenstisch, so war ich doch begeistert, ihn gefunden zu haben, einen ruhigen Ort wie diesen, und ihn ganz für mich zu haben.

Schnell berichtete ich diesem Gott des Waldes vom Lichtnetz und von dem großen Bedarf an Licht auf der Erde. Ich war mir bewusst, dass der Bus jeden Moment auftauchen konnte, also beeilte ich mich, ihm alles so schnell wie möglich zu erklären. Ich bat ihn, die Arbeit des Lichtnetzes zu verankern und zu verbreiten und nahm an, dass er eine Gestalt von Buddha sein müsse. Er sah auf jeden Fall so aus. Und da ich mich an Buddhas großes Mitgefühl erinnerte, bat ich ihn, Licht in das Lichtnetz einzuspeisen, damit es die Erde halten und tragen konnte. Als ich vor der gottähnlichen Gestalt des Waldes stand, teilte ich all dies schnell mit, ich beeilte mich, es vorzubringen, bevor der Bus kam. Die Großmütter hatten mich gedrängt, mich mit Mutter Erde zu verbinden, und ich hatte diesen Schrein im Herzen von Tokio entdeckt: ein guter Ort, um damit zu beginnen.

In dieser Nacht wurde ich krank… wirklich krank… und ich wusste sofort, dass es mit der Figur im Wald zu tun hatte. Ich wusste nicht, warum, aber ich war überzeugt, dass es einen Zusammenhang gab. Bronchitis und extreme Müdigkeit stellten sich bald ein, und zwei Tage später, nach einem eisigen Nachmittag in den Bergen bei den Schneeaffen, musste ich mich vom Waldweg entfernen, um mich zu übergeben.

Wir würden diese Nacht in einem ländlichen Gasthaus in den Bergen verbringen. Es war ein wunderschöner Ort, und als der Schnee zu fallen begann, wurde es noch schöner – und kälter. Aber ich musste an diesem Abend das aufwendige japanische Abendessen auslassen und auf die heißen Bäder im Spa verzichten, weil ich jetzt nur noch im Bett sein wollte.

Am nächsten Morgen ließ uns unsere Gruppe an diesem bezaubernden Bergort zurück. Sie mussten den Zeitplan einhalten, und ich war zu krank, um mitzukommen. Hoffentlich würden wir später am Tag wieder zu ihnen stoßen. Roger hatte alle unsere Reiseinformationen – die Zug- und Busverbindungen, die wir brauchten, um unseren Weg zu finden. Jetzt lag alles auf seinen Schultern, denn ich war zu nichts zu gebrauchen.

Als die Gruppe uns an diesem Morgen verließ, zogen Roger und ich unsere wärmsten Sachen an und gingen hinaus in den Schnee, um einen Arzt zu finden. In diesem abgelegenen Ort auf dem Lande sprach niemand Englisch, aber zum Glück konnten wir trotzdem eine Ärztin finden. Sie war freundlich und geduldig – ein großes Geschenk für uns, da wir uns mit ihr in Zeichensprache verständigen mussten. Sie gab mir Medizin, berechnete uns sehr wenig für die Behandlung und ließ uns wissen, dass in ein paar Tagen alles wieder gut sein würde. Jetzt aber war nicht alles gut, und alles, was ich wollte, war, wieder ins Bett zu kriechen. »Können wir nicht zurück ins Hotel?« flehte ich Roger an, aber er lächelte nur und schüttelte den Kopf. Wir mussten weiterfahren. Also fand er ein Taxi, und dann fuhren wir mit dem Zug (in dem ich schlief). Nachdem ich wie ein Zombie mitgeschleppt wurde und mehrmals in Züge und Busse umgestiegen war, trafen wir schließlich in einer anderen Stadt in den Bergen wieder auf unsere Gruppe.

Ich schlief den größten Teil der nächsten zwei Tage, hielt mich am Rande unserer Reisegruppe und schlich mich zwischen den Touren zu einem Nickerchen davon. Ich war mir sicher, dass diese Übelkeit von meiner Kommunikation mit dem Gott des Waldes herrührte, aber ich hatte keine Ahnung, was ich dagegen tun konnte. Bei den folgenden Schreinen, die unsere Gruppe besuchte, hielt ich mich jedenfalls zurück und versuchte nicht, mit einer der Gottheiten in Kontakt zu treten. Ich war respektvoll, blieb aber auf Distanz. Irgendetwas an dem, was in Tokio in dem Park geschehen war, fühlte sich seltsam vertraut an. Diese Erfahrung mit dem Waldgott erinnerte mich immer wieder an eine frühere Erfahrung, die ich mit den Naturgeistern in Sedona, Arizona, gemacht hatte. Es hatte irgendetwas damit zu tun…

In Sedona waren die Geister des Landes mächtig, aber distanziert gewesen, und das hatte mich überrascht. Jetzt erinnerte ich mich, dass die Geister in Sedona keine Emotionen gezeigt hatten, als ich mit ihnen interagiert hatte, dass sie überhaupt nicht daran interessiert schienen, mit Menschen in Beziehung zu treten. Und irgendwie war das Gefühl, das mir dieser »Gott des Waldes« vermittelt hatte, ähnlich. Langsam begann es mir zu dämmern, dass ich in meinem Enthusiasmus, in Japan etwas tun zu können, meine Verbindung mit dem Gott des Waldes in Tokio »überstürzt« hatte, dass ich nicht zurückhaltend genug war, um ihn führen zu lassen. Dann erinnerte ich mich, dass die Großmütter mir ausdrücklich gesagt hatten, ich solle *langsam gehen*, und mir wurde klar, dass ich *nicht* langsam gegangen war. Vielleicht war das der Grund, warum der Waldgott mich weggestoßen, mich gewissermaßen zurückgewiesen hatte.

Ein paar Tage später, als wir in einem anderen Kurort hoch in den Bergen übernachteten, wachte ich in den frühen Morgenstunden auf. Auf meinem Futon liegend, begann ich mit dem Heiligen Mann zu sprechen. Er war mir im Traum erschienen. Das war im Erdgeschoss eines großen Anwesens, wo er arbeitete, und als ich ihn dort sah, war ich überrascht und sehr froh, aber er sah mich nur an, als wollte er sagen: »Natürlich bin ich hier. Natürlich, ich arbeite. Ich bin immer hier, immer am Arbeiten. Was dachtest du denn?« Und im Traum ging ich immer wieder an der Stelle vorbei, an der er arbeitete, um nachzusehen, ob er noch da war.

Als ich aufwachte, begann ich leise mit ihm zu sprechen und dankte ihm für sein Kommen im Traum. Und dann erzählte ich ihm, wie ich auf dieser Reise krank geworden war und dass ich nicht wusste, wie ich mit den Göttern hier in Japan sprechen sollte. Und ehe ich mich versah, schüttete ich ihm mein Herz aus, schüttete auch den hiesigen Göttern mein Herz aus, erzählte ihnen von meiner Verwirrung über das, was passiert war, und dass ich nicht wusste, wie ich sie um Hilfe bitten sollte. Wie ich so im Bett lag und redete und redete, liefen mir die Tränen über die Wangen. Es war, als ob meine Seele, eigentlich mein ganzes Selbst, dort lag und beichtete und reingewaschen wurde.

Ich erinnere mich, dass ich den Göttern sagte, dass ich unwissend sei, dass ich wirklich nichts wisse, und dass ich sie um Vergebung für meinen Mangel an Verständnis bat. Aber ich sagte ihnen auch, dass ich, wie sie, die Erde liebte (sehr sogar) und dass es mir das Herz brach, was die Menschen ihr antaten. »Bitte helft!« flehte ich sie an, und dieses Mal spürte ich, wie sie reagierten.

Bald begann ein großes Weben in diesem Raum – ein Weben von Licht in den Bergen, in denen wir uns aufhielten, ein Weben in Japan und in der ganzen Welt. Diese Webbewegung trat augenblicklich ein, und die Verbindungen, die sie herstellte, als sie an Stärke zunahm, waren stabil und beständig. *Alles* war nun miteinander verwoben, alles war im Licht verbunden. Es gab einen Rhythmus in dieser Verflechtung, der wie ein Lied weiter und weiter ging, und als ich spürte, wie mein Körper darauf reagierte und stärker wurde, lag ich einfach nur voll Ehrfurcht da.

Später am Tag besuchten wir den berühmten Zen-Steingarten in Kyoto, wo ich gerade genug Platz fand, um am Rand zu sitzen und die atemberaubende Strenge des Ortes zu beobachten. Jeder Felsen war perfekt platziert, eingefasst und mit fein gemustertem Kies umrandet. Und kaum hatte ich mich dort hingesetzt, begann das Weben, das begonnen hatte, als ich an diesem Morgen im Bett lag, von neuem.

Dieses Mal war meine Verbindung damit augenblicklich, und als ich dort auf dem Vorsprung saß, fühlte ich mich eins mit dieser verwebenden Kraft. Das Weben hatte eine große Wirkung auf mich, und ich war mir gewahr, dass es nicht nur mich betraf. Es wirkte auf die ganze Welt. Nun löste sich jedes Gefühl der Trennung in mir auf. Frieden kehrte ein. Leise und mit großer Bestimmtheit verwurzelte sich der Frieden in mir. Jetzt war ich eins mit den Steinen dieses Zen-Gartens, und die Steine waren eins mit mir. Es gab nicht mehr dies, nicht mehr das, nicht mehr den Beobachter, nicht mehr das Beobachtete – überhaupt keine Trennung mehr. Als ich am Rande dieses Gartens saß, flog mein Geist auf und schwebte.

Der letzte Ort, an dem wir übernachteten, bevor wir nach Tokio zurückkehrten, war ein Kloster auf dem Berg Koya, wo wir im Morgengrauen aufstanden, um mit den Mönchen zu meditieren. In der frühmorgendlichen Dunkelheit, als wir dort in der Magie des Gebetsraumes saßen, reflektierte das Kerzenlicht auf den vielen goldenen Statuen des

Buddha, der Heiligen und heiligen Wesen im Raum. Es war eiskalt, aber ergreifend schön, und der Nachhall der Gesänge und Gongs, die im Kerzenlicht erklangen, ging direkt durch meinen Körper.

Hier war wieder dieses nun vertraute Weben, und dieses Mal war es gründlich und vollständig. Eine tiefe Verbindung mit dem Land Japan wurde hergestellt, und ich verstand, dass von diesem Moment an diejenigen von uns, die mit dem Lichtnetz arbeiten, in der Lage sein würden, sich mit ihm zu verbinden. Japan, das Land der aufgehenden Sonne, würde nun dazu beitragen, den Planeten stabilzuhalten. Uluru, Stonehenge, Sedona, Machu Pichu, der Berg Kailash – all diese und mehr – waren nun zusammen mit Japan im großen Netz aus Licht verbunden.

Zurück in unserem Hotelzimmer in Tokio, schrieb ich einen kurzen Abschiedsgruß, in dem ich den Lichtwesen in Japan, den Alten des Landes, dem Shinto-Pfad und dem buddhistischen Weg dankte; tiefe Dankbarkeit für alle Wesen, die im und für das Licht leben. Arigato aus tiefstem Herzen.

»Halte den heiligen Raum. Bedenke, wer du bist.«

Als wir von unserer Reise zurück waren, war es Zeit, sich wieder dem täglichen Leben zuzuwenden. Die Wahl in Amerika war nun vorbei, und das Land war furchtbar gespalten. So bald ich konnte, ging ich zu den Großmüttern. Ich hoffte, dass es etwas gab, was wir tun konnten, um bei all dem Trauma und der Spaltung zu helfen. »Nun, Großmütter«, sagte ich, als ich vor ihnen stand, »jetzt, da die Wahl vorbei ist, was können wir lernen? Und wenn es irgendetwas gibt, was wir tun können, um zu helfen, lasst es uns bitte wissen.«

»**Bevor wir beginnen**«, antworteten sie, beugten sich vor und sahen mich direkt an, »**lass uns dir ein paar Dinge erklären. Erstens**«, sagten sie und erhoben eine Hand, als ob sie mich bremsen wollten, »**habt ihr nicht einen Mann, sondern einen ›Moy‹ gewählt, euch zu führen. Er ist ein Junge im Körper eines Mannes. Moys sind eine Kombination aus Mann und Junge** (Anm. d. Ü.: ›man‹ und ›boy‹), **aber hauptsächlich Junge**«, erklärten sie. »**Sie sind groß und haben laute Stimmen, so dass** die Leute sie mit Männern verwechseln. Aber sie sind keine Männer. Ein Mann denkt an das, was für alle gut ist, während ein Moy noch nicht gelernt hat, an andere zu denken als an sich selbst. Er ist noch nicht voll entwickelt. Er ist noch ein Kind.« »Ja, Großmütter«, sagte ich und nickte, als ich mich daran erinnerte, wie sie mir vor einigen Jahren die »Moys« erklärt hatten und wie man mit ihnen umgehen sollte.

»Die Zeit, in der du lebst, wird das Zeitalter der Zerstörung genannt«, sagten sie und setzten damit ihre Erklärung fort, »das Kali Yuga. Es ist der tiefste Punkt«, sagten sie und hielten mich fest im Blick. »In dieser Zeit kommt das Böse an die Oberfläche der Erde, um vernichtet zu werden. Dieses dunkle Zeitalter findet kurz vor der Ankunft des kommenden Goldenen Zeitalters statt, deshalb siehst du heute, wie die aus dem Gleichgewicht geratene Yang-Energie überall auf deinem Planeten Zerstörung anrichtet. Dies *ist* das Kali Yuga«, erklärten die Großmütter. »Ihr habt davon gehört, und nun ist es da.

Dein Land hat gerade einen Moy zu seinem Präsidenten gewählt. Sowohl Russland als auch Syrien werden bereits von Moys beherrscht und Afrika ist voll von ihnen, wobei jeder Moy verheerenden Schaden über sein Gebiet des jeweiligen Kontinents bringt. Die Philippinen werden von einem Moy regiert, wie so viele andere Länder auf der Erde auch. Ist es da ein Wunder, dass die Welt von Krise zu Krise taumelt?« fragten sie. »Die zerstörerische Energie, die diese Weltführer antreibt, versucht, die ganze Welt unter Kontrolle zu bekommen.

Das ist es, was heute auf der Erde geschieht, und weil es so ist, musst du lernen, damit umzugehen. Du kannst mit einer Energie wie dieser nicht verhandeln, denn sie ist ganz und gar destruktiv. Stattdessen musst du in dir standhaft bleiben. Bleib in einer Haltung der Macht und beobachte ihr wildes Verhalten von diesem Ort der inneren Festigkeit aus. Wenn du das tust, wird diese Energie sich nicht von dir nähren können«, sagten sie. »Deine Standhaftigkeit wird helfen, ihre räuberische Kraft einzudämmen, so dass sie nicht so viel Schaden anrichten kann, wie sie es sonst tun würde.

Halte den heiligen Raum«, sagten die Großmütter, »**und sei dir bewusst, wer du bist. Du bist ein großes Wesen. Du bist hier auf der Erde, um in einer unbeständigen Welt einen beständigen Raum zu halten. Und du kannst das**«, sagten sie. »**Du bist nicht schwach und hilflos. In dir selbst trägst du die große Haltekraft von Yin. Rufe sie jetzt auf**«, sagten sie. »**Lebe mit ihr. *Sei* so, wie zu sein du geboren bist.**

Wir bitten dich noch um eines«, sagten die Großmütter, und ihre Herzen sprachen durch ihre Augen. »**Reicht einander die Hand im Dienst. Viele leiden jetzt. Speist die Hungrigen**«, sagten sie. »**Besucht die Menschen in den Krankenhäusern und Gefängnissen; gebt jenen, die sie brauchen, Schuhe; helft den Tieren. Wenn jeder von euch sich jetzt dem Dienen widmet, werdet ihr gemeinsam viel Gutes bewirken. Ihr werdet viele Herzen dem Licht zuwenden**«, sagten sie, wobei sie mir lange in die Augen schauten. »**Wir bitten euch darum, weil wir wissen, wer ihr seid**«, sagten sie. »**Ihr seid unsere Hände und Herzen auf der Erde. Ihr seid die Größe selbst.**«

Ihre Worte rührten mein Herz zutiefst, und ihre Liebe überwältigte mich. Mehr noch: Ich erkannte, sie waren so selbstlos, dass sie mich auch so sahen! Sie baten mich, so zu sein wie sie, und sie erwarteten, dass ich es war! Sie sahen die Größe in mir! Sie sahen sie und riefen sie herbei. Würde ich mich jemals auf diese Weise sehen können? So, wie sie mich sahen? Die Tiefe ihrer Liebe erschütterte mich und brachte mich auf die Knie.

»Eine niedrigere Schwingung kann der Energie der Quelle nicht standhalten.«

Als ich das nächste Mal zu den Großmüttern ging, war ich allerdings *nicht* in gehobener Stimmung. Während der Fahrt hatte ich einen Bericht über die jüngsten terroristischen Verbrechen gehört. »Geschichten von Terrorismus und Hass sind jeden Tag in den Nachrichten«, sagte ich zu den Großmüttern. »Heute habe ich wieder davon gehört, und ich muss sagen, dass es mir zusetzt. Es ist so furchtbar. Es ist unmenschlich«, sagte ich. »Gibt es irgendetwas, was wir dagegen *tun* können?« fragte ich sie, und als ich sprach, merkte ich, wie meine Stimme zitterte.

Die Großmütter nickten verständnisvoll, dann drehten sie sich um und zeigten auf eine Gruppe von Männern in der Ferne, deren Gesichter voller Wut waren. Bedrohlich und voll Zorn waren diese Männer, sie sahen wie menschliche Wirbelstürme aus, schrien und wirbelten wild umher. Sie fuchtelten mit ihren Waffen und machten damit stechende Bewegungen, und während sie so auf den Boden einstachen, sah ich, dass ihre Wucht die Energien des Hasses und der Angst in die Erde hineintrieb. »Sie verwüsten«, sagte ich zu den Großmüttern, »sie verwüsten buchstäblich. Sie hinterlassen einen Pfad aus Blut und Zerstörung, wohin sie auch gehen.«

»**Ja**«, sagten die Großmütter und nickten, während sie mich mit traurigen Augen anschauten. »**Menschen wie diese sind verloren. An diesem Punkt kann man nichts mit ihnen oder für sie tun, aber man *kann* etwas tun, um die wirbelsturmartige Energie, in der sie gefangen sind, zu brechen.**« »Was, Großmütter?« fragte ich, um mich zu vergewissern, dass ich sie richtig verstanden hatte. »Was können wir tun?«

»**Halte dich sehr, sehr ruhig**«, antworteten sie, und als sie sprachen, hoben sie die Hände, als wollten sie den Verkehr anhalten. »**Halte ganz still, so, und lasse von diesem Ort der völligen Stille aus Liebe und Licht nach außen strahlen. Egal wie schnell sie sich in der Energie dieses Wirbelsturms drehen, *im selben Maße* musst *du* deine Reaktion verlangsamen.**

Geh langsam. Geh zur Erde«, sagten sie, »***und klinke dich in das planetare Lichtnetz ein.* Das Netz aus Licht hat sich jetzt mit der Erde verwoben**«, fuhren die Großmütter fort. »**Es hat ein Raster gebildet, das alles auf eurem Planeten durchdringt. Lass dich darauf ein. Denke den Gedanken, dich in dieses Raster sinken zu lassen; deine Energie wird deinem Gedanken folgen**«, sagten sie. »**Du *wirst* dich anschließen.**

Verankere dich dort. Dann sei still, und lasse aus dieser Position des Einsseins mit der Erde Licht von dir ausstrahlen. Du hast bereits das Potential, eine große Menge Licht auszustrahlen, und wenn du dich auf diese Weise an das Gitter anschließt, wird dein Potential noch größer.

Werde langsam, wenn du das tust«, sagten sie, **»und geh tief. Wenn du so verharrst, wird Licht durch dich und von dir ausströmen – und sich in konzentrischen Kreisen der Kraft ausdehnen. Wenn du so verharrst, zapfst du eine Schwingung an, die so stark und von so viel Kraft erfüllt ist, dass die tosende Wirbelsturm-Energie des Terrorismus mit seinem schrillen Kreischen ihr nicht gewachsen ist.**

Wann immer du dich mit dem Lichtgitter im Inneren der Erde verbindest, wirst du ein Kribbeln in deinem Herzen und im Körper spüren. Das«, betonten sie, **»entsteht durch deine Verbindung mit der *Quelle.* Eine niedrigere Schwingung kann der Energie der Quelle nicht standhalten, also halte deinen Platz darin«,** sagten die Großmütter, **»und während du auf dieser Position der Macht sitzt, rufe die unberechenbare kreischende Energie des Terrors und des Hasses nach Hause. *Rufe diese Energie nach Hause!«*** sagten sie, und ich schaute sie mit großen Augen an.

»Die Energie des Terrors ist außer Kontrolle geraten. Die Energie des Terrors entstand, als sie sich zu drehen erlaubte, und dann drehte und drehte sie sich – weiter und weiter und außer Kontrolle. Rufe sie jetzt nach Hause«, sagten sie. **»Lass dich in den Ruhepunkt in deiner Mitte fallen und rufe diese fehlgeleitete Kraft nach Hause ins Netz aus Licht.**

Man kann diese Arbeit alleine oder in einer Gruppe tun«, sagten sie. **»Sie ist sehr kraftvoll. *Nichts* kann seiner Kraft widerstehen. Vertraue uns«,** sagten sie. **»Wir wissen, wovon wir sprechen.«**

Ich nahm die Großmütter beim Wort. Schon früh hatten sie mir gesagt: **»Wir wissen, wovon wir reden«,** und mit der Zeit hatte ich gelernt, dass sie immer die Wahrheit sagen. Wenn sie sagten, dass die Verankerung im Lichtnetz helfen würde, die Terroristen zu beruhigen, dann würde ich es tun. Also tat ich genau das, und obwohl ich mich nicht dafür verbürgen könnte, dass die Terroristen ruhiger wurden, kann ich mit Sicherheit sagen, dass diese Arbeit *mich* beruhigte.

»Ihr steht unter unserem Schutz.«

Das nächste Mal, als ich mit den Großmüttern sprach, war an meinem Geburtstag. Ich hatte beschlossen, dass ich zu ihnen reisen würde, um mir selbst ein Geschenk damit zu machen. Ich reiste also auf die übliche Art und Weise, und als ich mich ihrem Kreis näherte, hörte ich sie das Lichtnetz-Lied singen.

»**Netz aus Licht, Netz aus Licht, schwebend im Netz aus Licht**«, sangen sie, und lachend reichten sie mir ihre Hände. »**Sieh und fühle das Netz aus Licht, das die Welt hält und das dich hält**«, sagten sie. »**Fühle, wie es deine Haut berührt und deine Organe hält, während es im selben Moment auf der Erde und unter ihr liegt. Das Netz aus Licht *ist*!**« riefen sie, ihre Gesichter strahlten vor Glück. »**Und du *bist*.**

Du bist nicht getrennt von ihm oder von uns«, lachten sie. »**Du bist göttlich. Wisse dies jetzt an deinem Geburtstag. Dies ist unser Geschenk für dich. Akzeptiere von nun an keine Ersatzidentitäten mehr**«, sagten sie und sahen dabei sehr mit sich zufrieden aus. »**Du bist nicht die Vergangenheit**«, erklärten sie. »**Du bist nicht begrenzt. Du bist Licht! Du bist das Gewebe des Seins des Universums. Keine kleine Kartoffel!**« lachten sie und streckten ihre Arme aus, um mich zu umarmen.

»**Du wachst jetzt auf, und die Welt auch**«, sagten sie. »**Keine Betäubung mehr, kein narkotischer Schlaf. Ihr alle werdet wach. Steht auf und strahlt!**« riefen sie und hoben ihre Hände. »**Schluss mit der Geringschätzung eures Wertes und dem Verbergen eures Lichtes. Tretet jetzt vor**«, sagten sie. »**Strahlt! Alles Gute zum heutigen Geburtstag. Heute wirst du neu geboren, und wir freuen uns über deine Geburt.**

Auch wenn dies deine Geburtstagsbotschaft ist, darfst du sie mit anderen teilen«, sagten sie. »**Teile sie und sage ihnen dies: ›Wo auch immer ihr lebt, was auch immer ihr gerade durchmacht, wisst, dass ihr unter unserem Schutz steht. Ihr könnt nicht aus unserem Wirkungsbereich herausfallen. Ihr gehört zu uns, und wir werden euch in allem, was ihr durchmacht, beistehen. Wir halten euch in dieser Minute und wir werden euch in jeder Minute eures Lebens halten.‹**

Du kannst dich in unsere Umarmung fallenlassen. Wir sind die Großmütter«, sagten sie zu mir und lachten, »**und wir wissen, wie wir uns um dich kümmern können. Lasse deinen Geist sich jetzt entspannen und bitte ihn, festzuhalten, was du erlebst, wenn du dich in unsere Umarmung fallenlässt. Auch der Verstand braucht Ruhe**«, sagten die Großmütter, »**und weil es so viel gibt, was er nicht versteht, neigt er dazu, zu hart zu arbeiten. Oft verfällt der Verstand in ein Muster von unnötiger Geschäftigkeit, und wenn das passiert, tut es dir überhaupt nicht gut.**

Die Weisheit wird dir aus deinem Inneren dämmern – nicht aus deinem Verstand, der im Außen danach greift«, erklärten sie. »**Du bist weitaus weiser, als du weißt**«, lachten sie. »**Du bist weitaus weiser, als *irgendjemand* weiß. Nun lass deinen Verstand sich zurückziehen und ausruhen, während wir beginnen, dich die Wahrheit deines eigenen Seins zu lehren. Das wird dich überraschen. Du wirst sogar begeistert sein.**

Du *bist* ein aufregendes Wesen«, sagten die Großmütter und grinsten sich gegenseitig an, während sie mich betrachteten. »**Wir können das sagen, weil wir dich als das großartige Wesen sehen, das du bist. Wir haben dich schon immer gesehen**«, sagten sie, »**denn wir waren schon bei dir, bevor es das, was du ›Zeit‹ nennst, überhaupt gab. Wir sind die Großen Mütter, und du bist unser Eigen.**«

»Es gibt eine Schwungkraft, die dich trägt.«

Als ich das nächste Mal zu den Großmüttern ging, war das erste, was sie zu mir sagten: »**Du hast etwas zu sagen. Sprich!!**« Mein Mund stand mir vor Überraschung offen. Was meinten sie damit? Ich hatte doch gar nichts zu sagen. Aber weil sie nicht weiterredeten und still blieben, gab ich schließlich auf und setzte mich. Ich würde einfach abwarten müssen und sie durch mich »sprechen« lassen, wenn sie bereit waren. Aber erst einmal würde ich mich nach innen wenden, und wenn sie etwas zu mir sagten, würde ich aufschreiben, was auch immer kam. Ich würde im Grunde transkribieren, was sie mir mitteilten. Was dann kam, war dieses:

»**Stell dir vor, du befindest dich auf einem Förderband**«, sagten sie, und ich schrieb es auf. »**Du bewegst dich vorwärts, unaufhaltsam vorwärts**«, sagten sie und wiegten ihre Körper, um dieser Vorwärtsbewegung Ausdruck zu verleihen. »**Es gibt eine Schwungkraft, die dich trägt**«, sagten sie, »**und diese Schwungkraft trägt alle Wesen. Ihr alle werdet befördert und bewegt euch gemeinsam vorwärts.**« Als ich das hörte, spürte ich die Kraft dieser Bewegung, fühlte, wie ich selbst, zusammen mit vielen anderen, vorangetragen wurde. »**Ihr macht das gemeinsam**«, sagten sie, »**also segnet eure Mitreisenden. Ihr teilt das Abenteuer; ihr seid alle auf dieser Fahrt verbunden.**

Jeder von euch hat in diesem Moment eine andere Rolle zu erfüllen«, sagten sie, »**aber ihr seid gemeinsam auf dieser Fahrt voran. Und der Schwung dieser Bewegung ist großartig!**« riefen sie, und ich spürte es. Wir bewegten uns nicht nur vorwärts; wir *rasten* voran. Wir rasten durch Zeit und Raum.

»**Du wirst jetzt zu einer erweiterten Sicht hingezogen**«, sagten die Großmütter, und sie zeigten auf etwas weit in der Ferne, etwas sehr Helles dort draußen. »**Dieser Ort ist von Licht durchflutet. Sieh es!**« riefen sie, und meine Augen wurden vom Licht geblendet. Licht, das nicht zu enden schien. »**Erlebe es!**« riefen sie. »**Großer Himmel und Sonne auf dem Wasser!**«

Vor mir breitete sich nun ein riesiger Ausblick auf Himmel und Meer aus, und das grelle Licht der Sonne, das sich auf dem Wasser spiegelte, war so strahlend, dass es mich fast erblinden ließ. Als ich die Augen zusammenkniff, um die Grelle zu mildern, hob der Wind, der vom Meer kam, mein Haar an. Dann beschleunigte sich das Fließband, auf dem wir waren, und mein Haar flog nach hinten. Diese Reise wurde immer intensiver.

»**Lass dich nicht von irgendwelchen dunklen Klumpen ablenken, die du vielleicht vor dir siehst**«, riefen die Großmütter, als wir an einem Haufen dunkler Gestalten zu unserer Rechten vorbeifuhren. »**Du wirst diese Klumpen hin und wieder sehen, wenn du vorankommst**«, sagten sie, »**aber sie sind nichts, worüber du dir Sorgen machen musst.**

Haufen von Gerümpel. Schrott«, sagten sie. »**Sie haben keine wirkliche Bedeutung.**

Spüre den Schwung der Fahrt – wie stark und schnell sie ist. Du rast durch Zeit und Raum«, sagten die Großmütter, während das Förderband vorwärts raste. »**Das ist eine ganz schöne Reise, die du da machst, also lass dich mitreißen und genieße sie. Aber konzentriere dich auf die Reise und lasse dich von nichts ablenken**«, rieten sie mir, »**auch nicht von den Handlungen der anderen, die sich mit dir auf dieser Reise befinden.**

Und während du weiterfährst, halte überall Ausschau nach Schönheit!« sagten sie. Nun wurden meine Blicke von Farben, von Pflanzen und Tieren angezogen, die mich gerade umgaben... ein Aufzug von Menschen und Orten, die überall auftauchten. Die Landschaft veränderte sich von Sekunde zu Sekunde, und es war aufregend, sie zu betrachten, wie sie sich verschob und verwandelte.

»**Suche die Schönheit, und du wirst sie finden**«, sagten die Großmütter mit einem bekräftigenden Nicken. »**Sieh die Schönheit in der Natur, sieh sie in den Menschen. Suche das Gute**«, sagten sie, »**und nutze jede Gelegenheit, Gutes zu tun auf dem Weg. *Sei* gut und sieh das offensichtlich Gute in der Welt um dich herum. Suche auch nach dem verborgenen Guten, dem Guten, das unter der Oberfläche des Lebens liegt.**

Das Gute als Qualität ist allgegenwärtig«, sagten sie und warfen mir einen bedeutungsvollen Blick zu. »**Zu oft hast du dich in der Vergangenheit durch das Unschöne, das Unangenehme, das Schreckliche und das Gemeine ablenken lassen. Lasse all das jetzt los**«, sagten sie und hoben abwehrend die Hände. »**Dieses Zeug ist nur vorübergehender Schutt... Klumpen aus Dunkelheit. Solche Dinge haben keine wirkliche Essenz und werden bald in den Hintergrund treten und verschwinden. Das Förderband rollt voran**«, betonten sie, »**es trägt dich weiter zum nächsten Ausblick, und dann zum nächsten – jeder heller und weiter als der vorherige.**

Du bist auf dem Weg zur Größe«, sagten die Großmütter, »**auf dem Weg zur Güte, auf dem Weg zu einem Leben, das du dir nicht auch**

nur ansatzweise vorstellen kannst. Lass dich nicht zu sehr von diesen dunklen Flecken faszinieren, die jetzt überall auf eurem Planeten auftauchen«, sagten sie wieder, und ich merkte, wie ich mich von ihnen *hatte* ablenken lassen. Hässlichkeit war hier, in diesem Meer der Schönheit, so selten, dass meine Blicke von diesen dunklen Stellen angezogen worden waren. »**Diese Haufen sehen hässlich aus, und einige von ihnen stinken sogar**«, sagten die Großmütter, »**aber sie sind nur Treibgut. Vorübergehender Schutt. Lass sie gehen. Richte deinen Blick auf das große Licht, das vor dir leuchtet. Das ist es, wohin du gehst. Segne jeden, den du auf dieser Reise triffst**«, sagten sie. »**Segne jeden und alles und geh weiter voran.**

Wir bitten dich, nach Schönheit zu suchen und dich gleichzeitig der anstehenden Arbeit zu widmen. Tu, was vor dir liegt. Tu, was getan werden muss, und tu es mit ganzem Herzen. Schönheit und Arbeit, Arbeit und Schönheit. So«, sagten sie, »**lebt man in diesen Zeiten.**«

»Halte den Kopf oben und reite die Welle.«

Einige Tage später erhielt ich eine weitere Nachricht, und auch diese war voller Ermutigung. Es war klar, dass die Großmütter alles daransetzten, uns zu helfen, den Kurs zu halten. Sie schienen zu verstehen, wie schwierig es für uns war, mit all der Hässlichkeit und Negativität umzugehen, die überall auf der Welt auftauchte. Sie wollten, dass wir weiter mit dem Lichtnetz arbeiteten und uns erheben, und so ermutigten sie uns weiter, nicht aufzugeben.

Für die nächste Reise war ich in die Untere Welt gereist und hatte vor, Bär zu finden und an meiner Heilung zu arbeiten. Aber anstatt ihn zu treffen, fand ich, noch bevor ich das Kanu ans Ufer paddeln konnte, die Großmütter hüfttief im Wasser des Flusses stehen und auf mich warten. Die Strömung hier war stark, und die Strudel wirbelten um uns herum, aber die Großmütter hielten mich, und wir schwammen gemeinsam durch das wilde Wasser. Und dort, inmitten all dieses Getümmels, lauschte ich meinen weisen Lehrerinnen, schwamm ein wenig, trat auf der Stelle und lernte.

»**Schieb dich nach oben**«, riefen sie mir zu, als meine Füße den Schlamm des Flussgrundes berührten. »**Vorwärts!**« riefen sie und winkten mich zu sich. »**Schwimm voran; reite oben auf der Strömung**«, riefen sie, »**und wenn der Schlamm und das Geröll vom Grund des Flusses an die Oberfläche kommen, bewege dich weiter mit der Strömung voran. Bleib über dem Wasser**«, ermutigten sie mich, »**und reite die Wellen. Versuche nicht, hier zu tauchen; jetzt ist nicht die Zeit, um die Tiefen zu erforschen. Die Strömung ist wild und die Tiefe so schlammig, dass du sowieso nichts sehen kannst, also warte damit**«, sagten sie. »**Bald wird Zeit sein, zu untersuchen, was sich unter der Oberfläche befindet, aber für den Moment warte, bis es sich klärt. Im Moment gibt es nur wirbelnde Strudel und Abschaum.**

So einen Aufruhr hast du noch nie erlebt«, sagten sie. »**Eine solche Masse an verwirrender Bewegung ist selten – selten und gefährlich, also halte dich aus der aufgewühlten Gischt heraus. Reite vielmehr weiter auf den Wellen und lasse dich von der Strömung tragen. Wir machen diesen Ritt mit dir**«, erinnerten sie mich, »**und wir werden dich nicht im Stich lassen.**

Der Fluss des Lebens muss sich selbst reinigen«, erklärten sie, »**und obwohl du zusiehst, wie es geschieht, ist jetzt nicht die Zeit zu versuchen, diese große Reinigung zu verstehen. Für den Moment halte einfach den Kopf oben und reite die Welle. Reite mit uns**«, sagten sie und winkten mich voran.

Jetzt schwammen wir zusammen, und eine Weile spielten wir in den Wellen. Dann führten mich die Großmütter an den Strand, wickelten mich ein und trockneten mich ab, dann setzten sie sich zu mir auf die Bank und begannen, mit mir zu sprechen als die weisen Lehrerinnen, die sie sind.

»**Du denkst zu klein**«, sagten sie. »**Du verstehst nicht die Unermesslichkeit deiner Möglichkeiten. Du hältst dich immer noch für eine separate *kleine* Person, die nichts zählt. *Nein*!**« Sie schüttelten nachdrücklich den Kopf. »**Du bist immens und deine Möglichkeiten kennen keine Grenzen.**

Weil du in Zeiten des Sturms und des Dramas lebst«, erklärten sie, **»mühst du dich damit ab, Halt zu finden. Und weil wir in der Lage sind, alles zu sehen, was in der Welt passiert,«** sagten sie, **»wissen wir, was zu tun ist. Wir ermutigen dich, ›standfest‹ zu sein – genau dort, wo du bist. Wo immer du bist, bleibe an *diesem* Ort und lasse von *dort* aus die Liebe fließen. Du bist ein Hort der Liebe, ein Generator und Schöpfer des Guten«**, sagten sie. **»Das ist es, was du in jedem Moment des Lebens bist, und weil das deine Natur ist, kannst du sehr viel Gutes tun, besonders in diesen Zeiten. Wir werden dir zeigen, wie. Zu Beginn«**, sagten sie, **»bitte deinen Geist, sich zu entspannen. Bitte ihn, in den Empfangsmodus zu gehen und aufzunehmen, was wir dir sagen.«** »Ja, Großmütter«, antwortete ich, und sofort stellte ich mir vor, wie mein Geist leichter wurde und sich öffnete, um zu empfangen und zu halten.

»Denke einfach an uns«, begannen sie, **»und stelle dir vor, dass du uns in deinen Körper einatmest. Mit jedem Atemzug, den du tust, erinnere dich daran, dass *wir* es sind, die dich anfüllen. Wir atmen dich wirklich«**, sagten sie, lächelten und nickten begeistert. **»Wir erfüllen dich mit Frieden, Güte und unendlicher Liebe. Wir füllen dich voll.**

Als nächstes erlaube dem Lichtnetz, dich zu halten und einzuhüllen. Das wird es tun«, versicherten sie mir, **»und es wird es sofort tun. Du verstehst noch nicht, dass aufgrund deiner Verbindung mit dem Lichtnetz deine Reichweite grenzenlos ist. *Weil* du mit diesem Netz der Güte verbunden bist, hast *du* die Fähigkeit, endlos zu geben und Gutes zu tun. Jeder Akt der Freundlichkeit, der von dir ausgeht – an einen Freund, einen Fremden, ein Tier, einen Zustand auf der Erde – verbreitet sich über das gesamte Netz. Dein Lächeln sendet einen positiven Impuls nach Ägypten, nach Australien, nach Estland – überall hin. So funktioniert das Netz aus Licht.**

In den schwierigen Zeiten, in denen du lebst, ist dieser Fluss der Güte besonders nötig. Deshalb frage uns jeden Tag, welche *kleine* Sache du tun kannst, um Güte in das Lichtnetz einzuspeisen. Wir werden es dir zeigen, und«, sagten sie, **»was du einspeist, wird überhaupt nicht *klein* sein. Nachdem du die Bitte ausgesprochen hast, achte darauf, was zu dir**

kommt. Nimm wahr, wie die Dinge geschehen, wer und was auftaucht, wer anruft und was wann stattfindet. Verpasse nicht die Gelegenheiten, die sich dir auftun werden«, sagten sie, »**denn sie werden kommen.«** Dann sagten sie: »**Wir sind erpicht darauf, mit dir zu arbeiten, und es gibt viel zu tun.«**

Ich hörte genau zu, was die Großmütter auf dieser Reise erzählten, und ich wusste, dass das, was sie über die Kraft des Lichtnetzes gesagt hatten, stimmte. Das Netz ist schließlich der Urgrund des Universums, ganz gleich also, wie sehr mein Verstand darum rang zu verstehen, dass ich eins mit diesem riesigen, lichtvollen Netzwerk war, ich wusste, es musste wahr sein. Aber zu wissen, dass etwas wahr war, und es wirklich zu »wissen« (es zu fühlen und zu leben), waren zwei Paar Schuhe. Ab und zu zog mich mein Verstand noch in den Zweifel, und wenn das geschah, kam es vor, dass ich für eine Weile vergaß. Aber die Großmütter waren unerbittlich in ihrer Entschlossenheit, mich in der Wahrheit zu halten.

»Alles, was wir tun, tun wir gemeinsam.«

Sobald ich die Botschaft der Großmütter erhalten hatte, die mich an die Macht des Lichtnetzes erinnerte, brachte ich sie in Newsletter-Form und verschickte sie. Ich musste sie sofort teilen; ich konnte gar nicht aufhören, darüber nachzudenken, was sie gesagt hatten. Sie hatten mich dazu gebracht, zu hinterfragen, was ich mit meinem Leben anstellte. War es genug für mich, die Lehren der Großmütter an andere weiterzugeben? War damit wirklich jemandem geholfen? Könnte ich mehr tun?

In den letzten Monaten habe ich ihre Botschaften eine nach der anderen verschickt   manchmal mehrere in einer Woche. Als ich damit anfing, hörte ich von so vielen Menschen, die entsetzt waren über das, was heute in der Welt vor sich ging, und die immer wieder um Führung durch die Großmütter baten, dass ich meine andere Arbeit auf die lange Bank schob und nur noch zu den Großmüttern reiste. Immer wieder ging ich zu ihnen, um Führung und Vergewisserung zu erhalten. Inzwischen ging das nun schon einige Monate so, und obwohl anfangs die Zahl der

Leserinnen ihrer Botschaften zugenommen hatte, kamen immer weniger Antworten, während ich weiterhin Botschaften verschickte. Offensichtlich war ich nicht die einzige, die es leid war, immer das gleiche zu hören: »Halte durch, bleibe standhaft, sieh es langfristig.«

Der Rückgang der Leserschaft brachte mich dazu, mich zu fragen, ob ich diese Botschaften weiter veröffentlichen sollte. Vielleicht war es für mich an der Zeit, mich nicht mehr so verantwortlich für all das zu fühlen und mich stattdessen auf *mein eigenes* Lernen zu konzentrieren. Hatte *ich meinen* Beitrag so gut geleistet, wie *ich* konnte? Vielleicht war ich zu weit gegangen und hatte mich in der Arbeit der Großmütter verloren. Sollte ich für eine Weile aufhören, über ihre Arbeit nachzudenken und mich stattdessen auf das konzentrieren, was *meine* Arbeit war? Ich grübelte darüber nach und beschloss, dass ich diese Frage bei meiner nächsten Reise zu ihnen nur für mich selbst stellen würde.

Als ich bei ihnen ankam, überraschten mich die Großmütter damit, dass sie in hauchzarten, vielfarbigen Röcken auf mich zu tanzten. Sie wirbelten herum, verneigten sich beim Tanzen und nahmen mich in ihrem Kreis auf, und schnell wurde ich eins mit dieser schwindelerregenden Masse von Farben. Mit ihnen herumzuwirbeln und mich zu drehen, machte mich so glücklich. Glücklich, schwindelig… und nach einer Weile wurde mir fast übel von all dem Gewirbel. »Großmütter«, keuchte ich, während ich stolperte und mich mühte, das Gleichgewicht zu halten, »ich fühle mich jetzt ein bisschen verloren, was meine eigene Bestimmung angeht. Ich bin irgendwie aus dem Gleichgewicht, was mein Leben angeht, und ich bin mir auch nicht mehr sicher, ob eure Botschaften die richtige Wirkung haben. Vielleicht sollte ich etwas anderes machen«, sagte ich. »Vielleicht etwas nur für mich.«

Da sahen sie mich lange an und strichen mir die Haare aus dem Gesicht, aber ich wollte nicht betüddelt werden. Ich wollte die Antwort auf meine Frage. Jetzt war mir heiß und schwindlig, und meine Frage beschäftigte mich schon so lange, dass ich an nichts anderes mehr denken konnte. Und bevor ich wusste, was ich tat, fiel ich vor den Großmüttern auf die Knie, blickte zu ihnen auf und bat sie, meine Frage zu beantworten. Sie lächelten mich an und tanzten weiter umher, aber ich blieb unbeirrt dort am Boden, und je länger ich vor ihnen hockte, desto stärker wurde mein Wunsch nach ihrer Führung. Schließlich begann ich vor Enttäuschung zu zittern und brach endlich in Tränen aus.

»**Hör uns zu**«, sagten sie da, »**höre, schaue und lerne.**« Und als sie sich von mir abwandten, gingen sie gemeinsam davon, jede von ihnen trug eine brennende Kerze. »**Wir machen das zusammen**«, riefen sie über ihre Schultern, während sie vorangingen. »***Alles,* was wir tun, tun wir gemeinsam. Wir sind *die Großmütter***«, sagten sie und betonten ihre Einigkeit. »**Wir arbeiten *nicht* allein**«, erklärten sie, und als ich das hörte, musste ich wirklich heulen. Ich verstand, was sie mir damit sagen wollten.

»**Teile *alles,* was wir dir geben**«, sagten sie, und als sie sprachen, merkte ich, dass sie mich streng beäugten. »**Teile alles! Warum solltest du etwas nur für dich behalten?**« fragten sie. »**Wir, der Große Rat, sind für alle gekommen, und du bist unser Sprachrohr. Also *teile alles!***

Die Zeit der Gemeinschaft, die Zeit der Verbindung ist gekommen«, verkündeten sie. »**Kommuniziert miteinander; kommuniziert mit der Natur; kommuniziert mit uns. Schließt euch zusammen. Die Zeit der Einzelgänger ist vorbei**«, sagten sie. »**Also, öffnet eure Herzen und teilt. Teilt!**« wiederholten sie. »**Sucht euch. Bleibt in Kontakt miteinander. Berührt und teilt alles, was euch berührt. Mehr Liebe, mehr Miteinander, mehr, mehr!**« Sie breiteten ihre Arme weit aus.

»**Alle sind heute am Verhungern**«, sagten sie. »**Die Menschen hungern nach Liebe, hungern nach Gemeinschaft, hungern nach Teilen. Schafft Gelegenheiten zum Teilen**«, sagten sie. »**Kommt zusammen in Freude, in Gesang – um Essen zu teilen und zu dienen. Kommt zusammen.**

Die Menschen sind schon viel zu lange allein«, sagten sie, »**und jetzt isoliert euch die Technologie noch mehr. Lasst es nicht zu**«, erklärten sie. »**Nein! Sucht die Gemeinschaft. Lebt in Liebe und verbreitet Liebe, wo immer ihr hingeht.**« Dann lächelten sie und sahen mich an. »**Oh, wie sehr wir dich lieben**«, lächelten sie. »**Oh! Wie sehr wir dich lieben.**«

Im Nachhinein, als ich über diese Reise nachdachte, verstand ich, was sie mir sagen wollten. Sie ließen mich wissen, dass ich kein abgetrenntes Leben mehr hatte. Dass es nicht mehr »Sharons Arbeit« und die »Lichtnetzarbeit« gab. Es gehörte alles zusammen. Ja, es gab ein Leben; ja, es gab Arbeit; und ja, es gab auch Spiel. Aber all das war eins. Ich sollte es mit allen teilen. Und… ich sollte meine Bedenken loslassen, wie gut oder schlecht das, was die Großmütter mir gaben, ankommen würde. **»Geh einfach weiter«**, sagten sie. Und als sie das sagten, dachte ich unwillkürlich an meinen Namen – Sharon. »Share on« (teile weiter), sagte ich. »Ich verstehe. Das ist es, was ich tun werde.«

Kurz nach dieser Reise erhielt ich diesen Brief von einem Lichtnetz-Leuchtfeuer, die in den Niederlanden nahe der Grenze zu Belgien und Deutschland lebt. Sie bestätigte, was die Großmütter mich lehrten.

»Ich möchte euch erzählen, was mir geschah«, schrieb sie, »als ich dem Ruf der Großmütter folgte und half, die Energie für andere und für mich selbst anzuheben.

Ich hatte die Großmütter gefragt: ›Was kann ich tun, um zu helfen? Führt mich‹, und kurz darauf kam mir ein Mann namens Mohammed in den Sinn – ein Mann aus Afghanistan, der hier in Holland unter sehr schwierigen Bedingungen lebt. (Ich werde euch nicht mit seiner Geschichte behelligen.) Ich hatte ihn schon einige Zeit nicht mehr gesehen, also rief ich ihn an, und wir trafen uns in der Stadt auf eine Tasse Kaffee.

Es schien, dass sich seine Lage, seit ich ihn das letzte Mal gesehen hatte, noch verschlimmert hatte. Er lebte jetzt auf der Straße ohne Geld, also war er sehr froh, von mir zu hören. An diesem Abend dachte ich, was ist, wenn ich ihn bitte, meine Zimmer zu streichen? (Vor einiger Zeit habe ich die Großmütter um eine Lösung gebeten, wie ich meine Zimmer streichen lassen kann, da ich kein Geld dafür habe und es nicht selbst machen kann.) Nun dachte ich, ich kann ihm Essen und etwas Geld dafür geben, also wäre es vielleicht für uns beide gut! Also schrieb ich ihm eine SMS mit dieser Frage, und er antwortete, dass er sehr froh sei und die Fähigkeiten dazu habe.

Am nächsten Tag machte ich eine Radtour mit einer Freundin, und aus heiterem Himmel sagte sie zu mir: ›Ich will dich nicht beleidigen, aber ich weiß, dass du wenig Geld hast, und ich habe zu viel. Würdest du gerne monatlich oder einmal im Jahr für mehrere Jahre etwas Geld von mir annehmen?‹ Das hat mich natürlich überrascht und sehr gefreut, und ich versicherte ihr schnell, dass ich mich keineswegs beleidigt fühlte! Also entschied sie sich, mir 500 Euro im Jahr zu geben, und ich erzählte ihr von Mohammed und dass ich dieses Geld nun direkt ihm geben könnte!

Ich kann euch kaum sagen, wie erstaunt und glücklich und dankbar darüber, wie das zustandekam, ich mich fühlte und immer noch fühle. Und all diese Magie geschah innerhalb von zwei Tagen! Für mich gibt es keinen Zweifel: Das ist es, was die Großmütter tun, wenn man ihrem Ruf folgt.«

Jedes Mal, wenn ich einen solchen Brief erhalte, fühle ich mich sehr glücklich. Solche Nachrichten zu empfangen und einen kleinen Einblick in die Wunder zu haben, die die Großmütter und das Lichtnetz überall und immer schaffen. Dieser Brief war ein Geschenk für mich und hätte zu keinem besseren Zeitpunkt kommen können. Er gab mir Auftrieb und ermutigte mich, weiterzuteilen und weiterzumachen. »Halte es einfach«, sagte ich mir. »Halte es einfach und mach weiter.«

KAPITEL ACHT

Ihr seid Teil davon.

Als ich das nächste Mal zu ihnen ging, standen die Großmütter beisammen und sagten nichts, sondern schauten mich nur an. Als ich sah, wie sie mich betrachteten, dachte ich: »Prüfen sie mich wieder?« Aber sie standen einfach nur da und schauten so geduldig, dass ich schließlich erkannte, dass sie darauf warteten, dass *ich* etwas sagte. »Großmütter«, sagte ich, »es tut mir leid. Ich bin eben erst aufgewacht, und als ich die Augen öffnete, war der Wunsch, bei der Rückkehr der Mutter auf die Erde zu helfen, das erste, woran ich dachte. Es war auch das letzte, woran ich dachte, bevor ich letzte Nacht einschlief. Deshalb bin ich heute zu euch gekommen.

Ihr habt uns so oft gesagt, dass ihr in dieser Zeit gekommen seid, um den Weg für die Rückkehr der Mutter zu bereiten. Und ich habe gemerkt, dass ihr euch manchmal als die Großmütter bezeichnet und ein anderes Mal als die Großen Mütter. Ich weiß, dass eure Wortwahl irgendwie wichtig ist und ich komme nicht umhin zu denken, dass es sich um einen Hinweis von euch handelt, der uns auf die Rückkehr der Mutter vorbereiten soll. Liege ich damit richtig, Großmütter?« fragte ich, aber wieder sagten sie nichts.

»Wir haben lange, lange Zeit auf die Rückkehr der Muttergöttin gewartet«, fuhr ich fort, »und wenn es möglich ist, wollen wir euch helfen, den Weg für ihre Rückkehr auf die Erde zu ebnen. Wir brauchen die Mutter, und da der Moment für ihre Rückkehr immer näherzurücken scheint: Wie können wir helfen? Wie können wir uns daran beteiligen?«

»Ihr *seid* Teil davon«, antworteten die Großmütter, und als ich das hörte, hob sich meine Stimmung. »Okay, Großmütter, okay. Gut«, nickte ich, begierig darauf, jetzt mehr zu erfahren. »Wie können wir das dann machen?« fragte ich. »Bitte gebt uns eine Aufgabe, Großmütter. Lasst uns helfen. Wir *lieben es* zu arbeiten.«

Sie gluckstenm, als ich das sagte. Unser Eifer zu dienen machte sie glücklich, und für einen Moment standen die Großmütter und ich einfach da und grinsten uns an. Wir waren zusammen in dieser Arbeit. Ich entspannte mich, als mir dieser Gedanke kam, und ich genoss es, einfach bei ihnen zu sein, als ich merkte, wie sich hinter ihnen etwas bewegte. Und was auch immer es war, es lenkte mich ab.

Ich reckte meinen Hals, kniff die Augen zusammen und schaute angestrengt, was hinter ihnen war. Da erkannte ich, dass es ein großer Kopf war, ein Frauenkopf. Und als ich meinen Blick scharfstellte, erkannte ich, dass ich eine riesige Frau sah, eine Frau von großer Schönheit mit dicken, gewundenen Zöpfen, die ihr Gesicht einrahmten. Sie stand hinter den Großmüttern, und sie war ungeheuer groß! Atemberaubend! Ihr Haar war von rotgoldener Farbe, und die glänzenden Zöpfe umwanden ihren Kopf und bildeten eine prächtige Krone. »Oh!« keuchte ich, als ich sie anstarrte.

Sie sah fast so aus wie die Frau auf dem Cover des zweiten Buches der Großmütter [auf englisch], wie Demeter oder Persephone, in der griechischen Mythologie Mutter und Tochter. Demeter, die Mutter mit dem rotgoldenen Haar, ist die Naturgöttin, deren Tochter, Persephone, vom Gott Hades und in die Unterwelt entführt wurde. Und nun war Mutter Demeter hier bei uns, sie stand gleich hinter den Großmüttern! Eine klassische Schönheit in einem sanft fließenden Gewand, so stand sie da und blickte uns gelassen an.

Ich sage »uns«, denn jetzt war es nicht mehr nur ich, die allein bei den Großmüttern stand. Ich war von einer großen Zahl von Frauen umgeben, und als ich die Frauen anschaute, die hier bei mir standen, fiel mir auf, dass wir alle unsere Blicke auf *diese* Frau gerichtet hatten: Demeter.

Anmutig in ihren Bewegungen, begann Demeter nun, auf uns zuzugehen. Sie streckte ihre langen Arme nach uns aus und umfasste unsere Gruppe, und als sie uns so an sich zog, ergriff uns ein Gefühl der Nähe – mit ihr und miteinander. Unsere verhärteten Schalen schmolzen dahin, und dabei bemerkte ich, wie alte Vorstellungen und Gefühle von Trennung, Urteilen und Einsamkeit von uns allen abfielen. Nach und nach kamen diese Dinge an die Oberfläche und schwebten dann davon. Und während Demeter uns weiter dicht an ihrem Herzen hielt, wurden wir noch weicher. Wir dehnten uns aus und wuchsen. Jetzt wurden wir wärmer und entspannter. Wir waren nicht länger eine Gruppe von einzelnen Frauen, sondern wurden schnell zu einem Wesen, zu einem »Wir«. Demeters Umarmung verschmolz uns zu einer Einheit.

Während all dies geschah, konnte ich meinen Blick nicht von der Frau mit den herrlichen Haaren abwenden, konnte nicht umhin festzustellen, wie natürlich sie war. Vollkommen entspannt. Und da war etwas in ihrer Art, etwas in der Art, wie sie uns so leicht die Hand reichte und uns umarmte: eine Qualität von Anmut und Grazie.

»Hmm«, sinnierte ich, während ich sie weiter musterte. »Ihr Kleid ist einfach, eine staubig goldene Farbe, das Gold eines reifen Weizenfeldes. Und obwohl es nur Musselin ist, ist dieses Kleid irgendwie elegant. Eigentlich«, dachte ich überrascht, »ist nicht nur das Kleid goldfarben – alles an ihr leuchtet golden!« Und als ich sie weiter anstarrte, bemerkte ich, dass *sie selbst* in einem warmen Licht schimmerte.

Jetzt wurde ich mir all der Blüten gewahr, die sie umgaben. Blüten waren überall! Reben, Büsche und Stengel standen in voller Blüte, und als einige von ihnen um uns herabschwebten, verströmten sie ihren Duft. »Die Göttin ist über und über mit Blüten behangen!« rief ich, als ich sah, wie sie sich um ihren Hals drapierten und sich in ihr Haar woben. Sie trug noch mehr von ihnen auf ihren Armen und begann nun, sie links und rechts von sich zu verstreuen. Und als sie sie auf den Boden warf, ließ sie uns wissen, dass wir sie alle zu einer Girlande flechten sollten. Zwischen den Blumen lagen Blätter und Weizenhalme, Beerenbüschel und Ähren, die wir ebenfalls einflechten sollten. »All die wachsenden Dinge der Erde!« staunte ich. »Früchte des Feldes.«

Nun begannen wir, sie zu flechten, verbanden die Blätter, Blumen, Ranken und Ähren miteinander und drehten sie zu einer Kette. »Diese Girlande wird wirklich lang«, bemerkte ich, während wir arbeiteten. Schnell hatte sie gewaltige Ausmaße erreicht, dehnte sich weiter und weiter aus. Dann sah ich, wie sich die Girlande plötzlich in die Luft hob, nach oben schwebte und sich um Demeters Schultern drapierte. Und daraufhin auch um unsere Schultern.

Wir halfen uns gegenseitig, sie uns umzuhängen. »Das ist unglaublich!« rief ich erstaunt, als die Girlande immer länger wurde. »Ich frage mich, wozu sie da ist«, sagte ich. Und indem wir uns weiter gegenseitig die Girlande umhängten, bildeten wir eine Reihe, bis wir bald in einer langen Kolonne dastanden, jede von uns verbunden durch die Schwaden von Blüten, Ähren und Blättern.

Dann begannen wir zu tanzen, wir webten zusammen an einem rhythmischen Muster, und während wir tanzten, hob sich die Girlande mit unseren Bewegungen, senkte sich, hob sich wieder und senkte sich. Wir waren im Fluss, bewegten uns wie ein Körper, und da verstand ich, dass wir eine Art Zeremonie vollführten. »Oh!« rief ich, »das ist eine Zeremonie zu Ehren von Mutter Erde!

Und oh!« rief ich erneut, als mir klar wurde, dass es vielleicht sie ist, mit der wir tanzten! »Die Frau mit den rotgoldenen Zöpfen! Das *ist* Mutter Erde!« Jetzt wurde mir klar, warum mir das Bild vom Buchumschlag in den Sinn gekommen war, als ich sie hinter den Großmüttern hatte stehen sehen. »Ich weiß nicht, warum ich vorher nie an Demeter als Mutter Erde gedacht habe«, sagte ich, »warum ich nie erkannt habe, wer sie wirklich ist…« Bis zu diesem Moment hatte ich die Verbindung nicht hergestellt, aber jetzt war es offensichtlich, dass Demeter natürlich Mutter Erde ist.

»Oh!« rief ich aus, als sich vor uns ein neues Bild zeigte. »Ich habe auf das hier schon einmal einen Blick erhascht«, sagte ich. »Es sind die Tiere!« Und alles kam mir wieder in den Sinn. Ich hatte diese Tiere gesehen, als die Frau mit den Zöpfen zum ersten Mal auftauchte. »Aber damals«, sagte ich, »hatte ich nur einen Schimmer von ihnen gesehen, ein Aufblitzen von Tieren am Rand meines Blickfeldes. Aber jetzt sind sie *alle da.*« Herden von Tieren waren auf der Bildfläche erschienen und erfüllten nun den ganzen Raum vor uns. Sie brüllten, knurrten und muhten; sie waren gekommen, um an dieser Zeremonie mit Mutter Erde teilzuhaben. Ich beobachtete sie, wie sie umherliefen und auf sie warteten.

Als Kühe und Stiere Seite an Seite auf mich zukamen, trat ich zurück und beobachtete sie. Ziegen, Hunde und Pferde gesellten sich zu ihnen, und bald folgten weitere Tiere. Hirsche, Löwen, Elefanten, Großkatzen. Und, genau wie wir Menschen, war auch jedes Tier mit Blumen drapiert. »All diese Tiere«, seufzte ich und schüttelte verwundert den Kopf, als sie begannen, sich mit uns im Tanz zu bewegen. »Sie sind so unglaublich schön.«

Dann erinnerte ich mich, dass ich schon einmal Tiere gesehen hatte, die so geschmückt waren – bedeckt mit Blumen, Glöckchen und Ranken. »Das erinnert mich an die Art, wie sie in Indien die Elefanten und Kühe für besondere Zeremonien schmücken«, sagte ich und dachte dabei an Sai Babas Elefanten Gita. Mit Bändern und Blumen geschmückt und mit Ornamenten verziert, schwang ihr großer Rüssel hin und her, wenn sie die Straße entlanggegangen war. Und mit ihr waren die Kühe und Ochsen des Dorfes gekommen, ihre Köpfe bemalt und ihre Hörner gleichfalls mit Blumen behängt.

»Oh!« rief ich, als mein Blick über all die Tiere wanderte, die sich versammelt hatten. »Hier, an diesem Ort ehren wir Mutter Erde. Und wir ehren alles, was von der Erde ist, und dazu gehören auch wir selbst. Das Tanzen mit dieser Girlande ist eine Form der Verehrung. Wir bringen der Erde und all unseren Brüdern und Schwestern hier auf der Erde unsere Liebe und Dankbarkeit dar: den Menschen und den Tieren und den Pflanzen, sogar den winzigen Samen, die in diese Girlande hineingewebt sind. Allem«, sagte ich und stieß einen tiefen Seufzer aus.

Dann sprach die Stimme von Mutter Erde. »**Wie sehr ich euch doch liebe!**« verkündete sie, ihre Stimme war so voll Gefühl, dass ich hören konnte, wie glücklich sie war, so lieben zu können. Und wie glücklich sie war, geliebt zu werden. Glücklich, zu geben und zu empfangen – ich konnte es in ihrem Ausdruck sehen. Sie war vollkommen *erfüllt*.

»Das, was wir hier tun«, sagte ich zu den Großmüttern und zu mir, »mit den Blumen und dem Darbringen... Wir machen sie glücklich! Wir machen *sie* glücklich. Und das ist die richtige Art zu leben«, seufzte ich und nickte vor mich hin. »Es ist eine liebevolle, hingebungsvolle Art zu leben. Es ist nicht kalkuliert; es ist nicht einmal geplant. Wir hetzen nicht, wir haben es nicht eilig, und wir machen nicht die üblichen mentalen Verrenkungen, die wir uns selbst auferlegen. Wir lieben einfach«, sagte ich. »Hier an diesem Ort sind wir alle zusammengekommen, um einfach zu geben. Wir sind hier, um der natürlichen Welt zu geben. Und *das* ist etwas, das wir tun *können*!« sagte ich voll Gefühl. »Dieses Geben an die Erde. Das ist etwas wirklich Schönes, das wir alle tun können. Und wir können es *jetzt sofort* tun.«

Als ich diese Worte sagte, kamen mir die Lichtnetztreffen in den Sinn, die bald anstanden. »Wir können das in Holland machen und wir können es in Chicago machen«, sagte ich. »Wir können etwas von der Erde zum Altar bringen. Wir können es in Dankbarkeit für Mutter Erde darbringen, und wenn wir die Ermächtigungszeremonie abhalten, können wir auch sie ermächtigen. *Wir können ihr etwas geben!*«

Diese Ideen begeisterten mich, und ich malte mir viele Möglichkeiten aus: Lieder, Zeremonien, Opfergaben. Ich kicherte vor mich hin, und dann begann ich zu singen und zu summen, als ich an all die Möglichkeiten dachte, wie wir das machen könnten.

»Das ist etwas, was wir tun *können*, Großmütter«, sagte ich schließlich. »Ich verstehe jetzt. Ich verstehe, wie wichtig es für uns ist, in dieser Zeit auf der Erde etwas zurückzugeben, der Natur etwas zurückzugeben. Und ich möchte mich bei euch dafür bedanken, dass ihr es mir gezeigt habt! Ich danke euch! Danke, Großmütter, dass ihr uns etwas so Schönes zu tun gegeben habt. Ich habe euch gefragt, wie wir helfen können, wie wir jetzt etwas tun können«, sagte ich, »und ihr habt *damit* geantwortet! Ein so liebevolles Angebot für uns.« Ich schüttelte gerührt den Kopf. »Ich bin so dankbar«, sagte ich und merkte, dass meine Stimme vor Rührung fast versagte.

»**Das reicht fürs erste**«, antworteten die Großmütter, und Demeter nickte zustimmend mit dem Kopf. »Ja«, sagte ich. Auch ich stimmte zu. Diese Reise war nun zu Ende. Und sie hatten recht. Es *war* genug.

»Frauen sind die Säulen und der Zusammenhalt der Gesellschaft.«

In den Wochen nach dieser Reise wurde ich mir eines stillen Glücks bewusst, das in mir wohnte. Jetzt spürte ich, wenn ich morgens aufwachte, die Gegenwart der Mutter in mir und um mich herum. »Sie ist wirklich hier«, staunte ich, wirklich *bei* mir. Sie war nicht länger etwas Äußeres, nicht mehr nur eine Idee oder ein Konzept. Jetzt fühlte ich sie in meinem Körper. Und in letzter Zeit fing ich an, sie auch in anderen zu sehen. Offensichtlich begann sie, viele von uns für ihre Gegenwart zu erwecken, und als ich darüber nachdachte, hatte ich das Gefühl, dass dieses Erwachen in Menschen auf der ganzen Welt stattfand.

Mein Körper, immer mein bester Lehrer, fühlte sich jetzt weicher an, irgendwie größer und weiter – und auch ruhiger und geschmeidiger. Es war nicht so, dass ich körperlich größer war oder schlaff oder an Gewicht zugelegt hatte; ich schätze, dass ich auf irgendeine Weise geistig größer geworden war. Eines Morgens, als ich im Bett lag, nahm ich wahr, was ich fühlte, und ließ meine Aufmerksamkeit wandern, wohin sie wollte, als ich bemerkte, dass ich mich auch weiterhin ausdehnte. Das Gefühl der Ausdehnung in mir wuchs – ich weiß nicht, wie ich es sonst beschreiben soll. Es war, als wäre ich mit allem stärker verbunden, entspannter, allumfassender in meiner Weite. Vielleicht war das Wort, das ich suchte, »unermesslich«. Ja, *unermesslich* war es. Genauso fühlte es sich an. Ich war unermesslich… mein Verständnis war unermesslich. Danach muss ich eingeschlafen sein, denn als ich aufwachte, sang ich eine alte Hymne aus meiner Kindheit. Und die Zeile, die ich immer wiederholte, war: »Herr, hilf uns, hier auf Erden einen Himmel zu bauen.«

Ein paar Tage später reiste ich wieder zu den Großmüttern, um zu fragen, ob es eine gute Idee sei, diese erweiternden Erfahrungen, die ich machte, mit anderen zu teilen. Ich wusste nicht, ob es hilfreich sein würde, diese Dinge mitzuteilen, oder ob es die Leute abschrecken könnte, aber als ich meinen Mund auftat, um sie zu fragen, kamen so viele Emotionen in mir hoch, dass mir die Worte im Hals steckenblieben. »**Ja**«, sagten die Großmütter und nickten, während sie mich verständnisvoll ansahen; sie hatten meine Gedanken gelesen.

»**Teile es, besonders mit Frauen. Lass sie wissen, wie sehr die Mutter gegenwärtig ist!** ***Sie lebt in ihnen***«, sagten sie mit durchbohrendem Blick. »**Jetzt ist es Zeit für die Frauen, in der Gegenwart der Mutter zu erwachen, Zeit für sie, zu ihrer eigenen Großartigkeit zu erwachen. Sie** ***sind*** **großartig**«, erklärten sie, »**weil sie immerdar eng mit der Mutter verbunden sind.**

Frauen sind die Säulen und der Zusammenhalt der Gesellschaft. Sie sind gut«, sagten sie, »**gut in ihrem Kern.** ***Du*** **bist gut.**« Sie zeigten auf mich. »**Nimm auf und mache dir zu eigen, was wir dir sagen**«, sagten sie, »**und segne dich. Dann geh und sei dieser Segen. Du bist gut; du bist wahr; und du bist das, was die Welt braucht.**« Und als sie sprachen, hielten sie mich fest in ihrem Blick. »**Sei du selbst**«, sagten sie dann. »**Wir halten dich in unseren Armen, damit du nicht fällst.**« Ich schluckte, als sie das sagten, und nickte. Ihre Worte waren kraftvoll, beruhigend. Sie fühlten sich wahr an, und ich konnte spüren, wie diese Worte tief in mir zur Ruhe kamen.

»**Jede von euch hat besondere Stärken, Talente und Gaben**«, erklärten sie, wobei sie mir tief in die Augen schauten. »**Und ihr dürft niemals zulassen, dass diese von anderen eingeschränkt werden. Erinnere dich daran, dass du niemandem außer dem Göttlichen unterstehst, und es ist das Göttliche, das dich so gemacht hat, wie du bist. Tadel hat da keinen Platz. Jede von euch ist eine besondere Manifestation des Göttlichen**«, sagten sie und beobachteten, ob ich auch wirklich verstand, worauf sie hinauswollten. »**Weil du eins mit Gott *bist*, strahlst du Güte und Liebe aus. Du musst dich also nicht so sehr bemühen, gut zu *sein***«, sagten sie. »***Sei* einfach *du selbst und lass dieses Selbst strahlen.* Jede von euch ist ein Juwel im Netz aus Licht, ein Juwel, das zu seiner perfekten Zeit an seinen perfekten Platz gesetzt wurde, so dass es die Herrlichkeit des Alls widerspiegeln kann.**

Strahlt weiter!« riefen die Großmütter, und als sie die Arme weit ausbreiteten, warfen sie die Köpfe zurück und lachten laut. »**Geh voran**«, befahlen sie mir. »**Sei, wozu du geboren wurdest. Und denk daran**«, lachten sie, »**du bist gut durch und durch.**«

Nach dieser Reise konnte ich nicht aufhören zu weinen. Ihre Worte hatten mich erschüttert, begeistert und über all meine selbst auferlegten Grenzen hinausgebracht. Und nun, da diese Reise vorbei war, war ich überwältigt von Ehrfurcht vor dem, was sie mir mitgeteilt hatten, so ehrfürchtig, dass mir die Knie weich wurden, als ich aufstand, um mir die Nase zu putzen.

Nach dieser Sitzung kehrte ich für mehrere Wochen nicht zu den Großmüttern zurück. Was sie auf diesen letzten beiden Reisen gesagt hatten, war so stark, dass ich Zeit brauchte, um es zu integrieren. Da war viel für mich zu verarbeiten. Schließlich war ich als braves kleines presbyterianisches Mädchen im konservativen Mittleren Westen aufgewachsen, und so brauchte ich einige Zeit, bis in meinem Herzen ankam, was die Großmütter mir zuletzt gesagt hatten. Zugegeben, ich war schon lange auf diesem unkonventionellen spirituellen Weg, aber zu erfahren, dass Gott, die Mutter, existiert, war die eine Sache. Zu erfahren, dass sie *in mir* wohnte, war, gelinde gesagt, ein echter Brocken.

Ich beschloss, das alles eine Weile ruhen zu lassen, es sozusagen auf Sparflamme köcheln zu lassen, während ich mich um die anstehenden Aufgaben kümmerte. Unser nächstes Lichtnetztreffen würde in Holland stattfinden, und zwar im folgenden Monat. Das würde der Schwerpunkt meines nächsten Besuchs bei den Großmüttern sein.

Die Sichtweise eines Mannes

»Dieses Treffen in den Niederlanden wird die Familie verankern, die Familie in Europa, und es wird sie mit der Familie in Nordamerika und Australien zusammenbringen«, sagten die Großmütter, als ich nach dem Zweck dieses niederländischen Treffens fragte. **»Viel Gemeinschaftsbildung«**, fügten sie hinzu, **»viel Wirken und Weben des Netzes aus Licht. Alle Gruppenleiterinnen werden bei dieser Versammlung dabei sein. Einige werden persönlich kommen, und der Rest wird sich innerlich mit euch verbinden. Fang jetzt an, sie anzurufen«**, sagten sie, **»und bitte sie, bewusst an die Arbeit zu denken, die ihr gemeinsam in Europa mit den Ahnen des Landes sowie mit der Großen Mutter machen werdet. Lade sie ein, sich euch anzuschließen«**, sagten sie. »Das werde ich, Großmütter«, versprach ich.

»Bei diesem Treffen ***wird das Weben von Liedern ein starkes Wirken sein*«**, sagten sie. **»Die Musik wird euch weiter tragen, als ihr bisher gehen konntet; sie wird das Netz aus Licht stärken und das Gute und die Kraft in der Welt vergrößern. Ihr werdet diesmal die indianische Sängerin bei euch haben, die beiden Musiker aus Holland und die Singer-Songwriter aus England. Also singt!«** riefen sie. **»Und wenn ihr im Zweifel seid, was ihr tun sollt, singt noch mehr. Die Musik wird unsere Arbeit voranbringen.**

Tönt das Om«, sagten sie. **»Die Schwingung des Om wird euch durch das gesamte Treffen tragen. Es wird all das Gute verstärken, das ihr gemeinsam tun werdet. Tönt das Om am Freitagabend«**, sagten sie, **»und tut es am Samstagmorgen noch einmal. Tut dies, um die Schwingung der Versammlung zu erhöhen und euch auf eine höhere Stufe zu heben, von der aus ihr beginnen könnt.«** »Ja, Großmütter«, sagte ich. Das werden wir tun.«

»Errichtet ein strahlendes Kraftfeld mit den Naturgeistern im Wald, der diesen Veranstaltungsort in Holland umgibt«, sagten sie, und ich setzte mich auf, ganz Ohr. **»Es gibt dort viele Naturgeister in den Bäumen«**, sagten sie, **»geht also am Freitagnachmittag in den Wald hinaus und kommuniziert mit ihnen und auch mit den einzelnen Bäumen**

dort. Bittet die Naturgeister, Licht für die Arbeit zu verankern, die bei dieser Versammlung getan werden soll. Ihr Beitrag wird einen großen Unterschied machen.« »Ja, Großmütter«, sagte ich, »das werden wie tun.«

»Du wirst diesmal eine besonders willige und geistig reife Gruppe haben, mit der du arbeiten kannst«, sagten die Großmütter, **»so dass ihr gemeinsam in der Lage sein werdet, viel Gutes zu tun.«** Und als sie mich ansahen, sagten sie: **»Ruft jetzt alle Leuchtfeuer in diese Arbeit! Lasst die Familie des Lichts sie unterstützen.«** »Ja, Großmütter«, sagte ich, »ich bin dabei!«

Fast zweihundert Leute kamen zum holländischen Treffen, und zehn von ihnen waren Männer. Die Dinge liefen ziemlich genau so ab, wie die Großmütter gesagt hatten, und die Musik trug tatsächlich den Herzschlag dieses Treffens. Wir verbanden uns miteinander und öffneten uns für die Gegenwart der Kosmischen Mutter. Frauen und Männer ergänzten sich wunderbar und arbeiteten in Harmonie zusammen, und als ich wieder zu Hause war, bekam ich diesen Brief von einem Mann, der sich uns dort mit seiner Frau angeschlossen hatte. Er schrieb:

»Ich möchte etwas über das Treffen in den Niederlanden am letzten Wochenende berichten. Zuerst einmal: Meine Frau und ich haben beschlossen, wieder eine neue Lichtnetzgruppe zu gründen. Wir haben das schon vor Jahren gemacht, aber irgendwie ist es versandet, aber jetzt fühle ich den Ruf wieder sehr stark und ich bin sehr glücklich, dass sie mitmachen will, denn ohne sie geht es nicht. Und das hat mit der Erfahrung zu tun, die ich gestern hatte: die Stellung der Männer bei dieser Arbeit.

Heute Morgen saßen wir auf der Couch und machten die Steinkreis-Meditation aus dem zweiten Buch der Großmütter, und ich fragte nach dem Platz der Männer in der Arbeit der Großmütter. Sie zeigten mir das Folgende: Ich sah mich, sowohl beim Treffen als auch heute wieder, als Adler, und die Großmütter luden mich ein, meinen Platz zwischen ihnen einzunehmen. (Ich weiß immer noch nicht, was das bedeutet.) Dann gab es eine spiralförmige Bewegung von vielen Adlern, die drehten und drehten sich, bis da nichts mehr war, nur ein leerer Himmel.

Und dann erschienen unterschiedlichste Männer – alle in voller Rüstung. Kriege und Schlachten, die ganze Geschichte: in Europa, in der Römerzeit, bei den amerikanischen Ureinwohnern und so weiter. Ich spürte den Schmerz dieser Schlachten, und es schien, als ob die Männer immer noch in diesem Schmerz feststeckten.

Nach dieser Szene kamen alle Männer mit mir in den Steinkreis, und wir wurden alle von den Großmüttern umarmt. Und als die Großmütter uns so hielten, schmolzen unsere Rüstungen langsam dahin, bis wir endlich von den Mühen des Kampfes befreit waren. Es war klar, dass wir diese Last nicht mehr wollten. Jetzt konnten wir Männer wieder wir selbst sein, und schließlich bildeten wir mit den Großmüttern einen Kreis aus Männern und Frauen.

Das habe ich auch beim Treffen am letzten Wochenende erlebt: Es war ein warmes, kosmisches Yin-Bad, das die Frauen uns gegeben hatten. Es war eine Freude, darin zu sein, und ich spürte, wie das Schmelzen in mir gleich zu Beginn des Wochenendes begann und sich dann fortsetzte. In diesem Schmelz- und Erweichungsprozess spürte ich, wie eine neue Männlichkeit in mir entstand – so wie ich es schon beim Treffen 2011 gespürt hatte. Ich fühlte, wie ich mich aufrichtete – fest, beständig, furchtlos und sanft – mit einem offenen Herzen.

Wie mir die Großmütter gezeigt haben, brauchen wir Männer die Frauen, damit sie uns zum Schmelzen bringen, damit unsere wahre männliche Natur wiedererstehen kann. Im Jahr 2011 war mir meine Rolle als Mann noch nicht vollkommen klar, aber jetzt ist sie es: Wir müssen uns einfach der weiblichen (Yin-)Energie hingeben. Das mag für manche Männer beängstigend sein, aber das, was wir dafür zurückbekommen, ist gewaltig. Wir bekommen unsere wahre männliche Energie zurück, so wie sie eigentlich gemeint war. Ohne die Frauen bleiben wir in den alten Mustern der Yang-Energie stecken, die sich immer auf eigene Faust nach vorne drängen. Ich habe an diesem Wochenende erlebt, dass ich mich, sobald ich in Kontakt mit dieser wahren männlichen Natur war – die in diesem »Yin-Bad« zu sich selbst steht – nicht weniger oder mehr wert fühlte als die Frauen, sondern mit ihnen gemeinsam fühlte. Alle von uns füllten ihre Rolle so aus, wie sie bestimmt waren, und wir alle dienten dem Ganzen.

Danke, Frauen, danke, Großmütter, für dieses große Geschenk. Und besonderen Dank an meine Frau, dass sie mit mir wieder eine Gruppe gegründet hat, damit wir etwas für Männer und Frauen in dieser Welt tun können.«

»Hier schlägt das Herz deines Landes.«

Einen Monat nach dem Treffen in Holland gab es ein weiteres im hügeligen Ackerland von Pennsylvania, gleich hinter der Grenze zu Ohio. Wir trafen uns in einem Kloster, das viele Jahre zuvor errichtet worden war, weit draußen auf dem Land, wo die Nonnen noch immer ihre eigene Nahrung anbauen. Es gab Scheunen, Felder, Nutztiere und viele Bäume, prächtige Bäume. Die Menschen kamen aus allen Ecken Amerikas dorthin, einige sogar aus Europa. Die Atmosphäre im »Haus Maria« war behaglich, und die Schwestern dort nahmen uns mit offenem Herzen auf.

Es war gut, wieder im Mittleren Westen zu sein, in der Nähe des Ortes, an dem ich aufgewachsen war, gut, wieder in Kontakt mit meinen eigenen Wurzeln zu sein. Und, nachdem das Treffen vorüber war und kurz bevor wir die Ruhe des Klosters verlassen sollten, legte ich mich auf mein Bett, um mich ein wenig auszuruhen. Ich lag da, genoss die Ruhe und dachte über die Liebenswürdigkeit der Menschen bei diesem Treffen nach, als plötzlich die Großmütter sprachen.

»Hier, in der Mitte deines Landes, inmitten von Wäldern und Ackerland fließt ein Fluss der Verbindung«, sagten sie. **»Hier laufen die Bande der Menschheit zusammen, kreuzen sich, segnen und bereichern sich gegenseitig. Hier ist jetzt ein weiterer Ort des Zusammenkommens.**

Dieser Teil der Welt wird manchmal übersehen«, sagten sie. **»Er ist selten in den Nachrichten. Er ist nicht auf den Titelseiten von Mode und Unterhaltung, so dass er oft in Vergessenheit gerät. Dieser Teil der Welt ist jedoch beständig und stabil. Hier schlägt das Herz deines Landes. Es ist ein gleichmäßiger, kraftvoller Schlag, der nicht durch die**

vorübergehenden Ereignisse des Tages unterbrochen wird. Öffne dich für seine Stetigkeit«, sagten sie, und ich atmete tief durch und nickte zustimmend. »**Verankere dich hier und ruhe dich aus**«, sagten sie. »**Lass das Land deiner Geburt dich jetzt halten. Es *liebt* dich, es streckt seine Arme nach dir aus und wartet darauf, dich zu umarmen. Komm nach Hause**«, sagten sie, und ich spürte, wie ich mich hingab und entspannte.

»**Hier wurdest du geboren**«, sagten die Großmütter und lächelten milde. »**Das Land erinnert sich an dich und hat auf deine Rückkehr gewartet. Immer, wenn jemand in das Land seiner Geburt zurückkehrt, eröffnet sich die Möglichkeit, dass großes Gutes geschieht. An diesen Ort gehörst du und hier wirst du immer hingehören**«, murmelten sie und streichelten mich sanft. »**Also, ruh dich aus. Du bist zu Hause.**

Du hast *viele* Zuhause«, sagten sie, und da schaute ich sie überrascht an. »**Wir sprechen jetzt zu dir**«, nickten sie, »**aber wir sprechen auch zu allen. Die Welt liebt dich**«, fuhren sie fort. »**Was wir meinen, ist, dass die *wahre* Welt dich liebt. Die Welt der Trends und Moden liebt niemanden. Aber das, was ewig währt, was tief ist und stets in der Wahrheit gründet, *liebt* dich. Auch du bist tief**«, sagten die Großmütter. »**Du bist Teil des Fundaments von allem, was lebt. Ergo bist du in der Erde zu Hause, du bist *auf der* Erde zu Hause.**

Wenn man reist, spürt man, egal wohin man geht, die große Liebe der Erde. In den Städten spürt man sie nicht so sehr, aber zwischen den Bäumen, wenn man über die Felder und Täler schaut, weiß man, dass man zu Hause ist. Wisse es jetzt«, sagten sie und sahen mich an, um sicherzugehen, dass ich ihnen folgte. »**Zuhause. Du bist zu Hause. Es gibt nur wenige Orte auf der Erde, die sich für dich fremd anfühlen werden**«, sagten sie. »**Und diese Orte werden von Menschen gemacht sein, nicht von der Natur.**

Sei glücklich in deinem Zuhause«, sagten die Großmütter. »**Sei glücklich hier auf der Erde. Und**«, sie lächelten strahlend, »**wir danken dir, dass du in das Land deiner Geburt zurückgekehrt bist. Diese Reise bringt große Heilung mit sich – für dich und für die Erde selbst.**«

Ich schluchzte leise, als ich das hörte, lag dann eine Weile still in meinem Zimmer und ließ alles, was ich fühlte, auf mich wirken. »Ja, ich weine«, sagte ich mir, »aber es sind Tränen des Glücks.«

»Wann immer große Bewegung erforderlich ist, ist auch große Standfestigkeit gefragt.«

Als ich nächste Mal zu den Großmüttern ging, hatte ich noch kein Wort gesagt, da schauten sie mir in die Augen und sprachen. »**Hör uns zu**«, sagten sie, und ich schluckte: »Ja, Großmütter.« Ich fragte mich, was jetzt kommen würde.

»**Heute beginnen wir, dich mit Licht zu füllen**«, sagten sie. »**Mehr Licht, als du dir vorstellen kannst. Und nach und nach werden wir deine Fähigkeit erhöhen, Licht und Liebe zu empfangen, zu halten und an andere weiterzugeben. Deine Macht wächst jetzt**«, sagten sie, sahen mich an und nickten bekräftigend, »**und wenn du willst, wird sie weiter wachsen.**

Dies geschieht, weil du gebraucht wirst, um das Licht stabilzuhalten. Bald«, versprachen sie, »**wird es keine festgefahrene, statische Energie mehr auf der Erde geben, keine Schlachten und Kämpfe mehr, die schon viel zu lange andauern, und keine Kreisläufe von Angst und Hass mehr. Wir sind gekommen, um eurem Planeten die Yin-Energie wieder einzuflößen, um die Yang-Energie auszugleichen. Und ihr**«, sagten sie und sprachen zu uns allen, »**seid die Gefäße für unsere Arbeit. Ihr seid unsere Hände, Augen und Herzen auf der Erde, unsere Partner im Licht.**

Schon lange steckt die Welt in einem Status ohne Ausdehnung fest, in endlosen Wiederholungen. Obwohl ihr um euch herum viel Aktivität und Hin und Her seht, gab es viele Jahre lang auf der Erde keine wirkliche Vorwärtsbewegung. Aber jetzt wird es anders«, verkündeten sie. »**Alles wird sich verändern.** ***Alles***«, wiederholten sie. »**Und wann immer eine große Bewegung erforderlich ist, ist auch eine große Standfestigkeit gefragt.** ***Diejenigen, die wir zu dieser Arbeit berufen haben, werden diese Beständigkeit für diesen Planeten halten und bewahren.***

Ihr«, sagten sie und deuteten auf uns alle, die wir am Lichtnetz beteiligt sind, »**wurdet gerufen.**

Fangt jetzt an«, sagten die Großmütter, »**euch darauf vorzubereiten, zu empfangen**«, betonten sie, »**mehr zu empfangen, als ihr euch je habt vorstellen können. Haltet still, während wir Licht und Liebe in euch hineingießen. Sagt *Ja* zur Ausdehnung, *Ja* zum Empfangen, *Ja* zu uns**«, und ich murmelte leise: »Ja.«

»**Immer mehr Liebe zu empfangen, wird euch anhaltende Freude bereiten**«, sagten sie. »**Euer Herz wird sich so weit ausdehnen, dass es ganz von selbst jeden erreicht, dem ihr begegnet. Und während diese Liebe euch große Freude bereitet, wird sie anderen Ruhe schenken. Eure Anwesenheit wird ein Sammelbecken für den Frieden auf Erden schaffen**«, sagten sie, und als ich das hörte, quollen meine Augen über vor Tränen. »**Ihr werdet ein immer größerer Hort des Friedens und der Liebe für diesen Planeten werden. Deshalb bitten wir euch eindringlich, *Ja* zu sagen zu dem Herabströmen von Licht und Liebe, die eure Welt schnell überfluten werden.**

Von nun an wird euch immer mehr Güte gegeben, entsprechend eurer Fähigkeit, sie zu empfangen. Ihr seid dafür geboren«, versicherten sie mir, »**und um euch auf diesen Zustrom von Licht vorzubereiten und um zu vermeiden, vom plötzlichen Schwall der Liebe überwältigt zu werden, lest unsere Bücher und Botschaften. Kommt mit Gleichgesinnten zusammen, um über unsere Lehren zu sprechen. Diese Aktivitäten werden euch helfen, euch an die Erhöhung der Macht zu gewöhnen und sie Schritt für Schritt willkommen zu heißen. Wir rufen euch zu dieser Arbeit auf**«, sagten die Großmütter. »**Das Bedürfnis nach beständigen, stabilisierenden Ankern von Licht auf der Erde ist groß, und ihr wurdet genau dafür geboren. Wir bitten euch, jetzt vorzutreten und *Ja* zu sagen**«, sagten sie. »**Wir warten auf euch.**«

Dann traten sie zurück und musterten mich. »**Wir möchten, dass ihr die Macht eurer Ausdehnung erweitert**«, sagten sie, »**dass ihr besser einbezogen seid, wenn ihr mit uns arbeitet, dass ihr spürt, wie sehr ihr unterstützt werdet, nicht nur von uns, sondern vom *ganzen Leben.***

Alles auf der Erde ist für euch«, sagten sie und warfen mir einen bedeutungsvollen Blick zu, »**und es ist an der Zeit, dass ihr auch für alles da seid.**

Jedes Mal, wenn ihr das Lichtnetz auswerft, werft es auf *alles Leben* aus, überall«, sagten die Großmütter. »**Niemand und nichts sollte dabei ausgelassen werden. Schließt die Gewässer des Planeten ein, die Landmassen, die Luft und die Atmosphäre der Erde sowie alles, was sich auf ihr bewegt und wächst. Bezieht auch die Geister der Natur jedes Mal mit ein, wenn ihr arbeitet**«, sagten sie.

»**Über ihre Wurzeln haben die Bäume auf der Erde das Potential, tief verbunden zu sein**«, sagten sie. »**Bäume sind geborene Kommunikatoren. Ihr könnt eine Menge von ihnen lernen. Es ist Zeit, ihre Fähigkeit zur Kommunikation zu ehren, Zeit, die Bäume zu bitten, das Lichtnetz zu stärken. Bittet sie, die Ausdehnung und Tiefe des Netzes auf der ganzen Erde zu stärken, indem sie sich durch ihre großen Wurzelnetzwerke mit ihm bewegen. Bäume sind gütig und freigiebig, also werden sie gerne einwilligen. Sie sind immer freigiebig**«, sagten die Großmütter, und ich merkte, wie nachdenklich sie schauten, als sie das sagten. »**Ihr würdet gut daran tun, den Bäumen nachzueifern**«, sagten sie schließlich. »**Bäume reichen sich ständig die Hände, helfen, nähren und heilen einander. Bittet sie, euch zu lehren, wie auch ihr anfangen könnt, euch auf diese Weise zu verbinden.**« »Oh! Großmütter«, sagte ich überrascht, »das werden wir!«

Danach gab es eine lange Pause, und ich fragte mich, ob diese Reise vielleicht zu Ende sei, aber die Großmütter hatten noch etwas zu sagen. »**Die Welt lastet schwer auf dir**«, sagten sie, und: »Ja, Großmütter«, gab ich zu, »das tut sie.« Ich war oft aufgebracht und überwältigt von der Hässlichkeit, die sich jetzt auf der Erde zeigte. Die Großmütter sahen mich an, als mir dies in den Sinn kam, und sagten: »**Wir sehen, wie du leidest, wenn das Elend und die verborgenen Übel auf der Erde an die Oberfläche kommen. Grausamkeit ist jetzt weit verbreitet**«, sagten sie und nickten unisono mit dem Kopf. »**Der Zorn lodert überall, und die Angst lauert in den Schatten der Nacht. Die Welt heute**«, sie schüttelten den Kopf, »**bietet kein schönes Bild. Wir verstehen, wie du dich fühlst.**

Aber es gibt mehr als das. Viel mehr«, sagten sie, und sie richteten sich zu ihrer vollen Größe auf. Dann lächelten sie einander verstohlen an und sagten: »**Unter den heimlichen Taten derer, die die Welt *regieren* und *ruinieren* wollen, liegt das Gewebe des Seins des Universums. Dieses Gewebe ist von großer Kraft durchwirkt**«, sagten sie. »**Es hält das Leben überall aufrecht und ist in der Lage, großer Gewalt und Angriffen standzuhalten. Dieses Gewebe bildet den Grund allen Seins. Ohne das Fundament des Gewebes aus Licht, das die Welt trägt, würden die Menschheit und alles Leben auf der Erde zugrunde gehen. Sie würden in den finstersten Abgrund fallen. Aber**«, sagten sie, und ich sah, dass sie ihre Arme fest vor der Brust verschränkt hatten, so dass sie, wenn sie zusammenstanden, eine mächtige Sperre bildeten. »**Wir versichern dir, dass dies *nicht* geschehen wird.**

Wie laut die Stimmen der Übeltäter auch gellen mögen«, sagten sie und schüttelten angewidert den Kopf, »**wie wild sie auch mit ihren Armen fuchteln, sie können die Grundlage des Lebens auf der Erde nicht zerstören. Sie werden es immer wieder versuchen**«, sagten sie und zuckten die Achseln, als wollten sie sagen: »Na, was erwartest du?« »**Aber es wird ihnen nicht gelingen.**

Unter den Schrecken, die sich heute auf der Oberfläche der Erde zeigen, liegt das leuchtende Lichtnetz: Es ist strahlend und wird mit jedem Tag stärker«, sagten sie und warfen ihre Köpfe zurück. »***Dies* ist das Gewebe des Seins des Universums. Gebildet aus Licht und gemacht aus Liebe, verbindet das Netz aus Licht alle Lebewesen. Es ist das größte Gebilde im Universum, und *dieses Gewebe wird jedes Mal ermächtigt, wenn du an es denkst, jedes Mal ermächtigt, wenn du dein Herz mit ihm verbindest.***

Ruf es jetzt an«, befahlen die Großmütter. »**Kräftige und vergrößere die Macht des Lichtnetzes. Wir haben es gesagt: *Dies ist das Netz aus Licht, das die Erde während der Zeiten des Wandels, die auf euch zukommen, halten wird,* und wir versichern dir, dass diese Zeit *jetzt* ist. *Die Veränderungen sind da.* Warte also nicht auch nur einen weiteren Tag**«, sagten sie. »**Ruf das Lichtnetz an. Zu jeder Zeit.**«

»Ja, Großmütter, ja«, versicherte ich und verbeugte mich zum Abschied. Ich war tief bewegt von dem, was sie gesagt hatten, so bewegt, dass ich wie ein Schlafwandler die Reise zurück in die gewöhnliche Realität antrat. Ich weiß nicht einmal mehr, wie ich dorthin kam, aber als ich endlich dankbar die Treppe zu meinem Zimmer hinaufstieg, ging ich gleich ins Bett. »Ruhe und Integration«, sagte ich mir. »Das ist es, was ich jetzt brauche. Ausruhen und alles verarbeiten.« Und genau das tat ich. Ich ruhte mich aus und wartete darauf, dass in mir alles wieder ins Gleichgewicht kam.

Die Erde spricht

Ein paar Wochen nach dieser Begegnung saß ich eines Morgens unter dem Avocadobaum und sah mir an, wie die Ranken der Bignonie an ihm hochkletterten, und da wurde mir klar, dass ich auf etwas wartete. Ich bewunderte das leuchtende Orange der Blüten und lauschte den Vögeln, aber gleichzeitig war in mir ein Gefühl der Erwartung. Es war ein kristallklarer Morgen im Frühsommer, daran war nichts Ungewöhnliches. »Also was?« fragte ich mich, »worauf warte ich?«

Schließlich wurde mir klar, was es war. Ich wartete darauf, die Stimme des Landes zu hören. Irgendwie wusste ich, dass die Erde heute zu mir sprechen würde. Ich weiß nicht, woher ich es wusste, aber ich wusste es, und ich hatte sogar meinen Laptop mitgebracht, war bereit aufzuschreiben, was immer Mutter Erde sagen würde.

»Was«, fragte ich mich, »lässt mich glauben, dass es wirklich passiert?« Doch bevor ich weiter darüber nachdenken konnte, hörte ich mich sagen: »Das, was in und unter allem wohnt, was ich hier sehe, will mir etwas mitteilen.«

Mein Ausspruch verwirrte mich. Was für eine Sprache! Ich klang ein bisschen wie ein Prophet, sogar für mich selbst! Aber dann setzte ich mich in den Schatten des Avocadobaums mit meinem Computer auf dem Schoß und wartete einfach.

Ich saß nicht lange dort, da hörte ich etwas, das wie Lachen klang. Und als ich mich umschaute, um dessen Ursprung zu finden, erblickte ich durch die Lavendelbüsche, die unter dem Baum wuchsen, ein paar glückliche

Gesichter: rosige Gesichter mit lachenden Augen, Gesichter von kleinen Menschen mit feschen Hüten und bunten Kleidern. Kindliche Geister spielten unter dem Avocadobaum! Sie rannten unter den Ästen umher und erkundeten den Garten. Diese kleinen Leute erinnerten mich an Bilder in Märchenbüchern von Kobolden oder Gnomen. Aber wer auch immer diese kleinen Leute waren, sie schienen aus der Erde selbst zu kommen. Und als ich beobachtete, wie sie herumliefen, sah ich sofort, dass sie voller Freude waren. Und als ich ihnen weiter zusah, war ich es auf einmal auch!

Ich war nicht besonders überrascht, dass sie im Garten auftauchten, obwohl ich glaube, dass ich noch nie zuvor Naturgeister gesehen hatte. Was mich überraschte, war jedoch, dass ich, sobald ich sie sah, genauso glücklich war wie sie. Die Freude kam augenblicklich auf. Es war ergreifend, ihnen zu begegnen, und als ich vor freudiger Überraschung lachte, kamen sie auf mich zu, umarmten mich und huschten gleich wieder davon. So flitzten sie hin und her und luden mich ein, mit ihnen zu spielen. Und das tat ich dann auch! Bald jagten wir einander alle um den Baum herum, wichen aus, versteckten uns, lachten und spielten Fangen. Wir waren spielende Kinder!

Mit ihrem glücklichen Gemüt waren sie so voller Spaß, Freude und Freiheit, dass die alte Frau, für die ich mich gehalten hatte, schnell wie weggeblasen war, und nun war auch ich ein Kind. Es war eine bunte Welt, in der ich mich jetzt befand, eine Welt des Spiels. Hier gab es kein Grau, kein Schwarz oder Weiß – nur leuchtende Farben. Und jetzt brachen die Sonnenstrahlen durch. »Ahh«, stieß ich vor Freude aus, und »Ahh«, ich holte wieder tief Luft. »Ich bin so glücklich, hier zu sein.« Verwundert schüttelte ich den Kopf. »Einfach hier zu sein. Hier zu sein ist mir genug!« erklärte ich. »Alles, was ich mir nur wünschen kann.«

»Zieh an uns«, antworteten die Naturgeister. **»Zieh an unserer Energie, zieh uns nach innen«**, wiederholten sie, und ich merkte, dass sich mein Atem verlangsamt hatte. Jetzt atmete ich im Gleichklang mit ihnen. Ich atmete sie ein!

»Wir sind für dich da«, sagten sie. **»Wir sind hier, um *bei dir* zu sein – immer. Du bist überrascht, uns zu sehen, aber wir versichern dir, dass**

wir genauso real sind wie die dunkle, nüchterne Welt, die *du* für die echte hältst«, lachten sie. »**Wir sind auch real!**« erklärten sie. »**Du kannst also deine Tage in Schwarz-Weiß verbringen oder mit uns in lebendigen Farben leben.**«

Ihre Worte brachten mich laut zum Lachen, und mir wurde klar, wie viel Spaß es macht, so zu spielen. Viel mehr Spaß, als die ganze Zeit zu grübeln, nachzudenken und sich Sorgen zu machen. Viel mehr Spaß, als so furchtbar ernst zu sein. »Ich habe diese alten Schwarz-Weiß-Filme aus den 50er Jahren sowieso nie gemocht«, sagte ich mir, »warum lebe ich also mein Leben in einer Welt des Film Noir? Ich habe immer die Farben von Cinderella und Schneewittchen bevorzugt, all die Musicals und lustigen Geschichten, und sie immer den ernsten Krimis in schwarz-weiß vorgezogen. Und in letzter Zeit«, sagte ich mir, »lebe ich vierundzwanzig Stunden am Tag in einer grauen, schwarz-weißen Welt. Düster, dunkel und entsetzlich.« Und als ich darüber nachdachte, musste ich komischerweise lachen. »Lächerlich!« entfuhr es mir. »Einfach lächerlich.«

Als mir das klargeworden war, saß ich still da und dachte weiter darüber nach, und als ich aufblickte, waren meine kleinen Freunde fort. Aber ich war noch da. Ich war immer noch im Garten, immer noch unter dem Avocadobaum. Ich kicherte vor mich hin, während ich dort saß, und dann lachte ich laut auf und schüttelte den Kopf vor Erstaunen über dieses verrückte, wunderbare Spiel des Lebens. »Was für ein Erlebnis! Was für ein Wunder«, sagte ich. »Ich glaube, ich werde ab jetzt mehr Zeit im Garten verbringen. Ich brauche diese Freude.«

Und kaum hatte ich es ausgesprochen: »Ich brauche diese Freude«, spürte ich eine Bewegung. Sie stieg von der Erde unter meinen Füßen her auf. Eine hin und her wabernde Bewegung regte sich dort unten, und bald spürte ich einen wiegenden Rhythmus, der zu mir heraufstieg. Eine Verbindung wurde aktiviert, und sie kam aus dem Inneren der Erde. Eine Kraft, eine Art Gewebe, etwas Lebendiges wachte dort unten auf. Und an meiner Reaktion darauf konnte ich erkennen, dass diese Kraft zart und stark zugleich war. Und als sie in mir aufstieg, lief ein lebendiges Beben durch meinen Körper. Ich spürte es sehr deutlich.

»Das, was ich jetzt fühle, ist das Gewebe des Seins des Universums!« keuchte ich. »Es wird jetzt in der Erde ganz lebendig. Das ist es, was ich spüre!« rief ich mit klarer Stimme.

Und als ich auf den Boden hinunterschaute, sah ich die vielen Schichten der Erde, die sich unter meinen Füßen erstreckten. Zuerst bemerkte ich, wie unterschiedlich das Lichtnetz, das Gewebe des Seins in den verschiedenen Bereichen der Erde aussah. In einigen Erdschichten leuchtete das Lichtnetz hell, während es in anderen schwer zu erkennen war.

Ich wunderte mich für einen Moment darüber, da begann ich, nach oben zu steigen. Bald sah ich unseren Planeten aus der Vogelperspektive und konnte sehen, dass an manchen Orten die Verbindung dieses Lichtgewebes mit der Erde dünn aussah. Dies war im Nahen Osten der Fall, ebenso in einigen der überfüllten Stadtgebiete des Planeten. Ich hatte die scheinbare Zerbrechlichkeit des Lichtnetzes im Nahen Osten schon früher gesehen, aber in den städtischen Gebieten war ich der Risse im Lichtnetz noch nie ansichtig geworden.

Als ich mir gewahr wurde, wie verletzlich dieses Gewebe aus Licht war, das alle Aspekte der Erde miteinander verbindet, erblickte ich auch etwas, das wie Bindegewebe aussah. Und als ich genauer hinschaute, begann sich dieses Gewebe im Inneren des Erdkörpers aufzubauen. Es sammelte sich besonders deutlich in den Gebieten, die den Nahen Osten umgaben, und dann sah ich, wie sich eine Masse von faserigem Bindegewebe aus den Sanden der Sahara erhob. Hier bildete es eine faserige Struktur, und die Fasern begannen, sich in alle Richtungen auszubreiten.

Ich starrte fasziniert, und nun sah ich neue Ranken hervorsprießen, die sich wie ein immer stärker werdendes Netz ausbreiteten und sich miteinander verbanden. Die Ranken festigten das Gewebe des Seins, halfen ihm, sich tief zu verankern, und während ich zusah, durchdrangen Ranken aus Licht die Erdkruste bis hinunter zu ihrem Kern. Das Lichtnetz, das Gewebe des Seins des Universums war lebendig! Und es wuchs! Es verankerte sich überall.

Was auch immer diese Ranken berührten, zogen sie zusammen, und nun verbanden diese Fasern alle Teile der Erde miteinander. Dies geschah überall auf der Welt, und ich konnte sehen, dass es jetzt keine abgetrennten *Teile* mehr gab, sondern nur noch *eine ganze Erde*: ein Erdenkörper, getragen, gestärkt und durchgängig verbunden durch das strahlende Netz aus Licht. Die Erde war ein unteilbares Sein, ein Wesen, eingewoben in einen Lichtkörper. Das Gewebe des Seins, das die Erde durchdrang und hielt, vibrierte nun in einem spürbaren Rhythmus, und während ich es wie gebannt anstarrte, sagte ich: »Was ich hier sehe, ist der Rhythmus des Lebens. Dieser pulsierende Lebensrhythmus zieht sich durch die ganze Mutter Erde. Ohne Ausnahme! Es summt und singt in ihren Fasern.«

Ich starrte weiter auf diese Szene und wurde immer aufgeregter. Und dann begann sich aus der Tiefe der Erde die Große Mutter selbst emporzustrecken. Ich sah sie! Und schaute atemlos, wie sie ihren Kopf aufrichtete, einen Arm hob und ihre Muskeln anspannte. »Es sieht so aus, als ob sie sich darauf vorbereitet, sich zu erheben«, flüsterte ich bei mir, und dann hörte ich eine Stimme, die sagte: **»Und sie wird sich erheben! Und zwar bald.«**

»Oh!« schluckte ich. »Oh! Und wenn sie es tut«, flüsterte ich, »wird sie die Erde erschüttern. Sie wird jeden einzelnen von uns erschüttern«, und ich zitterte, als ich versuchte, etwas von der Energie in mir zu lösen. Schüttelfrost durchlief jetzt meinen ganzen Körper, und ich atmete tief ein, um mich zu beruhigen. Aber ich konnte das Zittern nicht aufhalten und musste schließlich aufgeben. »Wenn es so sein soll«, sagte ich, wobei meine Stimme ebenso zitterte wie mein Körper, »dann soll es so sein. Ich werde einfach zittern. Das, was auch immer mit mir passiert, ist sowieso jenseits *meines* Verständnisses. Also, ich gebe auf«, sagte ich schließlich und schloss die Augen. Ich wollte nichts mehr sehen.

Danach war es für ein paar Minuten still, und als ich die Augen wieder öffnete, saß ich immer noch im Garten, immer noch unter dem Avocadobaum. Und mein Laptop lag immer noch auf meinen Knien. »Ohh!« Ich atmete langsam aus. Und dann sagte ich nichts mehr. Ich war fassungslos und wusste nicht, was ich überhaupt sagen *sollte*. Aber nach einer Weile hörte ich mich sprechen: »Ich glaube, ich werde einfach hier im Garten bleiben«, sagte ich, »mich hier im Garten ausruhen. Ich meine, ich werde mich hier in *ihrem* Garten ausruhen. Denn es ist *ihr* Garten«, bekräftigte ich. Ich war jetzt müde, fühlte mich erschöpft. Ich war noch nicht wieder ich selbst. Ich war zu erstaunt, zu verblüfft von dem, was sich hier unter dem Avocadobaum abgespielt hatte.

Als ich ein paar Minuten später aufschaute, sah ich, dass vor mir Mutter Erde und die Großmütter standen. Sie standen still da und schauten mich einfach an. »Danke, Mutter«, sagte ich zu ihr und verbeugte mich ehrfürchtig, und sie lächelte mich an, als wäre das alles die normalste Sache der Welt. »Danke, Großmütter«, sprach ich dann zu allen. Danach verbeugte ich mich und verabschiedete mich stolpernd von ihnen. Dann begann ich meine Reise zurück in die »normale« Realität.

»So viel Energie bewegt sich jetzt«, murmelte ich, während ich langsam zurück ins Haus stapfte. »Die Energie bewegt sich in der Erde, sie bewegt sich in mir, sie bewegt sich überall«, sagte ich mir. »Und all diese Bewegungen finden gleichzeitig statt. Es ist wirklich zu viel«, sagte ich, »zu viel für mich; ich kann es nicht fassen. Mehr kann ich wirklich nicht verkraften«, sprach ich zu mir, während ich die Treppe hinaufstieg.

»Ach, naja«, murmelte ich, während ich mich auf dem Bett ausstreckte, »ich überlasse das alles einfach den Großmüttern. Sie wissen, was los ist, auch wenn ich es nicht weiß, und außerdem«, seufzte ich, »ist alles, was ich tun kann, nur weiter atmen und weitergehen. Sie werden mich führen, wohin ich gehen muss. Am Ende wird alles so kommen, wie es kommen wird«, sagte ich. »Die Großmütter werden führen müssen. Denn ich kann es sicher nicht.«

»Webt und verbindet. Webt und verbindet.«

Diese Reise bedeutet eine weitere der großen, der weltbewegenden Lektionen, und als sie vorüber war, nahm ich mir eine dreiwöchige Auszeit von aller Arbeit im Zusammenhang mit den Großmüttern, um mich zu erholen. Ich beschäftigte mich mit den Alltagsdingen und verbrachte viel Zeit mit dem Hund im Garten. Aber es dauerte nicht lange, bis der vertraute

Drang, mehr von meinen Lehrerinnen zu erfahren, in mir aufkam und mich dazu brachte, wieder zu ihnen zu gehen. Also reiste ich bald erneut zu ihnen.

Als ich bei den Großmüttern war, warfen sie mir einen kurzen Blick zu und sagten, ohne mit der Wimper zu zucken: »**Das Netz aus Licht ist eine Struktur, eine Struktur, die du aufbaust.**« Ich bemerkte, dass sie sehr darauf achteten, jedes Wort mit Bedacht auszusprechen, und ich starrte sie an und fragte mich: »Warum sind sie so vorsichtig mit ihren Worten?« »**Du baust und stärkst das Netz aus Licht jedes Mal, wenn du es nutzt**«, erklärten sie, »**du tust das für dich selbst und für alles, was lebt. Das ist wichtig**«, sagten sie.

»**Das Lichtnetz bietet ein Gerüst, ein Tragwerk für den gesamten Körper des Lebens auf der Erde, und während du damit arbeitest, wird diese Struktur immer fester, stärker und enger verwoben.**« »Ja, Großmütter«, antwortete ich. »Als ich das letzte Mal bei euch war, habt ihr mir gezeigt, wie diese Verstärkung im Nahen Osten und überall auf der Erde stattfindet.«

»**Ohne die Struktur, die das Lichtnetz bietet**«, fuhren sie fort, »**würden die Menschen im All umherirren und ziellos dahintreiben. Sie wären ständig auf der Suche nach dem Boden unter ihren Füßen.**«

Und um es zu veranschaulichen, zeigten sie mir hinter sich viele Menschen, die genau das taten: durch die Luft schweben, sich aneinander festhalten und die Hände ausstrecken, sogar nach der Luft selbst greifen, wobei sie versuchten, sich an etwas festzuhalten. Und als ich zusah, wurde mir bewusst, wie viel mehr Männer als Frauen auf diese Weise dahinschwebten und verzweifelt versuchten, sich an etwas festzuhalten – an irgendetwas.

Die Großmütter fingen meinen Blick auf und lachten. »**Von Natur aus**«, erklärten sie, »**sind Männer spirituell nicht so geerdet wie Frauen, also brauchen Männer eure Hilfe, um sich mit dem Lichtnetz zu verbinden.**

Aufgrund ihrer innewohnenden Verbindung mit dem Lichtnetz«, fuhren sie fort, »**sind Frauen mehr in der Erde verankert und auch untereinander. Allerdings**«, sagten sie, »***ändert die Verbindung mit dem***

Lichtnetz schnell alles, so dass, sobald ein Mann sich mit dem Netz aus Licht verbindet, auch er verankert wird. Unmittelbar wird auch er darin sicher und geborgen gehalten.

Viele Male«, sagten die Großmütter, »haben wir schon gesagt, dass die Frau den Weg weisen muss. Die Frau muss führen, um die Menschheit im Lichtnetz zusammenzuführen. Und die Frau muss es tun, weil sie es tun *kann*«, betonten sie. »Sie kann es tun, weil sie bereits mit dem Gewebe des Lebens verbunden ist. Jedes Mal, wenn eine Frau geboren wird, wird sie in Einheit mit der Mutter geboren. Die menschliche Frau ist immer eins mit der Mutter, und *es ist die Mutter«,* erklärten sie, *»die das Gewebe des Seins hervorbringt.* Frauen sind von Natur aus eins mit ihr«, sagten sie und schauten, ob ich verstanden hatte. »Ihr seid auf diese Weise geboren worden! Ihr kamt schon als eins mit dem Lichtnetz auf diese Welt.

Genau wie Großmutter Spinne in den Lehren der amerikanischen Ureinwohner«, lachten sie, »spinnt auch ihr die Fäden des Gewebes des Seins – zum *Sein*«, betonten sie. Dann lächelten sie breit und sagten: »*Wir...*«, und sie gestikulierten mit ihren Armen, um uns alle in dieses ›Wir‹ einzuschließen, »wir sind *sie.*

Dieses liebevoll tragende und nährende Netz, das wir das Lichtnetz oder das Gewebe des Seins nennen, verbindet alles Leben«, sagten sie. »Das Netz aus Licht ruft die Menschheit zurück in die Familie, bringt sie zurück in die Einheit. Diese Arbeit, die ihr mit dem Lichtnetz tut, war dazu bestimmt, *jetzt* zu geschehen«, sagten sie, »also webt, Frauen, webt! Umarmt euch und verbindet euch miteinander, und wenn ihr das tut, denkt daran, dass wir, der Große Rat der Großmütter, euch halten. Wir werden euch mit allem versorgen, was ihr braucht, um diese Aufgabe zu erfüllen.

Weiterarbeiten!« riefen sie. »Webt und verbindet. Webt und verbindet!«

KAPITEL NEUN

Jetzt ist es Zeit, die Mission der Frauen auf Erden zu erfüllen.

Durch die jahrelange Arbeit mit den Großmüttern habe ich gelernt, mein mönchisches spirituelles Dasein mit etwas sozialem Leben abzuwechseln. Daher tauchte ich ab und zu ein wenig in die Gewässer der sogenannten »realen« Welt ein, um mich nicht zu sehr zu isolieren. Ich mischte etwas »normales« Leben mit der Intensität der Großmütterbotschaften, um geerdet zu bleiben. So trafen Roger und ich uns mit Freunden zum Abendessen und einem Kinobesuch, oder ich aß mit einer Freundin zu Mittag, ging zum Treffen einer Buchgruppe oder tauchte im Gartenverein auf. Zwischen der Arbeit an den Büchern der Großmütter und der Arbeit mit Klienten beschäftigte ich mich auch mit Malerei, Töpferei und Bildhauerei. Weil ich so viel Zeit allein verbrachte, tat es mir gut, in die Welt hinauszugehen.

Eines Abends aß ich mit einer Gruppe von Freundinnen zu Abend, und wir erzählten uns, was wir als Frauen in unserem Alltag erleben. Die meisten der Frauen in dieser Gruppe waren Leistungsträgerinnen, die es in der Männerwelt »weit gebracht« hatten. Sie waren ziemlich stolz auf ihren Erfolg, aber an diesem Abend sprachen sie darüber, wie schockiert sie darüber waren, welche Richtung die Gesellschaft jetzt einzuschlagen schien, wenn es um die Behandlung von Frauen ging.

»Es fühlt sich an, als würden wir in die 1950er Jahre zurückversetzt«, sagte eine von ihnen. »Ich meine, ich hätte nie gedacht, dass sich diese Art von Verhalten gegenüber Frauen wiederholen würde.« Eine andere sagte: »Ich dachte, dass die Gesellschaft aufgeklärter ist als in den 60er Jahren, aber so fühlt es sich heute nicht an. Ich mochte die 50er Jahre schon damals nicht und ich mag sie jetzt auch nicht.« Damit begann eine Diskussion über Sexismus und die Art und Weise, wie er sich in der heutigen Welt zeigt.

Es waren kluge Frauen, die viel zu sagen hatten, doch auch wenn ich es genoss, mit ihnen zusammen zu sein, hatte ich lange genug mit ihnen zu tun, um zu wissen, dass sie sich selbst als knallharte Intellektuelle sahen – also nicht die Art Frauen, die an den Erklärungen der Großmütter über die Zeiten, in denen wir leben, interessiert wären. Folglich habe ich, anstatt irgendwelche hart erarbeiteten spirituellen Informationen von den Großmüttern vorzutragen, einfach zugehört und sie beim Reden beobachtet. Doch im Laufe des Abends beschloss ich, dass ich das nächste Mal, wenn ich zu den Großmüttern reiste, *ihnen* dieses Thema vortragen würde.

»Großmütter«, sagte ich, als ich wieder in ihrem Kreis stand, » heute werden so viele Länder, auch unseres, von Männern geführt, die Frauen als ›minderwertig‹ betrachten. In der Tat behandeln sie die Frauen so schlecht, dass heute der Status der Frau nicht steigt, sondern zu sinken scheint.« Dann fragte ich die weisen Lehrerinnen: »Was sollen wir als Frauen in einer Zeit wie dieser tun? Wir wollen wir selbst sein und helfen, unseren Planeten anzuheben«, erklärte ich. »Aber die weiblichen Werte werden heute konterkariert. Heute werden Frauen von schikanierenden Männern bedroht, und vielen wurde tatsächlich Leid zugefügt.« Als ich die Situation weiter erklärte, betrachteten mich die Großmütter geduldig, und als ich schließlich erkannte, dass sie meine Erklärung nicht brauchten, weil sie all das natürlich schon wussten, hörte ich auf zu reden. In diesem Moment wurde mir bewusst, wie wichtig dieses Thema für mich war – ich spürte, wie schwer es auf meinem Herzen lastete.

Ich hielt einen Moment inne, als ich den Schmerz spürte, der wie ein Felsbrocken auf meiner Brust lag. Da sahen die Großmütter mich mit mitfühlenden Blicken an und sagten: »**In deinen vielen Leben hast du sowohl die Rolle des Mannes als auch die der Frau gespielt. Aber jetzt**«, fügten sie hinzu, »**musst du lernen, wie man *wirklich* als Frau lebt. Jetzt ist nicht die Zeit, sich wie ein Mann zu benehmen**«, sagten sie, und ich musste tief Luft holen.

»Großmütter«, rief ich entsetzt. »Benehme ich mich wie ein Mann?« Ich war so überrascht von dem, was sie gesagt hatten, dass ich Angst vor ihrer Antwort hatte. »**Nein**«, sagten sie, schüttelten nachdrücklich den Kopf und winkten abwehrend mit den Händen. »**Was wir meinen, wenn wir sagen, ›Jetzt ist nicht die Zeit, sich wie ein Mann zu benehmen‹, ist, dass du als Frau besondere Gaben und Stärken hast, die Männer *nicht haben*. Jetzt ist es Zeit, dass du aus *diesen* Stärken lebst und auf *diese* Gaben vertraust. Jetzt ist nicht die Zeit, Männer zu imitieren, wie es so viele Frauen getan haben**«, sagten sie, »**sondern dein eigenes kraftvolles Selbst zu sein.**

Komm zu uns«, sagten sie und winkten mich in ihre Mitte. Dann legten sie ihre Arme um mich, sahen mir in die Augen und sagten: »**Du kennst die Kraft von Yin noch nicht.**«

»Ich kenne die Kraft des Yin noch nicht?« wiederholte ich, schockiert, dass sie so etwas sagten. Warum taten sie das? »Nachdem ich mehr als zwanzig Jahre mit euch zusammen war?« fragte ich. »Großmütter, kenne ich die Kraft von Yin *immer noch nicht*? *Immer noch nicht*?« wiederholte ich ungläubig.

»**Das stimmt**«, sagten sie, »**du verstehst Yin *immer noch nicht***«, und als ich das hörte, schluckte ich schwer. »Wow!« flüsterte ich und starrte sie ungläubig an.

»**Du ringst *immer noch* darum, die Kraft von Yin zu verstehen**«, sagten sie und klopften mir besänftigend auf den Rücken. »**Es fällt dir schwer,**

die Kraft von Yin zu begreifen, weil du anders konditioniert wurdest«, erklärten sie, »**konditioniert zu glauben, dass du das ›schwache‹ Geschlecht bist, nicht kraftvoll genug, nicht scharfsinnig genug et cetera, et cetera«,** sagten sie mit angewidertem Gesichtsausdruck. »**Du bist durch diese alten Glaubenssätze so tief konditioniert worden, dass du *gerade* erst begonnen hast, an der Oberfläche dieser Konditionierung zu kratzen.**

Wir werden dir helfen, dein Verständnis wachsen zu lassen«, sagten die Großmütter, wobei sie mich mitfühlend ansahen, »**aber du musst erkennen, dass du dich nur von da aus vorwärtsbewegen kannst, wo du jetzt bist, nicht von dort aus, wo du gerne schon wärst.«**

Von all dem verwirrt, starrte ich sie an, aber als sie schwiegen und mich nur nachdenklich betrachteten, musste ich erneut über ihre Worte nachdenken. Vielleicht hatten sie recht. Vielleicht war ich trotz all der Jahre, die ich mit ihnen verbracht hatte, immer noch »grün hinter den Ohren«, wenn es um das Verständnis des weiblichen Prinzips ging. Ich seufzte tief, als mir dieser Gedanke kam, und sie seufzten ebenfalls und lächelten mich freundlich an.

»Ihr hört, wie Männer über Frauen sprechen«, sagten sie, »**den alltäglichen Sexismus in eurer Kultur, die erniedrigenden Witze, die abwertenden politischen Reden. Die Welt ist voll von der Abwertung von Frauen – voll von denen, die auf subtile Art und Weise andeuten, dass Frauen ›weniger wert‹ wären, sowie von den offenkundigen Sexisten, die ihre Meinung offen aussprechen. Die meisten Männer haben keine Ahnung, dass sie sexistisch sind. Sie wären schockiert, wenn sie sich selbst so sehen würden, aber Sexismus ist in allen Gesellschaften auf der Erde tief verwurzelt. *Und...*«,** sagten sie und zogen das Wort in die Länge, um sicherzugehen, dass ich aufmerksam zuhörte, »***er ist zutiefst resistent gegen Veränderungen.* Ihr reagiert auf Sexismus mit Wut«,** sagten sie, »**was nichts nützt, denn es gibt in eurer Kultur einen tiefsitzenden inneren Widerstand, ihn zu erkennen und ihm entgegenzutreten. Tief verwurzelt«,** gestikulierten sie mit geballten Fäusten. »**Eure Herzen werden daran zerbrechen, wenn ihr euch bemüht, diesen Widerstand zu brechen.**

Lass es uns dir erklären«, sagten sie. »**Es gibt einen anderen Weg, dieses Thema anzugehen, und wir werden euch helfen. Erstens: Weil Männer die Kraft von Yin nicht verstehen, verstehen sie auch nicht, was eine Frau ist. Und zweitens«,** sagten sie, »**weil ihr fehlendes Verständnis es den Männern unmöglich macht, euch zu helfen, die weibliche Kraft zurückzufordern, müsst ihr diese Aufgabe allein bewältigen. *Ihr* müsst diese Kraft zurückgewinnen.**

Aber«, sagten die Großmütter und hielten aufmerksamkeitheischend einen Finger empor, »**wenn ihr euch damit befasst, kommt ihr mit einem eingebauten Vorteil. Ihr«,** sie zeigten mit einem breiten Lächeln auf mich, »**habt die Kraft von Yin bereits erfahren. Ihr wisst, wie sich Yin anfühlt, weil ihr es in eurem Körper tragt, und deshalb wisst ihr, was diese Kraft bewirken kann. Ihr müsst jetzt *fest zu dem stehen, was ihr wisst.* Steht fest in dem, was ihr tief in eurem Inneren wisst. Egal was passiert«,** sagten sie und schlugen zur Betonung eine Hand in die andere.

»**Führt deswegen keinen Krieg mit den Männern«,** sagten sie, schüttelten den Kopf und wedelten mit den Händen, um den Gedanken abzutun. »**Verschwendet eure Zeit nicht damit. Am besten«,** sagten sie und warfen mir einen nachdenklichen Blick zu, »**ihr lasst die Männer in Ruhe. Lasst die Männer beim Thema weibliche Macht außen vor. Im Moment ist das das einzige, was sie tun *können.***

Anstatt auf die Männer zu schauen«, sagten die Großmütter, »**streckt euren Schwestern die Hand aus, euren Müttern, Töchtern und Freundinnen. *Jetzt ist die Zeit, die Mission der Frauen auf der Erde zu erfüllen.* Ihr, als Frauen, werdet gebraucht, um einander zu helfen und Mutter Erde zu helfen. Wir, der Große Rat der Großmütter«,** sagten sie und richteten sich zu ihrer vollen Größe auf, »**sind gekommen, um Frauen und Männer zu selbstloser Arbeit aufzurufen. Alle Menschen sind bei unserer Arbeit willkommen, aber wir zählen in erster Linie auf Frauen, weil wir wissen, dass vor allem Frauen darauf ansprechen werden.**

Frauen sind diejenigen, die von Natur aus der Gemeinschaft dienen. Großzügigkeit und Mitgefühl sind grundlegende Charaktereigenschaften einer Frau. Denn«, betonten sie, »**wer zieht die Jungen auf, pflegt die**

Kranken und sitzt bei den Sterbenden? Nur selten tut ein Mann eines dieser Dinge. Frauen«, riefen sie, »**wir haben euch viel beizubringen. Seid ihr bereit zu lernen?**«

Ich sah sie mir genau an. Ich hatte gedacht, ich hätte die Lektionen von Yin bereits verstanden, aber es war klar, dass ich sie noch nicht gemeistert hatte. »Ja, Großmütter«, sagte ich und deutete auf mich, »diese Frau ist bereit zu lernen.«

Heilige Mutter

Die Frage, die die Großmütter am Ende dieser Reise stellten, hallte immer wieder in meinem Kopf nach. »**Frauen, seid ihr bereit zu lernen?**« hatten sie gefragt, und meine Antwort war ein entschiedenes »Ja!« Und als mir klar wurde, wie sehr ich das empfand, reiste ich wieder zu ihnen, begierig darauf, mehr zu erfahren.

»Großmütter«, sagte ich und verbeugte mich zum Gruß, »als ich das letzte Mal hier war, ist mir wieder klargeworden, wie stark mein Bekenntnis zu euch ist. Und...«, sagte ich und zog meine Worte in die Länge, während ich noch einmal darüber nachdachte, »mir ist bewusst geworden, *wie viel* ich lernen möchte. Nicht nur, damit ich es an andere weitergeben kann«, sagte ich und schüttelte den Kopf. »Nein! Ich stehe hier vor euch und bin mir bewusst, dass die Zeiten, in denen wir heute leben, noch schlimmer sind, als sie es waren, als ihr an jenem Morgen am Strand erschienen seid. Diese Zeiten sind zum Verzweifeln, und *ich* brauche mehr Einsicht.

Die Lehren, die ihr uns bisher vermittelt habt, haben uns sehr gutgetan, Großmütter«, fuhr ich fort, »aber jetzt bitte ich euch, uns noch mehr zu geben. Von ganzem Herzen«, sagte ich, und meine Stimme brach, »bitte ich um *mehr* Wissen, *mehr* Weisheit und *mehr* Informationen darüber, wie wir als Frauen wirklich mächtig sein können. Aufgrund der Art und Weise, wie die Dinge heute auf der Erde sind, *müssen* wir die mächtigen Frauen sein, von denen ihr sagt, dass wir es sind.

Wir sehen, wie Diktatoren und Oligarchen überall auf der Erde aus dem Boden sprießen«, sagte ich, »wie sie überall die Kontrolle über die

Regierungen übernehmen. Das sind gesetzlose Männer, die jedem, der sich ihnen widersetzt, schnell Unrecht und Gewalt antun. Und sie richten viel Wut auf Frauen. Also, sprecht zu uns, Großmütter«, sagte ich. »Sprecht zu den Frauen, was wir in dieser Zeit tun können. Gebt uns etwas, was ihr uns noch nicht gegeben habt.«

»Diese Zeiten sind nichts für schwache Nerven«, sagten sie, und schauten mich dabei direkt an. »Ja, Großmütter, ich weiß«, nickte ich. »Wir werden uns dieser Tatsache bewusst und kämpfen darum, stark zu bleiben«, sagte ich und zitterte ein wenig.

»Bitte lehrt uns, wie wir leben können«, sagte ich, »in *diesen* Zeiten, die *nichts* für schwache Nerven sind. Ich bitte euch, weil ich merke, dass *ich* in letzter Zeit mutlos bin. All diese Negativität hat eine Wirkung auf mich. Ich fühle mich müde, sehne mich nach Frieden und möchte vor den Schrecken auf der Erde fliehen. Aber Flucht ist nicht die Antwort«, gab ich zu, »nicht wirklich. Was ich wirklich will, ist, mich voll zu engagieren; ich will mit jedem Atemzug meines Körpers dienen. Ich *möchte* stark sein. Bitte, Großmütter, sprecht klar und deutlich, und ich werde eure Botschaft leben und sie weitergeben. Wie können wir als Frauen in diesen Zeiten leben?«

Als ich auf ihre Antwort wartete, spürte ich plötzlich die Präsenz der Gemeinschaft des Lichtnetzes um mich. Sehr viele Menschen waren jetzt bei mir, und als ich ihre tröstende Präsenz spürte, wurde mir bewusst, wie wichtig die gegenseitige Unterstützung von Frauen in einer Zeit wie dieser ist. Das Gefühl, Teil einer liebevollen Gemeinschaft zu sein, überflutete mich, und die Großmütter flüsterten mir ins Ohr: **»Ja!«** Aber als sie nach diesem »Ja« nichts mehr sagten und wieder nur Stille herrschte, begann ich mich zu fragen, ob meine Frage die richtige war. Vielleicht sollte ich sie etwas anderes fragen. Aber als mir dieser Gedanke in den Sinn kam, schüttelten sie ihre Köpfe und gaben mir ein Zeichen zu warten. Also wartete ich.

Als ich dort saß, fiel mir die große Ausdehnung ein, die ich in der Gemeinschaft des Lichtnetzes erfahren hatte. Frauen aus verschiedenen Kulturen und Ländern, die sich miteinander verbinden, Gruppen, die in ihren Regionen eine Gemeinschaft aufbauen, und die Zahl der Frauen, die keine Mühe scheuten, neue Menschen in die Arbeit der Großmütter einzubeziehen. »Jedes bisschen davon ist so gut«, sagte ich mir, »*so* gut! Danke, Großmütter, für all das«, sagte ich und bekam dabei einen Kloß im Hals.

Nachdem ich meinen Dank geäußert hatte, erschienen Linien aus Licht vor meinen Augen. Mit einem Mal waren sie einfach da, schwingend und schwebend im Raum vor mir. Und während ich fasziniert zusah, breiteten sie sich in alle Richtungen aus – vor mir und hinter mir. Dann bemerkte ich, dass einige der Linien Menschen miteinander verbanden; einige verbanden Menschen mit der Erde; und einige verbanden Menschen mit dem Himmel. Und als ich meinen Kopf nach hinten neigte und nach oben schaute, bemerkte ich noch mehr Linien. Viele von ihnen reichten bis in den Himmel. Einige waren sogar mit den Sternen verbunden.

Dann erkannte ich, dass die Lichtlinien am Himmel mit einer großen Anzahl von Wesen verbunden waren, die überall am Himmel zu stehen schienen. Diese Wesen sahen den Menschen sehr ähnlich, aber sie waren *sehr* groß. »Was *ist* das?« fragte ich die Großmütter, wobei ich die Augen zusammenkniff und versuchte, zu erkennen, was dort oben war. »Sind es Menschen?« Und als ich genauer hinschaute, sahen sie tatsächlich menschlich aus, aber wer oder was auch immer sie waren, sie standen überall am Himmel. Und sie hatten etwas…

»Was ist das, was sie da anhaben?« fragte ich die Großmütter. Ich konnte nicht glauben, was ich sah, und blinzelte wieder. »Oh, mein Gott!« flüsterte ich. »Es sind alles Frauen. Jede einzelne! Es sind unterschiedliche Gestalten der Göttin!« Es waren sehr viele, und als mir klarwurde, wie viele es waren, lief mir ein Schauer über den Rücken. Was um alles in der Welt *war* das? Eine Versammlung von Göttinnen? Hunderte Gestalten der Großen Mutter standen dort. Hunderte – oder sogar mehr! Soweit mein Blick reichte…

Ich konnte ein paar der Göttinnen erkennen, aber bei den meisten hatte ich keine Ahnung, wer sie waren. Doch irgendwie verstand ich, dass sie alle eine Verkörperung der Mutter waren. Da war Kwan Yin, elegant und anmutig in fließenden Gewändern, und neben ihr stand eine Gruppe von anderen. An dem Löwen, den sie ritt, erkannte ich Durga, und neben ihr stand Brigit mit einer weißen Kuh oder einem Stier. Ich sah Isis auf ihrem Thron, und da war die Jungfrau von Guadalupe! Diese Göttinnen waren mir vertraut, aber die meisten der hier versammelten Gestalten erkannte ich nicht. Überall, wo ich hinschaute, fand ich eine weitere Verkörperung der Mutter.

So viele Göttinnen waren zusammengekommen, und sie alle waren *so* schön! Alle Mütter waren mit Edelsteinen bedeckt, in schimmernde Stoffe mit Ornamenten jeder Art gehüllt. Einige waren in Gold oder Silber drapiert und viele waren in Seide gekleidet – in allen Farben des Regenbogens. »Oh!« rief ich entgeistert, »all diese Formen des Weiblich-Göttlichen! Ich kenne die meisten von ihnen nicht, aber jede ist die Mutter! Jede einzelne! Ich erlebe die Mutter in *allen* ihren Gestalten. Sie ist wirklich hier!«

»**Es ist gut, die Namen der Heiligen zu rufen**«, sagten die Großmütter und holten mich aus meiner Verblüffung. Ich war froh, ihre vertrauten Stimmen zu hören. »**Es ist gut, die Namen der Göttin zu rufen**«, sagten sie. »**Es liegt Macht in den Namen. Es liegt immer Macht im Namen des Göttlichen**«, sagten sie, »**und Gott, die Mutter, war schon viel, viel, viel zu lange fern von eurem Planeten.**«

Da die Großmütter das »viel« drei Mal wiederholten, war klar, dass es sehr wichtig war. Dass die Mutter *viel* zu lange fern von der Erde gewesen war; und dass sie beim Namen genannt, willkommen geheißen und gerufen werden muss. All das ergab für mich vollkommen Sinn, und als sie meinem Blick begegneten, nickten die Großmütter: »**Ja.**«

Ich bemühte mich, alles mitzubekommen, was um mich herum geschah – da waren die Großmütter und diese lange Reihe von Müttern. Es war nicht leicht, dieser Szene meine volle Aufmerksamkeit zu schenken, denn ich war sehr bewegt von alldem, was an mir vorüberzog, vollkommen überwältigt. Ich war entschlossen, mir alles zu merken.

»Ich muss aufpassen, nicht zu sehr von Emotionen mitgerissen zu werden und am Ende alles zu vergessen«, sagte ich mir. Doch auch wenn ich es versuchte: Ich *war* überwältigt von meinen Gefühlen. Gleichwohl versuchte ich, ruhig zu bleiben und mich daran zu erinnern, langsam zu atmen und mich zu entspannen, und ich meinte, dass es mir ziemlich gut gelang, bis ich mich schluchzen hörte. Und als mir bewusstwurde, dass *ich* es war, die schluchzte, gab ich auf, schlug mir die Hände vors Gesicht und konnte gar nicht mehr aufhören zu weinen.

Als ich mich endlich soweit beruhigt hatte, dass ich ein paar Mal tief durchatmen konnte, sprach ich zu den Großmüttern. »Wir werden genau das tun, worum ihr uns gebeten habt, Großmütter«, sagte ich. »Wir rufen die Namen der Heiligen an. Wir fangen gleich mit den Namen der Göttinnen an. Ja, Großmütter, ja«, sagte ich, »ich weiß, es ist wichtig, die Mutter in all ihren Gestalten zu ehren.« Und dann, außer Atem und ohne jede bewusste Absicht, hörte ich mich beten: »Heilige Mutter«, flehte ich, »Heilige Mutter, komm zu uns. Heilige Mutter, komm in unsere Herzen, Heilige Mutter, komm in unser Leben. Sprich zu uns, Mutter. Sprich durch uns, liebe durch uns, atme durch uns, arbeite durch uns, Heilige Mutter.«

Die Großmütter ließen mich eine Weile so weiterreden, bevor sie meine Litanei unterbrachen. ***»Die Zeit für ihre Rückkehr beschleunigt sich***«, sagten sie. »**Die Zeit bis zur Rückkehr der Muttergöttin läuft immer schneller. Von nun an sollt ihr sie anrufen, und wenn ihr euch versammelt, sollt ihr Bilder von ihr dabeihaben und miteinander teilen.** ***Es ist Zeit für euch, dass ihr die Mutter kennenlernt.***« »Ja, Großmütter«, sagte ich und nickte ihnen zu, während ich atemlos weiter flüsterte: »Heilige Mutter, Heilige Mutter.« Die Worte liefen in meinem Kopf weiter, ganz von selbst und in einem fortwährenden Strom.

»Bei unserem nächsten Treffen werde ich alle Bilder aufhängen, die ich von der Schwarzen Madonna habe, Großmütter«, sagte ich, »und wir werden darüber sprechen, was uns daran hindert, unser Einssein mit ihr zu erkennen.« Dann sagte ich nach kurzem Nachdenken: »Das Treffen findet morgen in einer Woche statt«, doch als mir die Lächerlichkeit meines Geschwätzes auffiel, brach ich ab. »Ich werde jetzt einfach still sitzen«, sagte ich mir. »Es gibt nichts mehr zu sagen. Ich werde einfach hier sitzen und darauf warten, dass die Großmütter die Führung übernehmen.«

Das tat ich also, und danach herrschte eine lange Stille. Aber als die Stille eine ganze Zeit angehalten hatte, hörte ich mich wieder sprechen. »Ich warte, Großmütter«, sagte ich. Das lange Schweigen ließ mich fragen, ob sie mich vergessen hatten. Danach war ich wohl eine Weile in einem traumähnlichen Zustand, bis ich aus den Augenwinkeln etwas sah, das sich rechts von mir bewegte. Ich drehte meinen Kopf ein wenig, um dem meine volle Aufmerksamkeit zu schenken, und dabei sah ich, dass es die Mutter selbst war.

»Oh!« stieß ich hervor. »Sie ist hier. Genau hier!« Eine hoch aufragende Gestalt schritt in meine Richtung, eine Frau, die so gewaltig war, dass ich einen Moment brauchte, um zu erkennen, dass es eine Frau *war*; eine Frau, mit Rosen bedeckt. Sie trug Unmengen von ihnen – rosa und rote Rosen – und dazu einen riesigen Strauß Lilien. »Oh!« sagte ich, als mir klar wurde, wer sie war. »Sie ist Primavera, die Göttin des Frühlings! Ich habe sie schon auf Bildern in Büchern und Museen gesehen. All diese Kaskaden von blühenden Blumen, all diese Farben!« rief ich. »Und der Duft!« Jetzt wurde mir schwindelig, und ich fiel fast in Ohnmacht, als mich der Duft eines blühenden Gartens einhüllte.

»Sie lacht!« staunte ich, als ich sie näherkommen sah, Überraschung in meiner Stimme. »Und sie streut Blumen, während sie herannaht.« Sie streute Rosen links und rechts und warf sie allen zu. Als sie weiterging, flogen die Blumen durch die Luft und fielen in Kaskaden um sie nieder. »Oh!« stieß ich hervor, als sie an mir vorbeiging und eine Rose über mein Gesicht strich. Es war die Weichheit der Rose, ihr schwacher Duft und die Tatsache, dass sie es absichtlich getan hatte, die mich einen schnellen Atemzug tun ließ. »Oh je, oh je«, rief ich aus.

Nun schritt eine weitere hoch aufragende Gestalt vor, eine goldhäutige Frau, die in goldenen Stoff gehüllt war. »Gold, Gold und noch mehr Gold!« rief ich. »Überladen mit Gold!« Goldreifen bedeckten ihre Arme, Halsketten hingen von ihrem Hals, und als sie weiterging, trug sie in ihren Händen mehrere goldene Gegenstände. Hier war die Göttin Lakshmi, Maha Lakshmi, in einem sariähnlichen Gewand; es war aber nicht irgendein Sari, sondern einer, wie ich ihn noch gesehen hatte. Dieser war figurbetont und umfloss ihre Kurven, während er ihre Taille frei ließ. »So etwas habe ich in Indien noch nie gesehen«, flüsterte ich, und als ich ihre üppige Schönheit betrachtete, wurde mein Blick von etwas anderem angezogen.

»Kopfschmuck!« rief ich aus. »Sie trägt einen Kopfschmuck und hat sogar noch mehr davon!« Dann schaute ich zu, wie die Göttin des Reichtums und Wohlstands nach oben griff und den Kopfschmuck abnahm, den sie trug. Sie hielt ihn mir hin. »Sie schenkt ihn mir!« krächzte ich, und obwohl ich sehr verwundert war, nahm ich ihn an, ich nahm ihn und hielt ihn in meinem Schoß.

Dann sah ich, wie sie einer Frau nach der anderen Kopfschmuck um Kopfschmuck schenkte. Sie verschenkte sie alle. Dabei vervielfachten sich die Kopfbedeckungen, und sie verschenkte sie alle.

Es war eindeutig, dass Lakshmi dieses große »Darbringen« genoss; sie lächelte die ganze Zeit. Sie verteilte jeden einzelnen Kopfschmuck, und ich war so verblüfft von ihrem Verhalten, dass ich einfach nur dasaß und sie angaffte, mit einem Kopfputz in meinem Schoß.

Als ich mich für einen Moment von ihr abwandte, fielen meine Blicke auf eine Bewegung in der großen Menge der Frauen. Eine Gestalt in Himmelblau glitt über den Boden. Es war die Gottesmutter! »Ah«, seufzte ich, »Maria ist hier, die Gottesmutter in ihrem schönen Blau. Wie liebreizend sie ist«, murmelte ich, als sie huldvoll die Hände ausstreckte und die Menschen berührte, die um sie herumstanden. Dann rief ich: »Oh!!! Da sind jetzt viele, *viele* Göttinnen! Scharen von ihnen!« keuchte ich, denn überall, wohin ich sah, bewegten sich Göttinnen.

»Und sie alle kommen jetzt her!« sagte ich, denn plötzlich war der Raum um mich her voller Göttinnen. »Innana, Kybele, Artemis, Venus, Kwan Yin, Tara…« Ich hörte auf, sie alle beim Namen zu nennen, ihre große Zahl überwältigte mich. »Sie strömen von allen Enden herbei, kommen von vorne, von den Seiten, von überall her, sie strömen einfach zusammen. Es ist eine Zusammenkunft«, sagte ich atemlos. »Es ist die Heilige Mutter in all ihren Formen. Sie sind alle hier«, stieß ich hervor und sah zu, wie Hunderte – vielleicht Tausende – von Göttinnen im Raum um mich herum zusammenkamen.

»Oh, mein Gott! Wie schön das ist! Und die Vielfalt!« rief ich aus. »Ich wusste nicht, dass es so viele Gestalten der Muttergöttin *gibt*. Sie gehört allen Völkern und allen Kulturen der Menschheit an. Und sie trägt alle Trachten der Erde. Sie ist *so vielfältig, so überwältigend schön…*«, murmelte ich, und dann versiegte meine Stimme, und ich schwieg. Ich hatte keine Worte mehr, um den Anblick zu beschreiben.

Danach herrschte eine lange Stille, bis ich mich wieder sprechen hörte. »Sie füllen hier den ganzen Raum aus«, sagte ich. »Er ist so voller Göttinnen, so voll von ihnen, dass ich nicht anders kann, als sie zu berühren, und jetzt atme ich sogar mit ihnen. Ich nehme sie mit meinem Atem auf, ich kann gar nicht anders!« sagte ich. »Und«, meine Stimme war jetzt sehr leise, »weil sie alle hier sind und weil ich sie so einatme, fühle ich mich ihnen sehr nahe. Sehr nahe«, flüsterte ich. »Es geschieht«, piepste ich und brachte die Worte kaum heraus. »Sie erfüllen mich. Und weil es geschieht«, sagte ich mit zitternder Stimme, »weil es jetzt passiert, weil ich sie jetzt einatme«, stammelte ich, »werden *alle Frauen* sie ebenfalls einatmen können.

Oh, mein Gott!« flüsterte ich, als mir dämmerte, was geschah. Welle für Welle kam jetzt das Verständnis, und ich rief vor Erstaunen laut: »Es geschieht genau so: Diese Verschmelzung mit der Mutter findet jetzt aufgrund des Lichtnetzes statt!

Weil ich so vollständig mit dem Netz aus Licht verbunden bin, und weil *ich* diese Erfahrung mit der Mutter habe, können sie jetzt *alle* haben. Weil ich diese heilige Verbindung habe, können jetzt alle über das Lichtnetz auf diese heilige Verbindung zugreifen! Das Lichtnetz macht es möglich! Das Netz aus Licht lässt es geschehen«, stammelte ich und hatte Mühe, meine Beobachtungen in Worte zu fassen. Dieses ungeahnte Wunder fand *wegen* des Lichtnetzes statt. Und als mir dieser Gedanke kam, blickte ich zur Mutter auf, und sie nickte und lächelte, glücklich darüber, dass ich mir bewusst war, was hier vor sich ging.

Aufgrund der vielen Jahre, die ich mit den Großmüttern und dem Lichtnetz zugebracht hatte, verstand ich, was die Großmütter meinen, wenn sie davon sprechen, dass der Mensch *der Stecker in der Dose* ist. Sie hatten mich in der Vergangenheit oft darauf hingewiesen, aber jetzt *war* ich nicht nur der »Stecker«, diesmal *wusste* ich es! Und nun war die »Steckdose« für diese Arbeit, mit der ich mit der Zeit verschmolzen war, sowohl mit der Mutter als auch mit dem Lichtnetz verbunden. »Meine Steckdose« verband diese beiden großartigen Lichtquellen. Und weil die Menschenfrau, die ich bin, in diesem besonderen Augenblick zugegen war, war es *allen* Menschenfrauen möglich, auf die Schönheit und Macht der Großen Mutter zuzugreifen. Weil *meine Steckdose* mit dem Netz aus Licht verbunden war, konnten sich *alle* Frauen verbinden.

Die Ungeheuerlichkeit, Teil einer solchen »elektrischen Verbindung« zu sein, machte mich ganz benommen und ließ mich still werden, als ich dort saß und sah, wie die Mutter mich weiter anlächelte. Und als ich in ihr wunderschönes Gesicht blickte, verstand ich, dass ich kein Wort darüber sagen musste. Ich brauchte es niemandem zu »erklären«.

»Ich kann darüber sprechen, wenn ich will«, sagte ich zu mir, »aber ob ich etwas sage oder nicht, es findet trotzdem statt«, und als ich das sagte, nickte die Mutter zustimmend mit dem Kopf. »Es findet in diesem Moment in jeder Frau auf der Erde statt. Jede Frau überall, ob sie es weiß oder nicht, wird von diesem Augenblick an in der Lage sein, sich mit der Mutter zu verbinden. Und das alles geschieht durch das Netz aus Licht, das strahlende Netz, das uns alle verbindet. Es gibt jeder Frau denselben Zugang, den es mir verschafft hat.

Ich hätte nie gedacht, dass so etwas möglich sein könnte«, sagte ich und schuttelte ungläubig den Kopf. »Ich habe das gewiss nicht erwartet; ich hätte nie erwartet, so aufgenommen zu werden, wie jetzt in der Gemeinschaft mit der Großen Mutter. Und dieses *Aufgenommensein*, das ich fühle, geht wirklich tief«, sagte ich und schüttelte den Kopf, verwundert, wie wahr diese Worte waren. »Dieses heilige Erkennen, oder wie auch immer ihr es nennen wollt, ist tief in meiner Mitte verankert. Und...«, fügte ich hinzu und schüttelte ungläubig den Kopf, »ich kann fühlen, wie es auch in alle anderen eindringt. Heilige Mutter, Heilige Mutter«, flüsterte ich, während ich weiter in ihr schönes Gesicht starrte.

Danach muss ich in einen leichten Schlaf gefallen sein, denn als ich wieder zu mir kam, saßen die Großmütter neben mir. **»Du hast gefragt«**, sagten sie, wobei sie mir tief in die Augen blickten. Und als ich sie wieder ansah, erinnerte ich mich daran, dass ich gefragt *hatte*. Dieses Wunder war geschehen, weil ich sie gefragt hatte, wie wir als Frauen in diesen schwierigen Zeiten leben könnten. Aber als ich diese Frage gestellt hatte, hätte ich mir nie träumen lassen, dass ihre Antwort so aussehen würde.

»Du hast gefragt«, sagten sie wieder, und »Ja, Großmütter«, stimmte ich zu. »Ich habe gefragt und ihr habt geantwortet. *Ich bin euch so dankbar*«, sagte ich und sank vor ihnen auf die Knie. »Ich bin euch dankbar – für mich selbst und ebenso dankbar für alle anderen«, sagte ich. »Danke, danke, geliebte Großmütter. Danke, Heilige Mutter.« Und als ich zu der Mutter und den Großmüttern aufblickte, die gemeinsam vor mir standen, war mein Herz so voll, dass ich kaum noch Luft bekam.

Sie lächelten einander zu, als sie sahen, wie ich mich mühte, die Gaben zu verarbeiten, die ich gerade erhalten hatte. Und an den mitfühlenden Blicken in ihren Gesichtern erkannte ich, dass sie verstanden, dass es eine Menge war, was ich zu verkraften hatte. Und als sie mich weiter ansahen, merkte ich, dass sie sehr tief atmeten. »Oh!« sagte ich und atmete mit ihnen ein. Ihre tiefe, entspannte Atmung war ansteckend, und bevor ich mich versah, atmete ich in einem Rhythmus mit ihnen – tiefe, langsame Atemzüge, ein und aus, ein und aus.

Sie nickten aufmunternd und lächelten, während sie in aller Ruhe dar auf warteten, dass ich wieder zu mir kam. Und nachdem ein paar Minuten vergangen waren und sich meine Atmung wieder normalisiert hatte, drehten sie sich um und deuteten mit einer Geste nach draußen in den Raum vor uns. Ich folgte ihrer Geste mit meinen Blicken.

Dort, bis weit in die Ferne hingebreitet, lag unser ganzer Planet wie eine flach ausgelegte Landkarte. Als ich mit meinen Augen über seine Konturen fuhr, über alle Kontinente unserer geliebten Erde, sah ich, dass das Gewahrsein für die Anwesenheit der Mutter auf der Erde zu erwachen begann. Ich konnte sowohl in Europa als auch in Asien Bewegung sehen. Dann sah ich, wie sie in Vietnam und Kambodscha, in Italien, in China und Sibirien erwachte. Ich sah, wie sie die Menschen der First Nations, alle Stammesvölker und Indigenen auf der Erde umarmte.

Dann sah ich Gruppen leidgeprüfter Frauen, die auf ihre liebevolle Gegenwart reagierten. Überall auf dem Globus spürten die Frauen jetzt eine Veränderung, spürten die Rückkehr der Mutter. Es gab Frauen, die in Gefängnissen saßen, verschleierte Frauen im Nahen Osten, indigene Frauen in der westlichen Hemisphäre, verarmte Frauen und sogar die sogenannten »Trophäenfrauen« der Reichen. Sie alle reagierten auf die Mutter.

»Wow...«, sagte ich, als ich das beobachtete. Die Gegenwart der Mutter durchströmte jetzt das gesamte Energiefeld des Planeten. »Die Verbindung zur Mutter wird überall lebendig«, sagte ich, und »Wow!« flüsterte ich mir zu, als ich spürte, wie das Erwachen auch in mir stattfand. Eine neue Schwingung bewegte sich tiefer in die Zellbetten meines Körpers und verankerte sich vollständig in mir.

»Großmütter!« jubelte ich und warf meinen Kopf zurück. »Was für ein Segen das ist!« Und mein Herz war so voller Dankbarkeit, dass ich kaum Worte finden konnte, um zu beschreiben, was ich fühlte. »Ein großer Segen ist gerade auf uns herabgekommen«, sagte ich schließlich. »Auf uns herabgestiegen«, erklärte ich, »und was für ein Segen für die Menschheit! Dieses Bewusstsein der Mutter wird über eine sehr lange Zeit in uns einwirken«, erklärte ich, und die Großmütter nickten zustimmend. »Das«, wiederholte ich, »wird über eine *sehr lange Zeit* in uns einwirken.

Danke, Großmütter, danke, dass ihr dieses Geschenk in die Welt gebracht habt. Die Mutter kehrt zurück«, staunte ich. »Es ist wirklich wahr!« Aber danach war nur noch Stille, und dann hörte ich mich wieder »Heilige Mutter, Heilige Mutter, Heilige Mutter« singen.

Es dauerte Wochen, bis ich diese Lektion der Großmütter verinnerlicht hatte. Diese Reise hatte mich erkennen lassen, dass ich, obwohl es definitiv die Zeit für die Rückkehr des Göttlich-Weiblichen *war*, immer noch ziemlich unwissend war. Es war klar, dass ich trotz all dem, was ich gelesen, gelernt und mit den Großmüttern erlebt hatte, so gut wie nichts über die Göttliche Mutter wusste. Ich war einfach überfordert. So sehr, dass ich mich nicht in der Lage fühlte, zu erzählen, was mir auf dieser Reise passiert war, niemandem. Wie um alles in der Welt sollte ich *das* erklären?

Und, wie sich herausstellte, habe ich *nie* jemandem davon erzählt. Was mir auf dieser Reise passiert war, was ich an diesem Tag gesehen und erlebt hatte, war zu *groß* gewesen, zu viel, um es mit anderen zu teilen. Tatsächlich fühlte ich mich nicht in der Lage, es überhaupt zu erklären – bis jetzt.

»Teile die Nachricht von meiner Rückkehr. Ich komme für alle.«

Ich machte also eine kleine Pause vom Reisen und kehrte über einen Monat lang nicht zu den Großmüttern zurück. Und als ich wieder in ihre Gegenwart kam, sagte ich: »Großmütter, ich weiß *überhaupt nichts* über die Muttergöttin. Ich weiß gar nichts«, gab ich zu, »aber ich muss es wirklich erfahren. Wenn jetzt die Zeit ihrer Rückkehr *ist*, wenn es etwas gibt, das mir und anderen helfen kann, diese Zeiten des Übergangs, in denen wir leben, besser zu verstehen, dann wäre ich so dankbar, wenn ihr es mir zeigen würdet. Ich möchte lernen, und wenn ihr mir das beibringt, Großmütter«, sagte ich, »verspreche ich, dass ich alles weitergeben werde.«

»Du weißt wirklich nichts«, sagten sie und bestätigten damit, was ich gesagt hatte. Dann schienen sie mich zu mustern. »Das ist wahr, Großmütter«, gab ich zu, während ich darauf wartete, dass sie fortfuhren, »vollkommen richtig.«

»*Wir* werden dich unterweisen«, sagten sie dann und schenkten mir ein bereitwilliges Lächeln. »Okay«, antwortete ich, »danke, Großmütter. Da bin ich erleichtert.« Doch dann fiel mir etwas auf – eine Bewegung hinter ihnen. Wieder bewegte sich dort hinten etwas. »Oh!« sagte ich, »das kommt mir bekannt vor.«

Jetzt kam hinter ihnen eine große Anzahl weiblicher Gestalten heran. Und als sie näherkamen, sah ich, dass es, wie zuvor, Göttinnen waren. »Das ist wie meine letzte Reise, Großmütter«, sagte ich. »Hier kommen sie wieder.«

Scharen von Göttinnen strömten herbei, einige trugen wieder sariähnliche Gewänder, andere Togas und wieder andere waren in Umhänge gehüllt, die sie vollständig bedeckten. Und kaum waren sie herangekommen, brach ich in Tränen aus.

Als sie vorübergingen, reichten mir einige von ihnen die Hand und klopften mir auf den Rücken, während andere innehielten, um mich einen Moment lang zu wiegen. »**Na, na**«, murmelten sie, während sie mich sanft schaukelten und versuchten, mich zu trösten. »**Es ist alles gut**«, sagten sie. »**Wir sind hier. Wir sind hier**«, beteuerten sie und sahen mir tief in die Augen. Aber das brachte mich nur noch mehr zum Weinen.

Als sie sich weiter voranbewegten, merkte ich, dass einige von ihnen Tiere hielten, die sich eng an ihre Brüste schmiegten, während größere Tiere neben anderen einhergingen. Diese Göttinnen sorgten für die Tiere, und als ich ihnen zusah, erinnerte ich mich, dass bestimmten Muttergestalten besondere Tiere zugeordnet waren.

Und wie, um dies zu unterstreichen, trat Athene nun mit einer Eule auf ihrem Handgelenk vor, während Artemis neben einem Hirsch einherging und Saraswathi einen Schwan auf ihrer Schulter trug. Ziegen, Bären, Löwen, Schlangen, Pferde, Hunde und andere Tiere waren da, ebenso alle Arten von Vögeln. Und durch die Art, wie sie es behandelte, war klar, dass jedes dieser Tiere der Mutter kostbar war. Und als ich ihre zärtlichen Bindungen beobachtete, vergoss ich ein paar Freudentränen.

Dann bemerkte ich die Fische. Die Fische schwammen hier ganz nah am Ufer, sie drängelten sich zusammen und versuchten, ihnen näherzukommen. Bemüht, einen Blick auf die Göttinnen zu erhaschen, schwammen sie so nah an das Ufer heran, wie sie konnten. Jede der hier anwesenden Lebensformen war von den Göttinnen genauso angetan wie ich. »*Sie* ist wirklich hier!« flüsterte ich mir zu, immer noch darum ringend zu glauben, was ich sah. »Jetzt!« verkündete ich im Bemühen, mich zu überzeugen. »Jetzt ist sie hier. Jetzt!«

Dann versagte mir die Stimme. Und als ich der Mutter zusah, wie sie mit ihrer Familie der Tiere umging, erweichte die traute Gemeinschaft mein Herz. »Niemand weiß davon«, murmelte ich in mich hinein. »Niemand weiß von dieser Liebe! Dieser Verbundenheit! Und niemand weiß, dass die Mutter zurückgekehrt ist. Ich hatte es auch nicht gewusst!« sagte ich mit piepsender Stimme und schüttelte ungläubig den Kopf. »Aber es ist wahr. Die Mutter *ist* zurück... jetzt! Jetzt! Jetzt!« wiederholte ich bei mir und begann zu zittern.

»**Sei gesegnet, meine Tochter**«, sagte sie. Alle Göttinnen sprachen diese Worte gemeinsam wie aus einem Munde. »Jede von ihnen ist ›sie‹«, flüsterte ich, »und jetzt sprechen sie sogar als eine.« »**Danke, dass du unsere Stimme bist**«, fuhren sie fort. »**Danke, dass du uns hörst, dass du unsere Botin bist. Danke.**« Aber ich schüttelte nur den Kopf. Überwältigt von Gefühlen und unfähig zu antworten, weinte ich einfach weiter. »Überwältigt«, murmelte ich, »ich bin überwältigt.«

Ich holte ein paar Mal tief Luft, als mir klar wurde, dass ich mich beruhigen musste, sonst würde ich sie nicht mehr hören und sehen können. Ich durfte mich davon nicht so überrumpeln lassen, musste akzeptieren, dass sie hier waren, akzeptieren, dass es geschah, wirklich passierte. Die Göttinnen lächelten mich an und begannen, tief mit mir zu atmen, so wie sie es zuvor getan hatten. Nickend und lächelnd atmeten sie synchron, um mir zu helfen, mich in den Griff zu bekommen. Und als ich merkte, wie freundlich ihr Verhalten war, wie liebevoll und wie vergnügt wir alle waren, begann ich zu lachen, und sie lachten mit mir. »Was für ein Wunder!« sagte ich und schüttelte den Kopf, während ich weiterlachte. Und sie taten es mir gleich.

»Okay«, sagte ich schließlich zu ihnen, »ich glaube, ich kann jetzt aufpassen.« »**Gut**«, lächelten sie. »**Wir sind gekommen, um mit dir zu reden**«, sagte eine von ihnen, und als ich genau hinsah, kam sie mir bekannt vor. »Ich glaube, es ist Durga«, sagte ich zu mir, und: »**Ja**«, nickte sie lachend, »**ich bin Durga. Es ist Zeit für die große Krieger-Mutter, und deshalb bin ich hier.**« Und als sie sprach, nickten die anderen Göttinnen. »Offensichtlich sind sie eins mit ihr«, sagte ich. »In diesem Moment sind sie ein Wesen in vielen Gestalten mit nur einer Stimme.«

»**Richte dich nach mir aus**«, sagte Durga und schwang dabei ein Bein über ihr Reittier. Sie winkte mir, ihr zu folgen und es ihr gleichzutun, aber ich konnte mich nicht dazu bringen, mich zu ihr hinzubewegen. Sie winkte mich erneut zu sich, aber ich stand einfach nur da, starr vor Angst. Ihr Reittier war ein Löwe.

»**Hab keine Angst, diesen Ritt mit mir zu unternehmen**«, redete sie besänftigend auf mich ein. »**Du bist bereit dafür, und alles wird gutgehen. Du bist mutig und stark, und nichts kann dir etwas anhaben.**«

»Nichts kann mir etwas anhaben«, wiederholte ich, um mich zu beruhigen, und sie nickte mir zu. Dann schluckte ich schwer und sagte: »Okay, ich bin bereit. Ich werde alles tun, was du mir aufgibst.«

»**Komm mit mir**«, winkte sie und machte auf dem Rücken des Löwen Platz für mich. Also stieg ich auf und schob meine Beine vorsichtig über sein breites Hinterteil. Nun ritten wir beide auf dem Löwen, und als er lostrabte und wir auf ihm schaukelten, konnte ich die Kraft dieses herrlichen Tieres spüren. Sein Fell war warm und weich unter mir, und als ich erkannte, dass es sich so ähnlich anfühlte wie das meines Golden Retrievers, musste ich lächeln.

Auf dem Rücken eines Löwen zu reiten war eigenartig, aber seltsamerweise war es nicht beängstigend. »Ich fühle mich wohl hier«, sagte ich überrascht, als die große Katze sich voranbewegte und Durga und ich im Rhythmus ihres Ganges mitschwangen. Als ich mich auf diese absonderliche Art des Reisens einließ, sagte ich zu mir: »Ich kann kaum glauben, dass es passiert. Und ich werde niemals einer anderen Seele ein Sterbenswörtchen sagen. Niemand wird es mir glauben.«

Die Sonne strahlte auf uns herab, und überall wuchs und blühte es. Überall, wo ich hinschaute, sah ich Tiere, die sich über das Land bewegten, und auch Menschen. »Das ist die Herrlichkeit der natürlichen Welt, die ich hier sehe«, sagte ich mir, und während ich mich an ihrer Schönheit erfreute, wurde mir klar, dass es, obwohl der Mensch der Erde großen Schaden zugefügt hat, immer noch die große Schönheit der natürlichen Welt gibt. Sie ist immer noch gegenwärtig. »**Ja**«, nickte Durga.

»**Das ist die Erde, *wie sie ist***«, sagte Durga. »**Der Schaden, den der Mensch angerichtet hat, ist nicht von Dauer. Die Kräfte der Erde sind größer als der Verstand des Menschen. Der Mensch ist begrenzt**«, sagte sie. »**Wisse das und sei ruhig.**« Ich schaute sie fest an, als sie das sagte. Ich wusste, dass sie versuchte, mir zu sagen, dass die Natur stärker ist als das Verhalten des Menschen, stärker als seine zerstörerischen Tendenzen, aber... »Ich weiß nicht«, sagte ich zu ihr. »Ich möchte glauben, was du sagst, aber ich bin nicht sicher, ob ich es kann. Der Schaden, den der Mensch angerichtet hat, scheint mir ziemlich allgegenwärtig zu sein.«

Sie lachte über meine Antwort und schüttelte den Kopf. »**Richte dich an den wachsenden Dingen aus**«, sagte sie. »**Lege dein Herz in die lebenden Dinge der Erde – die Pflanzen, Tiere und Menschen der Erde. Die sind es, die real sind. Es sind die Dinge des Verstandes, die nicht real sind**«, sagte sie, und ich verstand, worauf sie hinauswollte. »Ja«, stimmte ich ihr zu, »ja, ich verstehe«, sagte ich, »ich werde es tun.«

»**Sprich darüber**«, sagte sie, und ich setzte mich ein wenig aufrechter. »**Sprich zu jeder Frau, die bereit ist, dich zu hören. Sprich auch**«, fügte sie hinzu, »**zu den Männern, die bereit sind, zu hören. Künde von meiner Rückkehr. Ich komme für alle**«, verkündete sie.

»***Alle* sind meine Kinder**«, sagte sie, »**und viele meiner Kinder werden durch das Wissen um meine Rückkehr getröstet sein. Also, lasst sie es wissen. Jede soll sich öffnen für die Gestalt der Mutter, die zu ihr spricht. Sag ihnen, sie sollen lauschen und warten, lauschen und auf mich warten. Ich werde kommen. Und was dich betrifft**«, sagte sie mit einem verschmitzten Lächeln, »**beschäftige dich mit deiner Kunst. Geh an die Arbeit. All die Zeichnungen und Gemälde, die du jetzt schaffst, haben mit meiner Wiederkunft zu tun. Wusstest du das?**« fragte sie. »Nein, das wusste ich nicht«, sagte ich, überrascht von ihrer Frage. »Aber jetzt werde ich in meiner Arbeit nach dir suchen.«

»**Unternimm diesen Ritt mit mir**«, sagte sie, und ich sah mit fragendem Blick auf. »Jetzt meint sie mehr, als auf diesem Löwen zu reiten«, sagte ich zu mir, und sie lachte laut auf.

»**Ruf mich an**«, sagte sie. »**Sei mit mir. Und wenn du deine Liebe gibst, gib sie denen, die fähig sind, deine Liebe zu erwidern. Ideen sind vergänglich, und Geld hat kein Leben in sich**«, sagte sie. »**Geh nicht dorthin. Geh stattdessen zu deinem Herzen. Dort ist das Leben. Ver-**

traue auf dein Herz. Dort lebe *ich*, und aus deinem Herzen werde ich zu dir sprechen. Warte jetzt auf mich und lausche auf meine Führung«, befahl sie. »**Du wirst meine Führung am Gefühl der Liebe erkennen, das in dir aufsteigt, wenn du meine Weisung vernimmst.**« Und mit einem freundlichen Lächeln sagte sie: »**Vertraue darauf.**«

»Ja«, antwortete ich und neigte ehrfürchtig den Kopf. »Das werde ich. Ich werde es tun.« Und dann merkte ich, dass ich nicht mehr mit ihr auf dem Löwen saß, sondern dass sie davonritt. Sie hob die Hand zum Gruß und winkte mir zum Abschied zu. »**Auf Wiedersehen für diesmal.**«

Wer ist sie?

Nach diesen letzten beiden Reisen zu den Großmüttern und besonders nach dem Gespräch mit der Göttlichen Mutter Durga wurde mir klar, dass das, was ich lernte, nicht nur für mich bestimmt war. Ich musste einen Weg finden, es anderen mitzuteilen.

Über Tausende von Jahren wurde uns Menschen gesagt: »Es gibt keine Mutter. Es gibt nur einen Vater.« Vor langer Zeit hat das Patriarchat diese Geschichte so installiert, dass dieses einseitige Narrativ alles war, was man wusste. Das Patriarchat hat im Grunde das Wissen um die Mutter und ihre Geschichte ausgelöscht. Alle organisierten Religionen auf der Erde sind patriarchalisch, ebenso alle Institutionen der Welt. Sie drehen sich um Männer – sind ausgerichtet auf die männliche Perspektive, kontrolliert von Männern und geführt in einem hierarchischen, von oben nach unten ausgerichteten System. »Also«, fragte ich mich, »wer soll dann glauben, dass die Mutter plötzlich auf die Erde zurückgekehrt ist? Und selbst wenn Menschen für diese Idee offen sind, wie in aller Welt werden sie mit der Göttlich-Weiblichen in Beziehung treten? Sie wissen ja nicht einmal, wer sie ist.

Wer *ist* sie?« fragte ich mich. »Wie sieht sie aus? Was ist ihr Name und was ist ihre Geschichte?« Als ich darüber nachdachte, wurde mir wieder einmal klar, dass ich, wenn ich das Konzept der Mutter einführen wollte, für die meisten Menschen bei null anfangen musste. Da ich nicht wusste, wo ich sonst nach Hilfe für diese Aufgabe suchen sollte, begann ich, das

Internet zu durchforsten und nach Bildern der Großen Mutter in all ihren Erscheinungsformen zu suchen. Ich suchte nach Informationen über die Göttlich-Weibliche. Hatten andere auch nach ihr gesucht, fragte ich mich? Und: Hatten sie Erfolg gehabt?

Anfangs war das Internet für mich keine Fundgrube für Informationen. Zunächst musste ich mich durch Unmengen von Bildern von Sexobjekt-Göttinnen wühlen – von Comic-Covern bis zu Pinup-Girls. Aber ich gab nicht auf und fand schließlich heilige Bilder – antike Kunst, Mythen und Geschichten, die in Kulturen der ganzen Welt entstanden waren. Die meisten von ihnen stammten aus der Zeit vor der schriftlichen Aufzeichnung von Geschichte… und obwohl viele Details dieser Mythen und Geschichten im Laufe der Zeit verlorengegangen sind, führte mich meine Suche nach der Muttergöttin schließlich in eine Schatzkammer.

Bei meiner Suche fand ich heraus, dass alle Göttinnengeschichten ein gemeinsames Thema hatten. In allen Geschichten verkörperte die Göttin, ob sie nun eine tatsächliche *physische* Mutter war oder nicht, ausnahmslos Eigenschaften der Mutter. Sie war mächtig. Sie war liebevoll. Und sie setzte sich immer für *alle* ihre Kinder ein. Sie mochte jung, alt, rot, weiß oder schwarz sein, aber sie war unerschütterlich mutig, kraftvoll und treu. Und in den Märchen legte sich *niemand* mit der Mutter an.

In Zusammenarbeit mit den Frauen in den Lichtnetzgruppen druckten wir diese Göttinnenbilder aus, hängten sie bei unseren Treffen an die Wände und baten die Großmütter, uns Aktivitäten und Zeremonien zu geben, die uns helfen würden, eine Verbindung mit der Mutter aufzubauen. Wir waren begierig, eine starke Beziehung mit dem Weiblich-Göttlichen aufzubauen: Wir suchten nach einer persönlichen Verbindung mit der Mutter. Wir sangen die Lieder der Großmütter, meditierten mit der Mutter und baten um ihre Führung. Und während wir all das taten, wuchsen Festigkeit und Vertrauen, und das Weibliche Prinzip wurde immer lebendiger in uns.

Die Großmütter, die selbst auf die Erde gekommen waren, um den Weg für die Rückkehr der Mutter zu ebnen, zeigten uns den Weg. Geduldig lehrten sie uns, wie wir uns mit diesem, unserem bislang fehlenden Elternteil, in Beziehung setzen sollten. Und als sie zu uns zurückkehrte, vergossen wir viele Tränen und erblühten gemeinsam in Freude. Wir nahmen an einer Wiedervereinigung teil, einer *Familienzusammenführung.*

»Bitte uns um einen Vorgeschmack auf dein wahres Selbst und genieße es dann.«

Ich konnte jetzt meinen Weg spüren, fühlte mich wohl, wenn ich mit der Göttin meditierte und sie anrief. Jedes Mal, wenn ich mich an den Ausdruck auf dem Gesicht der Mutter erinnerte, als sie bei den Großmüttern stand, durchströmte eine große Wärme meinen Körper. Vor meinem geistigen Auge konnte ich sie und die Großmütter zusammenstehen sehen, und mein Herz war voll. Mit jedem Mal, wenn das Gefühl ihrer Umarmung aufkam und ihr gütig liebender Blick auf mich fiel, wurde mir die Muttergöttin vertrauter.

Eines Tages ging ich zu den Großmüttern und bat sie um eine Botschaft für mich und für alle anderen. Es war wieder Zeit, einen Rundbrief mit einer Lehre der Großmütter herauszugeben. Sie schauten mich aufmerksam an, als ich meine Bitte vortrug, und schienen über etwas nachzudenken. »**Du bist ein Baum**«, sagten sie schließlich, und ich sah sie unverwandt an. »**Nicht die Art von Baum, die man in Parks oder an der Straße sieht**«, erklärten sie, und jetzt starrte ich wirklich. Worauf wollten sie hinaus?

»**Nicht ein Baum in deinem Garten, der eine Zeitlang lebt und dann weg ist**«, sagten sie. »**Nein**«, erklärten sie. »**Du bist der Weltenbaum. Du bist ein Leben, ein unteilbares Leben. Das Leben, das *du* bist**«, erklärten sie und sahen mich ernst an, »**die Kraft, die *du* bist, liegt jedem Baum, jedem Menschen, jedem Gewässer, *allem* auf der Erde zugrunde. Du bist das ewige Leben, von dem die Schriften sprechen**«, sagten sie und lächelten zufrieden, als sie mich betrachteten. »**Es gibt nichts Unbeständiges an dir. Überhaupt nichts**«, betonten sie, und nun war ich sprachlos. Ich starrte sie nur weiter mit offenem Mund an.

In meinem Kopf wirbelten unzusammenhängende Bilder von Bäumen und Zitate aus der Bibel umher, aber die Großmütter waren noch nicht fertig. »**Du verwechselst das ›Du‹ von dir oft mit deinem Körper**«, erklärten sie. »**Du verwechselst es auch mit deiner Persönlichkeit und mit den verschiedenen Gedanken, die durch dein Bewusstsein huschen. Aber du bist nicht die Dinge, die in einem Moment hier sind und im nächsten weg**«, sagten sie. »**Du bist jenseits all dieses Fließens und Flatterns. *Riesig!***« erklärten sie dann und warfen bei diesen Worten ihre Köpfe zurück. »**Du bist gewaltig!**

Im Moment verändert sich die Welt um dich herum so schnell, dass du es nicht fassen kannst«, erklärten sie. »**Du bist schockiert darüber, wie die Dinge ablaufen**«, sagten sie. »**Alle heiligen Kühe deiner Kindheit fallen zusammen. *Alles* ist im Fluss**«, erklärten sie, und als sie sprachen, konnte ich die Schnelligkeit dieser Veränderung spüren. Ich zitterte jetzt und konnte kaum noch atmen. »**Der Wandel vollzieht sich in Windeseile**«, sagten sie, »**du kannst damit nicht Schritt halten. Versuche es gar nicht erst.**« Sie schüttelten den Kopf. »**Beobachte es einfach. Sei diejenige, die beobachtet.**

Und das kannst du«, nickten sie und wedelten langsam mit den Händen, »**weil du diejenige bist, die sich nie verändert. Das ›Du‹ von dir liegt allem zugrunde, was du als ›Realität‹ ansiehst**«, sagten sie, und ich holte tief Luft und bemühte mich zu verstehen, worauf sie hinauswollten. »**Du bist mehr als all das**«, sagten sie und deuteten auf alles um mich her. »**So viel mehr. Also lass die ganze Geschäftigkeit des Lebens einfach weitergehen, wie sie will**«, sagten sie, wobei sie beschwichtigend ihre Hände hoben.

»**Bleibe einfach ruhig sitzen. Rufe uns an. Werde langsam**«, sagten sie dann und machten eine entsprechende Handbewegung, »**und wenn du endlich spürst, dass du innerlich ruhig wirst, bitte uns, dir einen Vorgeschmack auf deine ›echte‹ Realität zu geben. Nur eine Kostprobe**«, sagten sie. »**Wir werden dir gerade genug geben.**

Bitte uns um diesen Vorgeschmack auf dein wahres Selbst und genieße, wie es ist. Nimm dir die Zeit, den unveränderlichen Kern dessen anzunehmen, was du als ›Ich‹ betrachtest. Du brauchst ab und zu eine Dosis Realität«, bekräftigten sie, »**eine Dosis von dem, was du wirk-**

lich bist. Du brauchst das, damit du besser mit der kopfstehenden Welt, in der du lebst, zurechtkommst. Du brauchst es, und wir sind glücklich, es dir zu geben. Und alles, was du tun musst, um es zu bekommen, ist, innerlich ruhig zu werden, uns darum zu bitten und dann einfach zuzusehen, was passiert. Versuche es gleich jetzt«, sagten sie. **»Es wird dir guttun.«**

Ich nahm auf, was sie sagten. Doch vor allem wurde mir bewusst, dass ich mit Information angefüllt war. Voll davon! Ideen und Fragen über das, was die Großmütter gesagt hatten, spukten in meinem Kopf herum. Ich war mir nicht sicher, ob ich alles verstanden hatte, was sie mir gerade erklärt hatten, aber ob ich es verstand oder nicht: Was sie mir vermittelt hatten, hatte etwas Wahres, und Wahrheit war das, was ich wollte. Also tat ich – trotz des Wirrwarrs an Gedanken, die um meine Aufmerksamkeit rangen –, was die Großmütter mich geheißen hatten. Ich verlangsamte mein Tempo und gab es auf, alles verstehen zu wollen, was sie gesagt hatten. Dann wartete ich. Es fühlte sich an, als ob ich darauf wartete, dass mein Verstand die Wahrheit, die die Großmütter gesprochen hatten, verstand. Oder vielleicht wartete ich darauf, dass mein Körper sich öffnete und diese Wahrheit anerkannte. Wie auch immer, ich wartete. Ich saß still und war gewillt, einfach zu empfangen, was immer sie mir geben wollten. Ich wartete und beobachtete.

Und während ich da saß, wurde mir gewahr, wie ein friedvolles Gefühl in mir erwachte, und ich merkte, dass sich meine Perspektive veränderte. Das ganze Drama in meinem Kopf war immer noch im Gange. Tatsächlich war der Ansturm der Gedanken und Ideen genauso schnell, einnehmend und verrückt wie immer. *Aber ich war es nicht.* Jetzt war ich in der Lage, einfach zu beobachten. Vielleicht hatte das ruhige Sitzen das Drama irgendwie abschwächen können. Jedenfalls waren die Hektik und das Drama jetzt in den Hintergrund getreten, und ich konnte alles mit einem weiten Blickwinkel beobachten. *Ich mochte das.* Es war friedvoll. Es war ruhig. Das war eine Perspektive, mit der ich leben konnte. Jetzt konnte ich alles sehen, aber ich wurde von nichts davon beeinflusst. Dieses Warten und Empfangen war gut für mich.

Ein paar Wochen nach dieser Erfahrung mit dem Empfangen kehrte ich zu meinen weisen Lehrerinnen zurück, und als sie mich sahen, sagten sie: »**Wir haben eine Zeit der Öffnung.**« Und dabei bewegte sich etwas vor mir, etwas Farbiges. Ich schaute es an und erkannte, dass es eine Blume war, die sich vor mir entfaltete. Als sich ihre Blütenblätter langsam und anmutig zurückbogen, konnte ich sehen, dass die Mitte der Blüte voll Licht war. Und je tiefer ich in das Zentrum dieser Blüte blicken konnte, desto heller wurde es. Die Blüte leuchtete von innen, und ihr Mittelpunkt hatte eine große Tiefe. Wie ein immer heller werdender Trichter fiel die Mitte immer tiefer in das Licht, so tief und so blendend hell, dass ich nicht bis zum Grund sehen konnte. Und während ich weiter zusah, öffnete sich die Blüte weiter.

»**Dorthin führen wir dich**«, sagten die Großmütter, »**dorthin gehst du. Tiefer ins Licht.**« »Oh!« stieß ich überrascht aus. Und dann hörte ich irgendwo weit in der Ferne eine schöne Stimme singen: »Welt ohne Ende, Amen, Amen.«

»**Ja!**« erklärten die Großmütter, nachdem das zweite »Amen« erklungen war, mit strahlenden Gesichtern. »**Dieses Licht hat kein Ende, diese Schönheit hat kein Ende.**« Und als sie mir in die Augen blickten, sagten sie: »**Es gibt kein Ende der Schönheit, die *du* bist. Wer du bist, dehnt sich jetzt aus, und du wirst dich weiter ausdehnen. Weit über deine kühnsten Träume hinaus**«, sagten sie, und ich merkte, dass sie meinen Blick festhielten.

Ich sah sie an, überrascht, fassungslos über ihre Worte und über den Blick, den sie mir jetzt zuwarfen. »**Mach dir keine Sorgen**«, sagten sie. »**Es wird sich allmählich ergeben. Die Erweiterung, von der wir sprechen, wird dich nicht überwältigen. Du wirst sie sogar *lieben***«, versicherten sie mir. »**Deine Fähigkeit, dich gut zu fühlen, Gutes zu tun und gut zu sein, wird nun weiter und weiter anwachsen. Und dieser wachsende Vorrat an Gutem in dir wird dir enorme Freude bereiten, eine immer größere Freude.**«

Da fing ich an zu lachen. »Ich glaube, ich spüre jetzt vielleicht ein bisschen was davon, Großmütter!« sagte ich. »Euren Worten zu lauschen, hat dieses leichte, glückliche Gefühl in mir hochgebracht, und das ist *nichts,* worauf ich selbst hätte kommen können«, sagte ich und schüttelte den Kopf. »Das ist… ist… so anders.

Ich schätze, ich bin nicht daran gewöhnt, diese Art von Leichtigkeit zu spüren. Ich bin eher daran gewöhnt, einfach immer weiterzumachen, Großmütter«, erklärte ich, »mich irgendwie durchs Leben zu schleppen, und das Leben, nun ja…«, ich seufzte, als ich weiter darüber nachdachte, »das Leben ist in letzter Zeit so *schwierig* geworden. So viele Menschen leiden jetzt, und überall auf der Welt«, erklärte ich, »gibt es so viel Wut und Angst. Alles ist jetzt sehr instabil, und niemand, mich eingeschlossen, scheint zu wissen, was man dagegen tun kann.« Ratlos schaute ich die Großmütter an.

»**Wir wissen es!**« lachten sie. »**Wir wissen das alles! Und obwohl das, was du sagst, wahr ist, geht all das jetzt zu Ende. Wir müssen nicht mehr lange warten**«, sagten sie und hoben ihre Hände: Ich sollte mir keine Sorgen machen. »**Bald wird sich alles öffnen auf der Erde**«, sagten sie. »**Und *du***«, betonten sie, »**beginnst bereits, dich zu öffnen. Und es wird mehr werden**«, versprachen sie und lächelten einander verschwörerisch zu.

»**Denke an die sich öffnende Blüte, die wir dir gerade gezeigt haben**«, sagten sie, »**und bewahre sie in deinem Geist. Erinnere dich an die Tiefe des Lichts in ihrer Mitte. *Das* ist es, wohin du gehst**«, betonten sie. »**Tiefer, breiter, größer – *mehr* Licht!**« verkündeten sie und dann brachen sie in Gelächter aus. »Okay, Großmütter, okay«, sagte ich. »Ich fange an, es zu spüren. Ich fange an, das Licht vor mir zu spüren, und ihr habt recht. Das *ist* der Ort, an den ich gehen will. Also, führt mich weiter, Großmütter. Führt mich.«

Nachdem ich das gesagt hatte, tat ich einen langen, tiefen Atemzug, und als ich ausatmete, sagte ich: »Bringt mir etwas über die Muttergöttin bei, Großmütter. Ich weiß so wenig über sie, und es scheint wichtig zu sein, sie zu verstehen. Wenn ich damit richtig liege, dann lehrt mich bitte, was ich am dringendsten über sie wissen muss.«

Die Großmütter standen schweigend zusammen und beobachteten mich einfach. »**Gott die Mutter ist über allem**«, sagten sie. »**Sie liegt**

unter allem und sie ist in allem. Dein Körper ist *ihr* Körper«, sagten sie, und ich erschrak. »Mein Körper?« »**Deine Arbeit ist *ihre* Arbeit**«, fuhren sie fort. »**Es gibt keine, überhaupt keine Trennung, zwischen dir und der Muttergöttin.**«

Dann hielten sie inne und sahen mir in die Augen. »**Bete nicht *zu* ihr**«, sagten sie, und ich blinzelte und erschrak ein wenig. »**Rufe sie in dir selbst an**«, sagten sie und nickten langsam, um die Aussage zu unterstreichen. »**Was wir jetzt über Gott die Mutter sagen, gilt auch für Gott den Vater. Das männliche Prinzip ist ebenfalls anwesend in dir**«, sagten sie, und ich richtete mich auf, als ich das hörte. Das war etwas, das ich nie in Betracht gezogen hatte, und die Großmütter jetzt so klar und deutlich davon sprechen zu hören, klang tatsächlich ein bisschen blasphemisch.

»**Wir verstehen deine Verwirrung**«, sagten sie und lachten über meine Reaktion, »**aber vor langer Zeit wurde Gott der Vater vom Patriarchat zu dessen Vorteil vereinnahmt. Damals trennte das Patriarchat Gott und Menschheit. Diese ›Vereinnahmung‹ von Gottvater hat unsägliches Leid über die Menschheit gebracht, und außerdem**«, fügten sie hinzu, »**wurde es den Menschen dadurch schwergemacht, die wahre Natur des männlich Göttlichen zu verstehen.**

Jene, die die Menschen von Gott getrennt haben«, sagten die Großmütter, »**taten dies zu ihrem eigenen Vorteil, wie sie meinten. Wenn der Mensch von Gott getrennt war, so dachten sie, wie konnte der Mensch dann hoffen, Gott zu erreichen? Natürlich nur durch die Strukturen, die das Patriarchat vorgibt**«, antworteten sie. »**Niemand konnte Gott direkt kennenlernen; er musste durch einen Mittelsmann gehen – einen Priester.**

Das haben alle Weltreligionen gemeinsam«, sagten die Großmütter. »**Der Mensch muss *unterwiesen* werden, wie er sich gegenüber ›Gott‹ zu verhalten hat. Und in den meisten Fällen muss der Mensch von Männern unterrichtet und kontrolliert werden, *besonderen* Männern, die *wissen,* wie man Gott erreicht. Das Patriarchat wurde eingerichtet, um den Menschen von Gott zu trennen**«, sagten die Großmütter, »**um den Menschen vom Menschen zu trennen, den Menschen vom Tier. Um den**

Menschen vom Leben zu trennen. Das Patriarchat«, sagten sie, **»ist der alles durchdringenden Wahrheit des Einsseins völlig entgegengesetzt. Es versteht die eine Liebe nicht.**

Aber«, sagten die Großmütter, und dabei richteten sie sich zu ihrer vollen Größe auf, **»die Zeit des Patriarchats ist zuende. Es ist kein Leben mehr im Patriarchat, kein Saft«**, sagten sie. **»Es ist ein totes System, und obwohl es noch eine Weile versuchen wird, die Menschheit zu kontrollieren, wird ihm das nicht mehr gelingen. Seine Zeit ist vorüber«**, sagten sie mit Bestimmtheit. **»Mit der Rückkehr der Muttergöttin kehrt die Ganzheit und Ganzheitlichkeit ins Leben zurück. Der Fluss der Liebe, der sich nun von der Quelle aus in alle Lebensformen ergießt, ist unwiderstehlich. Und wer«**, fragten sie, **»kann reiner Liebe widerstehen?**

Die Muttergöttin muss in dieser Zeit zurückkehren«, sagten die Großmütter, **»weil der Mensch ohne sie nicht mehr leben kann. Hier auf der Erde gibt es schon viel zu lange zu viel Verstand und zu wenig Herz. Es ist die Mutter, die das Herz nährt, aber das Herz der heutigen Menschheit ist ausgetrocknet; es hungert nach Nahrung. Nach** ***echter*** **Nahrung«**, sagten sie.

»Vor mehr als zwanzig Jahren haben wir dir gesagt, dass wir, der Große Rat der Großmütter, gekommen sind, um den Weg für die Rückkehr der Mutter zu ebnen. Nun«, sie schauten mir in die Augen, **»das haben wir getan. In diesen mehr als zwanzig Jahren haben viele von euch etwas über das weibliche Prinzip gelernt, haben etwas über die Qualitäten von Yin erfahren und wie man mit dem Netz aus Licht arbeitet. Wir haben euch gebeten, ›unsere Botschaft zu** ***leben*****‹,«** sagten sie, **»und das habt ihr versucht. Ihr wart gute Schülerinnen, und im Laufe der Jahre haben wir genug von euch zusammengebracht, um uns zu helfen, ein Fundament für die Rückkehr der Mutter zu legen. Ihr habt unerschütterlich mit uns gearbeitet, und gemeinsam haben wir erreicht, was wir uns vorgenommen haben. Jetzt«**, sagten sie, und hielten bedeutungsvoll inne, **»kommt** ***sie.***

Sucht sie in eurem Herzen«, sagten die Großmütter, **»und sucht sie in eurem Spiegel. Wenn du vor deinem Spiegel stehst und tief in deine**

eigenen Augen blickst, wirst du Kontakt mit der Mutter aufnehmen. Wenn du deinem Herzen erlaubst, sich zu öffnen und anderen gegenüber weich zu werden und auch gegenüber dir selbst, wird *sie* in dir lebendig. Freue dich an den Bildern der Gottesmutter, die dir Freude bereiten. Sprich die vielen Namen ihrer Gestalten – Maria, Brigit, Kwan Yin, Athene, Fatima, Durga… und Hunderte mehr«, sagten sie. »Zünde Kerzen vor einem Bild von ihr an, das du liebst, singe ihre Lieder, liebe sie in all ihren herrlichen Formen, aber lass dir nicht einreden, dass sie irgendwo ›da draußen‹ wohnt. *Sie lebt nicht außerhalb von dir.* Das ist einfach nicht wahr. Sie lebt in dir. In dir«, wiederholten sie mit leiser Stimme.

»Heiße die Mutter in deinem Leben willkommen, so, wie du uns willkommen geheißen hast«, sagten sie, »so, wie du jegliche göttliche Gestalt, die du liebst, willkommen geheißen hast. Sie ist real, und sie ist jetzt hier«, sagten sie. »Keine ferne göttliche Mutter mehr«, sagten sie mit einem Kopfschütteln. »Nein!« riefen sie. »Nimm dieses Wissen auf und ruhe darin. Atme tief, denke an sie und nimm das alles in dir auf.

Wir sind sehr glücklich mit dir. Du hast so lange auf diese Zeit gewartet. Die Mutter lebt und sie lebt in dir«, sagten sie. »Glaube es!! Wir sagen es dir«, sagten die Großmütter mit überquellenden Herzen, »und wir sagen immer die Wahrheit.«

KAPITEL 10

Das Arbeitsbuch der Großmütter

In diesem Band haben wir alle in den drei Vorgängerbänden schon enthaltenen Übungen noch einmal zusammengefasst, damit sie alle in einem Buch zu finden sind.

»Dies sind Werkzeuge zur Förderung der individuellen Ermächtigung.«

»Von etwas« zu wissen, ja sogar, es zu »wissen«, ist nicht dasselbe, wie es zu leben. Die Meditationen der Großmütter sind daher so eingerichtet, dass sie ein intuitives Verständnis der Wahrheiten vermitteln, die sie mit uns geteilt haben. Einige der Meditationen in diesem Buch sind hier noch einmal zusammengetragen, damit ihr den direkten Zugang habt.

Diese Lehren haben mehrere Bedeutungsebenen und sind »Werkzeuge zur Förderung der individuellen Ermächtigung«. Unabhängig davon, ob du dich für die Ermächtigung der Großmütter entschieden hast oder nicht, werden dir diese Werkzeuge helfen, ihre Arbeit in die Praxis umzusetzen. »**Diese Meditationen verankern unsere Lehren, so dass unsere Lektionen tief ins Innere deines Körpers und Geistes dringen und dort bewahrt werden können. Dann können sie zu deiner eigenen Wahrheit werden. Wenn du diese Wahrheiten aufgenommen hast**

und in dir trägst, werden sie nicht mehr nur Gedanken sein, die durch deinen Geist gehen, sondern in der Tiefe verankert.«

Die Meditationen der Großmütter führen zur Veränderung. Es sind keine intellektuellen Übungen, sondern Möglichkeiten, eine andere Art des Seins zu erleben. Dieser Teil des Buches ist als Arbeitsbuch für jene gedacht, die eine aktive Rolle bei dieser Arbeit spielen möchten. Einige Meditationen sind einfach, während andere komplexer sind, aber alle sind so konzipiert, dass sie dir helfen, dein Gewahrsein und dein Bewusstsein zu heilen, ins Gleichgewicht zu bringen und zu erweitern. Und während dies geschieht, wirst du durch dein eigenes Dasein alles Leben auf Erden segnen. Du kannst, wenn du willst, diese Meditationen aufzeichnen, damit du direkt auf die Kraft in den Worten der Großmütter hören kannst.

VORBEREITENDE ENTSPANNUNGSÜBUNG

Wenn du mit dem Meditieren nicht vertraut bist, bringt dich diese einfache Methode in eine Entspannung und bietet einen Einstieg in die Arbeit mit den Großmüttern. Benutze sie nach Bedarf vor den jeweiligen Meditationen.

Finde zunächst einen Ort, an dem du allein sein kannst, nimm Platz und denke darüber nach, warum du diesen Platz eingenommen hast. Was erwartest du von dieser Erfahrung? Du bist vielleicht nur neugierig auf diese sogenannten Großmütter, oder du möchtest dich der Gegenwart des Göttlichen öffnen. Sei dir darüber im klaren, was du willst, wenn du an diese Arbeit herangehst. Deine Klarheit ehrt sie und dich. *Das ist deine Absicht.*

Sobald du dich hingesetzt hast, lasse deinen Körper eine offene Haltung einnehmen. Deine Arme und Beine sind gerade, es sei denn, du sitzt im Schneidersitz auf dem Boden. Nimm dir einen Augenblick, um wahrzunehmen, wie perfekt der Stuhl oder der Boden dich trägt. Sie tragen uns zu jeder Zeit, auch wenn wir es selten wahrnehmen. Fühle deinen Kontakt mit dem Stuhl oder dem Boden und nimm wahr, wie angenehm oder weniger angenehm du dich fühlst.

Wie nimmt dein Körper den Raum ein? Wo ruht sein Gewicht? Achte auf alle Teile deines Körpers. Sind deine Füße schwer auf dem Boden? Spürst du deine Füße? Nimm dir die Zeit, die du brauchst, um anzukommen, und beobachte, was in dir vorgeht, mit einer gewissen Distanz, etwa wie bei einer Inventur. Schlägt dein Herz schnell oder langsam? Ist der Atemrhythmus regelmäßig oder unregelmäßig? *Nimm es einfach wahr.*

Nimm einen langsamen, tiefen Atemzug, und wenn du ausatmest, denk daran, wie du das Alte loslässt (alte Gedanken, alte Einstellungen, alte Luft), und wenn du einatmest, denk daran, wie du das Neue aufnimmst. Schließe die Augen und mache das drei- bis viermal. Spüre, wie sich dein Atem in einem tiefen, langsamen Rhythmus ein- und auswärts bewegt. *Das Alte loslassen, sich dem Neuen öffnen.*

Beobachte, wie dein Herz schlägt, und nimm seinen Rhythmus wahr. Wird er langsamer? Beschleunigt er sich? Wie ist die Temperatur deines Körpers? Dein Herz kann schnell oder langsam schlagen. Dein Körper kann sich warm oder kühl anfühlen. Du bist vielleicht angespannt oder entspannt, wenn du beginnst, aber versuche nicht, etwas an dir zu ändern. Dränge dich nicht, »bemühe« dich nicht, dich zu entspannen. Beobachte einfach, ohne dich zu beurteilen. *Beobachte und nimm dir Zeit.*

Achte darauf, wo dein Körper angespannt ist und wo er sich weicher anfühlt, wenn du den Atem anhältst oder schnell oder langsam atmest. Kein Urteilen. Keine Eile. *Beobachte einfach weiter,* ohne dich zu bewerten. Wenn du dich schließlich entspannt hast, kannst du die Großmütter wissen lassen, dass du bereit bist, mit ihnen zu arbeiten.

DAS NETZ AUS LICHT

Wir beginnen mit der Meditation über das Netz aus Licht. Die Großmütter bitten uns, diese Meditation oft durchzuführen, um die Gnade dieses leuchtenden Tragwerks auf alle und alles auf der Erde auszudehnen.

»Beginne mit dem Netz aus Licht zu arbeiten«, sagen sie, **»indem du an ein riesiges leuchtendes Fischernetz denkst, das sich über die Erde und in die Ferne erstreckt so weit das Auge reicht. Dies ist das große**

Lichtnetz, das die Erde und alles Leben auf diesem Planeten während der kommenden Zeiten des Wandels halten und tragen wird. Das Lichtnetz bedeckt die Erde von oben, es bedeckt sie von unten, und es durchdringt die Erde wie ein großes Gitternetz, das in allem ist, es berührt und hält. Dies ist das Netz aus Licht, das die Erde halten wird, wenn sich die Energien von Yin und Yang verschieben. Und sie werden sich verschieben«, sagen die Großmütter, »der Wandel hat bereits begonnen.

Tritt vor und nimm deinen Platz im Lichtnetz ein. Irgendwo, wo sich zwei der Stränge zu einem X oder T verknüpfen, ist ein Ort, der sich für dich genau richtig anfühlt. Tritt vor und nimm dort deinen Platz ein. Hier kannst du dich ausruhen und dich vom Lichtnetz halten und tragen lassen, während gleichzeitig du es hältst und trägst.

Wir haben dir immer wieder gesagt, dass das Lichtnetz vom Juwel des Herzens erleuchtet wird. Und das ist wahr«, sagen die Großmütter. »Erlebe jetzt, wie sich das strahlende Juwel deines Herzens zu öffnen beginnt und sein Licht entlang der Stränge des Netzes ausstrahlt. Jeder Mensch, der mit dem Lichtnetz arbeitet, ist im Licht mit anderen verbunden, die ebenfalls mit ihm arbeiten. Erlebe deine Vereinigung mit Menschen auf der ganzen Welt, die jetzt durch das Lichtnetz verbunden sind. Einige von ihnen nennen es ein Lichtnetz, andere nennen es ein leuchtendes Gitter, wieder andere nennen es Indras Netz, aber wie auch immer sie es nennen, es ist das gleiche Gebilde.

Rufe das Netz an und finde deinen Platz darin«, sagen sie, »denk daran, Licht aus diesem riesigen Netzwerk zu empfangen und in es hineinzuschicken. Und wenn du diesen Gedanken denkst, wird ihm sofort eine Energie folgen, und du wirst das Lichtnetz spüren, das in dir und durch dich wirkt.

Erlebe deine Vereinigung mit uns und mit all denen, die mit uns arbeiten. Es gibt Tausende von euch auf der ganzen Erde. Erlebe auch deine Vereinigung mit den geweihten und heiligen Orten auf diesem Planeten und den geweihten und heiligen Wesen, die in dieser Zeit gekommen sind, um die Katastrophe abzuwenden, die die Erde bedroht – die großen

Heiligen, Weisen und Avatare, die jetzt gekommen sind und im Dienst gerne ihr Leben geben. Erlebe deine Vereinigung auch mit jenen Gutherzigen, die nach dem höchsten Guten für das Leben auf der Erde streben. Erkenne und fühle die Kraft dieser Vereinigung und lass deinen Körper diese Kraft des Guten und die Kraft für das Gute erleben.

Sobald du diese Kraft deutlich gespürt hast, beginne, das Netz aus Licht jenen zuzuwerfen, die noch nichts von ihm wissen. Wirf es aus, wo immer es auf Erden Leid gibt«, sagen sie, »wirf es Menschen und Tieren zu oder Zuständen, wirf es allen Lebensformen und Mutter Erde selbst zu. Wirf es auch Menschen zu, die dienen möchten, aber noch keinen Zugang zum Göttlichen gefunden haben, denn wenn du das Lichtnetz auswirfst, werden viele, die bis heute nichts von der grundlegenden Verbindung, die wir alle teilen, wissen, allmählich erwachen und den Funken der Göttlichkeit in sich spüren, der zum Leben erwacht. Bitte nun das strahlende Lichtnetz, alles Leben in seiner Umarmung zu halten, und wisse, dass du jedes Mal, wenn du so arbeitest, zur Ausdehnung und Macht des gewaltigen Netzes beiträgst.

Wirf das Netz allen Frauen und Männern überall zu«, sagen sie. »Wirf es den Führern dieser Welt zu, um sie daran zu erinnern, dass sie ein wertvoller Teil des Lichtnetzes sind, das das Leben trägt und hält. Wirf es dem Tierreich zu und bitte darum, dass jedes Tier das bekommt, was es am meisten braucht; desgleichen mit dem Pflanzenreich und auch mit dem Mineralreich. Wirf es allem zu, was lebt«, sagen die Großmütter, »und wenn du das getan hast, bitte: ›Mögen alle auf der ganzen Welt glücklich sein.‹

So«, sagen sie, »arbeitet man mit dem Lichtnetz. Es gibt keinen größeren Dienst, den du leisten könntest. Wir bitten dich, von Herzen zu geben und jeden Tag mit dem Lichtnetz zu arbeiten. Tue es für dich selbst und tue es für alles, was lebt.

Wir segnen dich.«

DER KRUG UND DER BECHER

»An uns ist es, zu geben. An dir ist es, zu leben.«

Um zu erfahren, wie es ist, wenn die Großmütter dich aus der Quelle vollfüllen, beginne genauso wie in den vorherigen Übungen. Suche dir einen ruhigen Platz und mache es dir bequem. Dann rufe die Großmütter an und bitte sie, dich in einen sonnigen Raum zu bringen, wo du dem Krug und dem Becher begegnen kannst. Sobald du danach fragst, fällt dir ein bestimmtes Zimmer ein. Dann denke an den Tisch oder sieh ihn vor dir, auf dem der Krug und der Becher stehen. Das Sonnenlicht überströmt alles, es ergießt sich durch ein Fenster, eine offene Tür oder eine andere Öffnung. Sieh es, spüre es oder stelle es dir vor.

Achte auf den Krug – seine Größe und Form, sein Gewicht und seine Farbe – und wie voll er ist, voll bis zum Rand. Berühre ihn, wenn du magst, und spüre seine Rundungen.

Der viel kleinere Becher steht neben dem Krug. Nimm die Einzelheiten dieser Szenerie wie ein Künstler auf und erfasse die Größe und Form des Tisches, die Qualität des Lichts, der Farbe und der Form des Bechers und wo er in Bezug zum Krug steht. Du spürst vielleicht das warme Sonnenlicht, riechst die Luft oder hörst Vogelgezwitscher draußen am Fenster. Nutze deine Sinne oder deine Vorstellungskraft, um diese Szene zu erschaffen, und lasse sie sich in deinem Bewusstsein verankern. Nimm wahr, wie du dich in dieser Szene aus Licht, Anmut und Fülle fühlst.

Sieh den Inhalt des Kruges oder stelle dir vor, wie er in den Becher fließt und ihn vollfüllt. Als die Großmütter mir diese Übung gaben, war der Krug voller Sahne, aber er kann von jeder guten Sache voll sein. Die Großmütter können aus dem Krug ausschenken, oder es kann so aussehen, als ob es von selbst geschieht, aber sobald der Becher voll und der Krug wieder abgestellt ist, schau hinein. Dieser Krug *kann nicht leer werden.* Die Quelle hält ihn stets gefüllt.

Lasse dich darauf ein. Der Krug ist unerschöpflich, und auch du, eins mit dem sonnengebadeten Krug, bist bis zum Rand gefüllt. Du enthältst die Fülle und alles Gute. Du *kannst nicht* leer werden, weil die Großmütter dich immer gefüllt halten werden. »**Alles, was ihr tun müsst, um gefüllt zu werden, ist, an uns zu denken**«, sagen die Großmütter. »**Infolgedessen werdet ihr erfüllt sein, und – wie beim Krug – wird es in euch keine Leere geben. Aus dieser Fülle heraus wird das Geben so leicht, dass man es nicht einmal mehr als Geben betrachtet. Es gibt keine Trennung zwischen Geber und Empfänger. Was du gibst, wird aus der Quelle fließen, von der du ein Teil bist.**«

Aus einer Haltung der Fülle fließt das Leben mühelos. Die Großmütter sagen: »**Wenn du diese Übung machst, wird dein Leben immer leichter – so, wie es sein soll. An uns ist es, zu geben. An dir ist es, zu leben. Und lass uns anderen geben – durch dich.**«

DER BAUM DES LEBENS

»Du bist verbunden durch diesen Baum.«

Um die Beziehung zwischen Frauen und Männern zu stärken, und um Yin und Yang ins Gleichgewicht zu bringen, geben uns die Großmütter die Meditationen zum Baum des Lebens. »**Die Mutter kümmert sich nicht nur um die Zweige oder Wurzeln des Baumes, sondern um den ganzen Baum.**« Diese Meditation hilft uns, zu bekommen, was wir vom weiblichen Aspekt der Schöpfung brauchen. Mit dem Wiedererscheinen von Yin erhöht sich die Stabilität ganz automatisch.

Diese Meditation gleicht Beziehungen aus und schafft Harmonie im einzelnen. Sie fördert die Heilung für die Meditierenden wie für alles Leben. »**Der Lebensbaum ist für alle – Männer und Frauen. Erlebt den Frieden dieses Baumes.**«

Diese Meditation besteht aus drei Teilen, die alle wertvoll sind. Aber wahrscheinlich besteht ihr größter Nutzen darin, den Fluss von Yin und Yang in jedem einzelnen ins Lot zu bringen.

Dies ist der Weltenbaum, ein Archetyp oder Symbol für Einheit und wechselseitige Verbundenheit, ein Thema der Volkskunst auf der ganzen Welt, der von den indigenen Völkern überall verehrt wird. Ich sah meinen ersten Lebensbaum in Mexiko – aus Ton gefertigt und mit Tieren und Menschen, die auf seinen Zweigen saßen –, aber ich habe ihn seither in vielen Kulturen gesehen.

»Das Symbol des Baumes hat einen tiefen Sinn. Seine Wurzeln tragen alles auf der Welt, während seine Zweige die Erde beschirmen. Alle Wesen sind durch diesen Baum miteinander verbunden. Deshalb ist ›Liebe alle‹ ein sinnvoller Rat.«

Wir sind tief verbunden mit und durch die Energie des Baumes, der unsere Verbindung mit dem Göttlichen und miteinander verkörpert. Obwohl wir in einer materiellen Welt leben, sind wir mehr als nur das Ausgangsmaterial. **»Wenn du dich durch den Baum des Lebens der Unterstützung der Muttergöttin öffnest, kannst du mehr geben. Und wenn du lernst, auf diese Weise zu geben, wirst auch du ein lebendiger und freigiebiger Teil vom Baum des Lebens werden.«**

AUSGLEICH VON YIN UND YANG

»Du musst erkennen, dass der Baum eine Einheit ist. Sowohl Oben als auch Unten, Wurzeln und Äste sind eins.«

Da die meisten Menschen eine beschränkte Sicht auf das Leben haben, lehren uns die Großmütter, den Baum nicht nur als die Summe seiner Teile, sondern als Ganzes zu sehen. Und um unsere Sichtweise richtigzustellen und uns das Gleichgewicht von Yin und Yang zu zeigen, geben sie uns eine Atemmeditation, die die männliche und weibliche Energie harmonisiert. Sie benutzen das Sinnbild des Baumes, um die Begrenzungen unseres rationalen Verstandes zu umgehen.

Nachdem du dich entspannt hast, rufe den Baum an und beobachte, wie er dir in den Sinn kommt, wobei du dir besonders seiner Krone und Wurzeln gewahr wirst. Wenn du nicht gut visualisieren kannst, *rufe bloß den Baum an.*

Denke daran, stelle dir vor oder fühle, wie du dich an seinen Stamm lehnst, während du tief von seinen Wurzeln her atmest. Sei dir des gesamten Baumes gewahr und achte auf deine Verbindung zu ihm. Du kannst dies im Sitzen, Stehen oder Liegen tun.

»Ziehe die Energie der Erde mit jedem Atemzug in deinen Körper hinauf, und mache das drei Mal.« Empfange alles, was du von Mutter Erde brauchst, mit diesen drei tiefen Atemzügen – Sicherheit, Beständigkeit und Geborgenheit – und beobachte, wie diese Gaben, die besonderen Eigenschaften der Großen Mutter, deinen Körper und deinen Geist durchdringen. Nimm dir Zeit, sie aufzunehmen.

»Atme nun von den Blättern und Ästen des Baumes und ziehe dabei die Energie des Himmels mit jedem Atemzug in dich hinein. Mach das drei Mal.« Hole dir, was du vom männlichen Prinzip brauchst – Stärke, Schutz und Klarheit.

Obwohl wir zuerst von den Wurzeln und dann von den Ästen einatmen, ist es nicht nötig, unsere Ausatmungen in eine bestimmte Richtung zu lenken. **»Deine Ausatmung wird dorthin gehen, wo sie gebraucht wird. Dein Einatmen trägt in sich ein Geschenk an dich und dein Ausatmen ein Geschenk an die Welt. Diese Geschenke werden dorthin gehen, wo sie gebraucht werden.**

Da eine solche Atmung im Selbst Harmonie und eine harmonische Umgebung schafft, ist es für Frauen und Männer von Vorteil, diese Übung gemeinsam durchzuführen. Es ist absurd, dass Männer den weiblichen Aspekt des Lebens ignorieren oder dass Frauen das Männliche ignorieren. Wenn alle Äste des Baumes abgehackt würden, würde der Baum sterben. Wenn es alle Wurzeln wären, würde der Baum ebenfalls sterben.

Der Baum braucht Aufmerksamkeit und er braucht Fürsorge – *jetzt.*« Wir können es uns nicht leisten, noch mehr Zeit mit Machtkämpfen zu verschwenden; wir müssen anfangen, einander mit neuen Augen zu betrachten. **»Der ganze Baum braucht Fürsorge – Wurzeln wie Äste. Mit dem Baum des Lebens zu arbeiten, wird viel Gutes bringen. Wenn du so atmest, treffen sich Erde und Himmel in der großen Umarmung von Mutter/Vater, Vater/Mutter, Yin/Yang.«**

SICH DURCH DIE WURZELN DES BAUMES AUSDEHNEN

»Das ist die Wurzel und der Weg für dein Leben…
die Quelle für dein individuelles Leben.«

Nach dem Entspannungsprozess visualisiere das Netzwerk der Wurzeln und Äste des Baumes, stelle es dir vor oder denke daran, wie es sich ausdehnt, weiter als das Auge sehen kann. Es umfasst die Erde, alle Völker, ihre Länder und Kulturen. *Denke einfach daran, dann lass es los und beobachte* deine Reaktion darauf.

»Visualisiere oder stelle dir diese Wurzeln vor wie die Adern von Flüssen, die jeden Ort auf der Erde berühren – Europa, Asien, Afrika, Amerika, alle Inseln und Polregionen. Die Wurzeln verflechten sich in der ganzen Erde, während die Äste den ganzen Planeten beschirmen.«

Gehe in die Wurzeln des Baumes. Tauche hinab, wandere durch dieses riesige Netzwerk und erkunde es.

Die Wurzeln sind in Mutter Erde verankert und verankern dich in ihr, indem sie dich ebenso nähren, wie sie den Baum nähren. Wenn du einatmest und empfängst, was die Große Mutter dir gibt, erkenne die Tiefe deiner Verbindung zu dieser mütterlichen Quelle, die dich sicher in ihrem Wurzelwerk hält. Lass deinen Körper seine Verbindung mit ihr und mit der Erde spüren.

Vielleicht spürst du in diesem Netzwerk einen Ort, der sich für dich richtig anfühlt. Du hast eine Wurzel und einen Weg, durch die du auf besondere Weise mit dem Baum verbunden bist. Diese gehören dir allein und werden dir Geborgenheit vermitteln. Suche diesen Ort jetzt, und sobald du ihn gefunden hast, ruhe dich dort aus. **»Dies ist die Wurzel und der Weg für dein Leben, die Quelle für dein individuelles Leben.«**

Erkunde deine Wurzel – ihre Form, ihren Umfang und ihren Verlauf im unterirdischen System des Baumes.

Jedes Mal, wenn du diese Meditation praktizierst, wird deine Wurzel und deine Verbindung mit allen anderen Wurzeln gestärkt. Denn jeder Mensch verbindet sich über seine Wurzeln mit dem Lebensbaum. **»Darum ist es unmöglich, dir selbst Gutes zu tun, ohne damit auch**

allen anderen zu nützen. Wenn du deine eigene Wurzel stärkst, wird die Verbindung aller zum Göttlichen stärker.«

Die Baumübung ist auch für Männer hilfreich, aber Frauen geschieht etwas Besonderes, wenn sie damit arbeiten. Seit vielen Jahren sind die Frauen von der Quelle der weiblichen Macht abgeschnitten, und eine Möglichkeit, wieder Zugang zu dieser Macht zu bekommen, ist die Arbeit mit dem Baum des Lebens. Die Großmütter sagen: »**Es ist an der Zeit, dass die Wurzeln der Frauen wieder wachsen; die Wurzeln des Baumes sind wie Frauen, die standhaft und tragend in ihrer Macht stehen.**

Wenn Frauen mit den Wurzeln des Lebensbaumes arbeiten, wird jede Wurzel sich ausstrecken und eine andere berühren. Zusammen bilden diese ein tragendes Netz, das die Erde stabil hält. Das ist eine weitere Möglichkeit für die Menschen, sich dem Netz aus Licht zu öffnen.«

FRÜCHTE DES BAUMES

»Jede Frucht ist notwendig für die allgemeine Gesundheit des Baumes.«

»Im menschlichen Leben und im Baum des Lebens strömt die Energie von der Quelle die Wurzel hinauf und in den Körper. Dort manifestiert sie sich als Frucht – die Früchte des eigenen Handelns und die Früchte am Baum des Lebens.« In beiden Fällen reift die Frucht allmählich.

Diese Übung ermöglicht es uns, uns selbst auf eine neue Art und Weise zu sehen, wobei wir unsere spezifischen Begabungen und Herausforderungen gutheißen. »**Jede Frucht ist notwendig für die allgemeine Gesundheit des Baumes. Es ist *diese besondere* Frucht, ausgewählt vom Baum des Lebens, die jedem Leben seinen eigenen Geschmack gibt. Die Frucht am Baum spiegelt die besondere Eigenheit jedem einzelnen wider.«**

Wenn wir unsere Frucht als Symbol dafür betrachten, wie wir leben und wer wir sind, können wir die Lehre des Baumes tiefer verstehen. Unser Leben spiegelt unsere Individualität wider. Einige von uns sind Macher, andere sind Zuschauer, wieder andere sind Überlebenskünstler,

Entdecker, Gutachter – eine endlose Liste. Mit der Zeit werden sich die innewohnenden Qualitäten in unserem Leben zeigen (unsere Begabungen, Herausforderungen und Charaktereigenschaften), so wie die Frucht das aufweist, was ihr innewohnt (ihre Süße, Farbe und Beschaffenheit).

Beginne diese Übung mit deiner üblichen Entspannungsmethode, dann rufe den Baum des Lebens an und sieh seine ausladenden Äste, die mit Früchten jeder Art beladen sind. Hier hängen Mangos, Bananen, Äpfel, Weintrauben, alle erdenklichen Früchte. Geh zum Baum und sei dir der Frucht gewahr, die du auswählst – oder besser gesagt, der Frucht, die dich auswählt.

Ob die Bedeutung deiner Frucht für dich offensichtlich ist oder nicht, ist nicht wichtig. Die Frucht ist eine Metapher für dein Leben, also behandle sie mit Respekt, um zu sehen, was sie dich lehren kann. Die Großmütter geben auf diese nichtlineare Weise gezielt »Lektionen«, damit wir uns selbst auf die Schliche kommen.

Sobald du dich für deine Frucht entschieden hast oder von ihr ausgewählt wurdest, lerne sie kennen. Du magst versucht sein, sie gegen eine andere zu tauschen, aber widerstehe der Versuchung und schaue dir ihre Farbe, Oberfläche und Größe genau an. Spüre ihr Gewicht und ihre Form, ihre Glätte oder Rauheit. Rieche sie, probiere sie. Nimm eine sensorische Bestandsaufnahme vor.

Wenn du alles erkundest, wirst du dir diese Frucht wirklich aneignen, und wenn du deine Frucht gutheißt, entscheidest du dich vielleicht auch dafür, das besondere Wesen gutzuheißen, das du bist. Die Frucht ist ein Lehrer, der dir hilft, deine einzigartigen Eigenschaften zu schätzen.

»Je mehr du dich in deiner Frucht verkörperst (in der Wahrheit deiner individuellen Gestalt), desto mehr wirst du in die Welt vordringen, um zu sein, wer du bist. Diese besondere Frucht vom Baum des Lebens gehört dir. Dieses besondere Leben gehört auch dir. Deine Frucht, dein Leben, ist ein Geschenk von dir und von der Quelle selbst.«

Um dem großen Kreislauf des Lebens zu dienen und uns mit ihm zu verbinden, müssen wir uns zu eigen machen, wer und was wir sind. Der Lebensbaum, eine Metapher für das Göttliche oder die Urquelle, zeigt uns, dass – so wie jede Frucht von dem Baum kommt und Teil des Baumes ist – auch wir vom Göttlichen, aus der Urquelle kommen und Teil von ihr sind. Wir, die Früchte, gehören zum Baum.

Wenn wir unsere Gabe vom Baum beanspruchen, können wir die Frucht unseres Lebens ausleben, und wenn wir das tun, blühen wir auf. Jeder, der erlebt hat, wie eine Freundin »bei sich ankam«, weiß, wie aufregend es ist, dieses Erwachen mitzuerleben. Dieser Teil der Lebensbaum-Meditation gibt uns den Anstoß, »bei uns selbst anzukommen«.

Die Frucht folgt zwangsläufig auf die Blüte, also trägst du nach der Blüte Früchte. Sobald wir bei uns selbst angekommen sind, uns unsere Stärken, Schwächen und Begabungen zu eigen machen, haben wir etwas, das wir der Welt zurückgeben können. Was wir zu geben haben, wird bestimmt durch die Frucht, die uns gegeben wird, und durch das, was wir damit tun. Die Früchte des Baumes repräsentieren sowohl die Hand, die uns gegeben ist, als auch, was wir mit ihr tun. Das Sprichwort: »Wer du bist, ist Gottes Geschenk an dich, was du wirst, ist dein Geschenk an Gott«, fasst es gut zusammen.

Indem wir die Wahrheit unseres Selbst leben, geben wir dem Baum des Lebens etwas zurück und schließen den Zyklus von Geben und Empfangen. »**Der Baum des Lebens trägt alles, was lebt, indem er ständig von sich gibt. Diese Meditation wird dir helfen, dir die Gaben deiner besonderen Frucht zu eigen zu machen und dann zu nutzen. Dann wirst auch du der Welt etwas zu geben haben.**«

DAS GEWEBE DES SEINS

»Du bist viel mehr, als du dir vorgestellt hast.
Du bist wie der Nachthimmel.«

Diese Meditation erweitert das Bewusstsein, indem sie Ängste und die Illusion der Getrenntheit vom Göttlichen sowie der Trennung voneinander auflöst. Durch die Auflösung falscher Barrieren wirkt sie Einsamkeit und Vereinzelung entgegen. Indem es einschränkende Überzeugungen und Denkweisen durchbricht, befreit uns das Gewebe des Seins zu einem erweiterten Bewusstsein. Dies ist ein weiteres Sinnbild, mit dem die Großmütter uns über das Göttliche und unsere Beziehung zu ihm belehren.

Das Gewebe des Seins bricht uns aus der engen Identifikation mit unseren individuellen Problemen und unserem kleinen Selbst heraus und bringt uns in Kontakt mit dem größeren Selbst. Da es das Gefühl der Trennung von der *Ganzheit* des Lebens ist, das Einsamkeit und Isolation überhaupt erst schafft, erleben wir hier Freude. Diese Meditation gibt Körper und Geist ein Verständnis von Einheit mit der Quelle und Einheit miteinander.

Die Großmütter sagen: »**Du *bist* das Gewebe des Seins. Denke an den Nachthimmel und lass dich in das Indigoblau dieses Himmels hineinziehen. Hier gibt es viele Sterne und Monde und ein Leuchten von ihnen allen.**«

Nachdem du einen Zustand der Entspannung erreicht hast, denke an das weitgespannte nächtliche Panorama von Mond und Sternen. Wenn du an einem Ort wohnst, an dem du die Sterne sehen kannst, gehe vor die Tür und schau hinauf. Wenn nicht, denke an eine Zeit, zu der du das tiefe Blau des Nachthimmels betrachtet hast, und während du es mit deinen physischen oder inneren Augen betrachtest, denke an die Aussage der Großmütter, dass du nicht getrennt bist, sondern Teil von allem.

Atme sanft ein und ziehe bei jeder Einatmung den Sternenhimmel in deinen Körper, dann verschmelze mit ihm, wenn du ausatmest. Wenn du einatmest, dringt der Himmel in dich ein. Wenn du ausatmest, fließt du in den Himmel hinaus. Atme so weiter und erkunde diese Weite. Lass dich tragen vom Firmament; der Mantel des Himmels hüllt dich ein, und während du dich darin gebettet ausruhst, berührst du alles – Sterne, Erde und Luft. »**Du umfasst all das**«, sagen die Großmütter, »**du bist der indigoblaue Nachthimmel. Du umgibst alles und pulsierst mit dem Leben. Die Sterne und Monde am Himmel pulsieren in dir, genau wie dein Herzschlag in deinem physischen Körper widerhallt.**«

Sei dir gewahr, wie sich der Himmel im Rhythmus deines Atems in deinen Körper hinein und aus ihm hinausbewegt. Die Lebenskraft des

Universums *ist* in uns. Sie ist unter unserer Haut ebenso wie über uns und um uns herum, und diese Übung wird es dir ermöglichen, sie zu spüren. Wenn du so atmest, achte auf die Temperatur deines Körpers, den Rhythmus deines Atems und deinen Herzschlag.

»Wenn du nur dein Körper wärst, wenn du nur dein Atem oder deine Gedanken wärst, hättest du keine Kenntnis davon. Aber du bist viel mehr als das eine oder andere, und weil du es bist, kannst du es, wenn du dein Bewusstsein nach innen wendest, alles erkennen. Du bist viel mehr, als du dir je vorgestellt hast. Du bist wie der Nachthimmel. Unermesslich.

Diese Meditation ist dafür da, dich über das Gefühl der Begrenztheit und Kleinheit hinauszubringen. Das Gewebe des Seins wird dich über die gedanklichen Trennungen von »mir« und »mein«, »dir« und »dein« hinausführen. Das sind kleinliche Konzepte – nicht einmal Stecknadelköpfe – und das ist es nicht, was du bist. Du bist großartig; du bist die tiefblaue, endlose Hülle des Nachthimmels.

Über das Gewebe des Seins zu meditieren, baut Sorgen, Ängste und Stress ab. Es löst negative mentale und emotionale Zustände auf, denn in Wahrheit bist du das Gewebe des Seins.«

ROSE DES HERZENS

»Beginne damit, die Mitte deiner Brust zu spüren. Was wir tun, ist sozusagen ein ›Vorher‹ und ›Nachher‹. Dies ist das Vorher. Achte auf das Befinden in diesem Körperbereich, die Temperatur, Weichheit oder Härte, vielleicht die Farbe, die du in deiner Brust spürst. Beobachte, wie es im Bereich des Herzens ist. Wie ist es?

Nimm eine Rose, die du dir ansehen kannst. Keine geschlossene Knospe oder eine voll erblühte, sondern eine vielblättrige Rose, halb geöffnet.« (Als sie das sagten, zeigten sie mir die gewünschte Farbpalette – irgendwo im Spektrum von Pfirsichgelb, Rosa und Rot.) »**Schau in die Rose und nimm dir Zeit, rieche sie. Eine natürliche Rose, die nicht gekreuzt wurde, hat einen Duft. Diese sind am besten, weil der Duft der Rose ihnen eigen ist.**

Fühle die Haut, die Blütenblätter der Rose und rieche noch einmal an ihr, während du die Vielgestaltigkeit ihrer Blütenblätter untersuchst. Wie schön diese Blütenblätter sind. Schau genau, wie sich jede von ihnen auf die anderen bezieht. Achte auf das Muster oben und unten sowie auf den zarten Rand der Blütenblätter. Schau, wie die Rose kreisförmig aufgebaut ist, sich faltet und einhüllt bis ins Herz ihrer selbst.

Das Zerlegen einer Rose wird dir nicht zeigen, was eine Rose ist, denn eine Rose ist das Zueinander der Blütenblätter. Das Wunder der Rose entsteht durch ihren Duft, ihre Beschaffenheit, ihre Farbvariation und die Beziehungen ihrer Blütenblätter.

Wie vollkommen diese Blume ist. Wie vollkommen du bist. Wenn du nur wüsstest! Jedes deiner Teile bezieht sich perfekt auf alle anderen – deine Organe, im harmonischen Gespräch miteinander, deine Essenz durchdringt alles. Wie die Rose kann auch der menschliche Körper seziert werden; die Persönlichkeit kann seziert und diagnostiziert werden. Aber deine Essenz, die in jedem Teil von dir ist, kann nicht angerührt werden. Wie bei der Rose, so auch bei dir.

Jetzt schließe deine Augen und konzentriere dich auf den Bereich des Herzens. Achte wieder darauf, wie es sich anfühlt, wie die Empfindung hier ist, und dann stelle dir vor, wie du die Rose, die wunderschöne Rose, die du betrachtet hast, in dein Herz gibst. Die Rose ist jetzt in deinem Herzen.

Sieh zu, wie sie sich langsam öffnet. Sich öffnet… und sich öffnet. Wenn du einatmest, öffnet sich die Rose, sie dehnt sich, und wenn du ausatmest, atmet die Rose auch aus und schließt sich ein wenig. Beim Einatmen öffnet sie sich weiter, beim Ausatmen schließt sie sich ein wenig. Und beim nächsten Atemzug öffnet sie sich weiter und verströmt ihren Duft.

Wie sich die Rose öffnet, so öffnet sich dein Herz. Mit deinem Einatmen öffnen sich die Rose wie auch dein Herz, mit dem Ausatmen schließen sie sich ein wenig und mit dem nächsten Einatmen öffnen sie sich weiter. Da die Rose, das Herz deinem Atem folgt, dient dieser allmähliche Prozess dazu, dein Herz zu erweitern. Atme jetzt mit der Rose deines Herzens und öffne dich jedes Mal, wenn du einatmest, ein wenig mehr.

Als nächstes dehne die Rose so aus, dass deine Brust in ihren Blütenblättern ruht. Erlebe diese riesige Rose deines Herzens. Jetzt schwillt die Rose in deinem ganzen Körper an, bis sie deinen ganzen Körper umfängt. Fühle dich umgeben von der Rose und erfüllt von ihr.

Dehne sie weiter, bis sie den Raum ausfüllt, in dem du sitzt, und noch weiter, bis sie deinen Lebensraum ausfüllt. Lasse sie sich ausdehnen, bis sie dein Land durchtränkt.

Dieses riesige Herz, die Rose dehnt sich jetzt aus, um dein ganzes Land auszufüllen. Weiter, nach außen, immer weiter füllt es alle Länder der Welt an, hält alle Völker, alle Gewässer und Landmassen der Erde. Das große Herz, die Rose hält nun die ganze Erde in ihren Blütenblättern, dehnt sich weiter aus, bis die Sonne in ihr enthalten ist, die Galaxie, das ganze Universum. Alles. Alles ist jetzt in deinem riesigen Herzen, in dieser Rose enthalten.

Weit in den Raum dehnt sich diese gewaltige Rose deines Herzens aus, bis sie alles hält und enthält. Fühle es. Empfinde es. Ruhe dich kurze Zeit an dieser Stelle aus und nimm wahr, wie es ist, in einem so erweiterten Zustand zu sein, bevor du weitermachst.

Jetzt beginnt die Rückreise, eine viel schnellere Fahrt. Die Rose des Herzens beginnt ihre Rückkehr zu dir. Sie kommt jetzt zurück; sie beeilt sich, kehrt zurück in dein Land, in deine Stadt, in dein Haus, in deinen Körper und vor allem in dein eigenes physisches Herz.

Nimm dir etwas Zeit, um in diesem Raum in deinem Herzen auszuruhen und nimm diesen Bereich deines Körpers wahr. Hier lebt die Rose, das Herz, dort wird es immer leben.

Nimm wahr, ob sich seit Beginn dieser Übung Änderungen ergeben haben. Wie ist dieser Bereich deines Körpers jetzt? Achte auf die Größe deines Herzens, auf sein Gewicht, seine Temperatur, seine Farbe und Beschaffenheit. Vergleiche dein Herz jetzt damit, wie es sich anfühlte, bevor du diese Übung gemacht hast.

Derart ist die Schönheit und die gewaltige Pracht deines Herzens«, sagen die Großmütter. »**Bleibe hier in Frieden.**«

DAS GEFÄSS, DAS DU BIST

Vielleicht ist eine der stärksten und aussagekräftigsten Eigenschaften der Yin-Energie ihre Fähigkeit, das, was da ist, zu halten, anzunehmen und zu nähren. Wenn wir nicht gegen etwas angehen, nichts ausschließen oder verurteilen, sondern stattdessen das, was uns in den Schoß fällt, dort halten, damit es zur Ruhe kommen und seinen Platz finden kann, erlauben wir Yin, durch uns zu arbeiten: nicht die Herausforderung des Augenblicks dramatisieren, nicht vom Schrecken des Augenblicks gebannt sein, sondern einfach mit dem Augenblick *sein*. Diese Qualität der nährenden Akzeptanz gehört zur Mutter, und so können wir uns selbst dem weiblichen Prinzip öffnen und uns auf diese Weise mit Menschen, Ideen und Situationen – kurz gesagt: mit allem, was ist – auseinandersetzen: Es annehmen, alles annehmen. Zunächst mag dir diese Idee seltsam vorkommen, fremd – aber nur, weil dieses Konzept in unserer Welt schon so lange fehlt.

Eine Position der Offenheit und Annahme schafft ein Kraftfeld der Harmonie. Es gibt eine unbestreitbare Größe in dem, was die Großmütter das Gefäß nennen. »Die, die hält«, akzeptiert, was ist, und diese Annahme erlaubt es jedem und allem, sich zu entspannen und zu sein, wer und was sie sind. Von und mit dem Gefäß gehalten, werden wir »real«. Und weil das so ist, schafft diese Meditation eine Grundlage für harmonische Beziehungen. Es harmonisiert Frauen und Männer, scheinbare Gegensätze, Yin und Yang.

»Es ist Zeit, das Gefäß zu erleben, das du bist«, sagen die Großmütter. **»Du bist das Gefäß, das die Liebe enthält, das das Leben enthält und alles in sich trägt, was lebt. Dein Fassungsvermögen ist unermesslich. Werde dir deiner selbst gewahr.«**

Um sich als dieses Gefäß zu erleben, von dem sie sprechen, beginne, dich in einen Zustand der Entspannung zu versetzen, indem du mit unverschränkten Armen und Beinen und gerader Wirbelsäule dasitzt. Lege deine Hände mit den Handflächen nach oben auf deinen Schoß und spüre, wie es ist, in einer so offenen Haltung dazusitzen. Wie fühlt sich dein Körper an, wenn du so sitzt? Wie fühlst du dich? Beurteile dich dabei nicht und versuche auch nicht, etwas an dir zu ändern – spüre es einfach. Wenn du so dasitzt, wirst du in einen tief empfänglichen Zustand fallen, zum Gefäß werden: offen und empfänglich für das, was kommt. Diese Haltung erinnert an die Gegenwart der Großen Mutter – sie, die alles Leben annimmt und alles hält. Wenn du so dasitzt, kannst du dir gewahr werden, dass sie bei dir ist, dich hält und zur gleichen Zeit in dir wohnt. Nimm dir ein paar Minuten Zeit, um deine kraftvolle Verbindung mit der Großen Mutter zu genießen, indem du offen und empfänglich bist.

Beim Sitzen kannst du dir auch des Stuhls unter dir und der Unterstützung, die du sowohl vom Stuhl als auch vom Erdboden erhältst, gewahr werden. Genau in diesem Augenblick bist du am richtigen Platz.

Nimm dir jetzt eine kleine Weile, um das einzuladen, was auf der Leinwand deines Denkens erscheint. Lasse es so kommen, wie es will, und wenn etwas erscheint, halte es ruhig. Halte einfach, was sich zeigt. Bewege dich nicht darauf zu und nicht davon weg. Lass es zu dir kommen und so lange bei dir sein, wie es will, und wenn es aufsteht und geht, nimm es hin und halte dann, was immer als nächstes kommt.

Du wirst feststellen, dass du dies kannst, weil du ein Gefäß bist und es das ist, was ein Gefäß tut. Es hält. Ein Gefäß wird in keiner Weise von dem beeinflusst, was es enthält. Wenn du Wasser in einen Topf gießt, bleibt der Topf unverändert. Wenn du Milch hineingibst, ist er immer noch derselbe. Werde dir gewahr, wie es sich anfühlt, einfach so zu halten – nur für diesen Augenblick, unbeeinflusst von dem, was dir in den Sinn kommt. Kein Urteil, keine Bewertung, und wenn ein Urteil auftauchen sollte, dann halte auch das Urteil auf diese nicht wertende Weise.

Die Großmütter führen dies mit dir zusammen durch– halten dich und halten mit dir, damit du lernst, wie es ist, das Gefäß zu sein, das du tatsächlich bist. »**In der Weite deines Seins kannst du das tun**«, sagen sie. »**Du bist groß genug, um alles zu halten.**« In diesem Moment könnt ihr euch der Wahrheit in ihren Worten bewusstwerden: dass ihr gerade jetzt alles annehmen und halten könnt.

Eine Reihe von Menschen, Problemen und Geschichten können dir durch den Kopf gehen. Lass sie kommen. Du kannst da sitzen, und wenn du weißt, dass die Großmütter bei dir sind und dich halten, kannst du dich entspannen und alles beobachten. Du wirst vielleicht, wie ich, entdecken, dass es wie im Kino ist. Szenen kommen und gehen, steigen auf und versinken wieder, und sollte eine Szene für eine Weile dableiben, in der Hoffnung, vielleicht zum Hauptfilm zu werden, lasse es so sein. Einfach halten. »**Halten, halten, halten**«, sagen die Großmütter, solange es nötig ist; und während du hältst, achte auch auf deinen Körper und beachte, wie du dich fühlst. Wie ist es, ein Gefäß zu sein?

»**Wenn ihr durchs Leben geht**«, sagen die Großmütter, »**bleibt im Gewahrsein des Gefäßes, das ihr seid, und haltet alles, was zu euch kommt. Haltet es, wie ein Becken Wasser hält oder wie ein Pflanzgefäß Erde hält. Wasser verändert nicht die Form oder Farbe eines Beckens. Die Erde verändert nicht die Größe oder Form eines Topfes. Ein Gefäß *ist*. Es hält. Du hältst. Du kannst all dies umfassen, weil es in deiner Natur liegt, das Gefäß zu sein. Das**«, sagen sie, »**ist Yin.**« Fühle es.

BLÜHEN ALS DIE BLUME, DIE DU BIST

Wie bei all diesen Meditationen solltest du dir zuerst genügend Zeit nehmen, einen entspannten Zustand zu erreichen. Dann bitte die Großmütter, zu dir zu kommen, damit du weißt, dass sie da sind, denn sobald du diese Bitte stellst, kommen die Großmütter zu dir und sind bei dir.

Sie sind jetzt um dich herum: vor dir, hinter dir, über dir, unter dir und zu deinen Seiten, und sie umfangen dich in ihrer liebevollen Umarmung. Unter den Großmüttern sind auch alle Gestalten des Göttlichen: Kwan Yin, Jesus, Maria, Zoroaster. Alle Formen des Göttlichen sind in erfreulich großer Zahl bei dir. Lade die Gestalten ein, die deinem Herzen lieb und teuer sind, sich dir zu nähern, und beim Atmen, atme mit dem Göttlichen, so dass der Rhythmus deines Atems ein tiefes Eintauchen in die Einheit mit der Quelle wird. Während du das tust, wird Liebe deinen Körper durchfließen, deine Haut und deine Organe durchdringen.

»**Das ist dein natürlicher Zustand**«, sagen die Großmütter. »**Du wurdest geboren, um zu lieben und geliebt zu werden. Alles andere ist nur**

Ablenkung davon. Freudiges, glückliches Dasein ist dein Zuhause, und in einer Zeit mit so viel Dunkelheit und Schrecken auf der Erde ist es pure Freude, mit dem Wirklichen eins zu sein.

Hier ist eine freudige Blüte der Liebe. Du blühst auf. Jedes Mal, wenn du mit dem Göttlichen atmest wie jetzt, dehnst du dich aus, wirst durchlässiger und mehr zu der, die du wirklich bist. Nicht diese angreifbare, stets beschäftigte Person, wie der Verstand dir einredet, sondern die, die du wirklich bist. Du bist der Kern in dir, der grenzenlos ist, das, was die Wahrheit kennt und fühlt.«

Nachdem du ein paar Minuten lang mit dem Göttlichen geatmet hast, werden die Großmütter in dein Herz kommen und dort ihre Wohnstatt nehmen. Du kannst sie sehen oder spüren, wie sie in deinem sich weitenden Herzen sitzen. »**Wir kommen in dein Herz**«, sagen sie, »**und dabei öffnet sich dein Herz immer weiter. Es blüht auf.**«

Achte auf das, was du an dieser Stelle fühlst, und wenn du willst, kannst du sie einladen, vollständiger in dein Herz einzutreten, und wenn du dazu Ja sagst, werden sie es tun. Wenn sie ihre Energie in dir verankern, wirst du spüren, wie eine Veränderung beginnt. All das unsinnige Zeug, von dem dein Verstand plappert, wird schnell wegfallen. Alle Sorgen, Ängste und Etikettierungen, die der Verstand dir geben möchte, werden sich gleichfalls auflösen. Die Anwesenheit der Großmütter wird ein solches Kraftfeld schaffen, dass es dafür keinen Platz mehr geben wird.

Atme mit ihnen, während sie in deinem Herzen sitzen. Du atmest mit ihnen und sie atmen mit dir, und mit jedem Atemzug, den du tust, ziehst du sie tiefer in dich hinein. Und jedes Mal, wenn du ausatmest, werden alte Blockaden, die dich in der Vergangenheit daran gehindert haben mögen, sie in dich aufzunehmen, mühelos verschwinden.

In diesem Moment beginnt die Liebe in deinem Herzen zu erblühen. Achte darauf, wie du dich fühlst und wie es ist, hier zentriert zu sein, sieh zu, wie dein Herz sich weiter ausdehnt und vertieft. Dieses wunderbare Organ formt nun ein Muster in Form einer Blume. Sieh sie dir mit zurückhaltender Neugier an und genieße die Verwandlung, die sich in dir vollzieht.

Wenn dein Herz zu einer Blume wird, achte auf die Farbe, die es annimmt. Es wird ein Farbton sein, der bei dir Widerhall findet. Und wenn sich die Blütenblätter bilden, sieh auch die Bewegung, Form und Richtung, die sie annehmen.

Wenn sich die Blume deines Herzens ausdehnt, werde dir ihrer Zartheit und Lebendigkeit bewusst, wie groß sie ist und wie sie mitschwingt. Zart und doch stark, wird sie anschwellen und überströmen, und in diesem Ausdehnen fallen die harten und schmerzenden Stellen von dir ab. Im Laufe unseres Lebens haben sich die meisten von uns vieles zu Herzen genommen, und diese Dinge haben zu Blockaden geführt, die den Fluss der Liebe in uns behindern. Wenn sich dein Herz öffnet, lösen diese Blockaden sich auf – keine Notwendigkeit, sie festzuhalten, und keine Notwendigkeit, etwas zurückzuhalten. Mit jedem Augenblick wird dein Herz stärker und weicher, und aus der Mitte deines Herzens, wo sie sich niedergelassen haben, lächeln dich die Großmütter an.

Achte wieder darauf, wie du dich fühlst. Warm? Kalt? Weich? Eng? Traurig? Friedvoll? Schau einfach alles an und öffne dich für die Freiheit und Freude, die jetzt durch dein Herz strömen. Neue Energie säumt nun die Wände deiner Zellen. Viel Altes wird entfernt, so dass neue Energie an Stellen fließt, die schon lange nicht mehr das Tageslicht erblickt haben. Du füllst dich mit Freude. Tatsächlich erfüllt sich sogar der Raum, in dem du sitzt, mit Freude. Wie fühlst du dich? Achte auf deinen Körper und auf die Art und Weise, wie du atmest. Schau es einfach an.

Du kannst auch Farbe sehen und spüren, wenn die Blume, die du bist, in voller Blüte steht. »**Jede Blume, jede Blüte ist vollkommen**«, sagen die Großmütter. Wenn du also die Blume in der Mitte deiner Brust wahrnimmst, lege deine Hände darauf, um sie zu ehren – dein Herz – dieses schöne Organ. Es gibt hier eine große Anmut: Anmut und Tiefe.

Immer wenn du so arbeitest, wirst du dir auch schmerzhafter Stellen gewahr. Kleine Stellen, an denen die Energie blockiert ist, melden sich. Mache dir keine Sorgen um diese Schmerztaschen, sondern lasse sie sich offenbaren und wisse: Dies ist ein normales, vorübergehendes Ereignis und ein Zeichen deiner Herzöffnung.

Die Kapazität deines Herzens wächst. Jetzt kann es mehr Liebe empfangen. Weil du den Ort, an dem die Liebe lebt, vergrößerst, wächst auch deine Ausstrahlung und deine Schönheit. Diese Eigenschaften leben in deinem Herzen und verbreiten sich in deinem Körper, in deinem Geist und dann in der Welt. Hier liegt der Kern deiner Schönheit-gleich-Macht, und sobald du sie erkennst, wirst du sie spüren. Macht und Schönheit sind eins, und das ist es, was du bist. Tatsächlich ist das alles, was du wahrhaft bist. Alles andere ist eine vorübergehende Show. Die Blume deines Herzens ist vollkommen, und in diesem Augenblick beginnst du, sie zu erleben.

Wende deine Aufmerksamkeit auf die besondere Schönheit der Blume in dir – ihre Farbe und Bewegung, ihre Form und Blütenblätter. Wie ist sie? Nimm dir jetzt einen Augenblick Zeit, um deinem Herzen Dankbarkeit auszusprechen dafür, dass es solch eine Herrlichkeit beherbergt. Und wenn du das tust, wirst du spüren, wie dankbar dein Herz dafür ist, dass es wahrgenommen wird. Darauf hat es lange gewartet. Jetzt gibt es einen schönen Fluss der Liebe und Dankbarkeit zwischen dir und deinem Herzen, zwischen deinem Herzen und dir.

Die Großmütter sagen: »**Wenn du dich auf dein Herz ausrichtest, ermöglicht jeder Atemzug, den du tust, diesem Organ, in Schönheit zu wachsen. Die Blütenblätter deines Herzens – dieser Blume – öffnen sich immer weiter, während ihre Farbe tiefer und lebendiger wird. Jede von euch ist einzigartig in ihrer Schönheit-gleich-Macht, einzigartig in ihrem Ausdruck des Göttlichen. In einem Garten ist jede Blume einzigartig, also erlebe mit Ehrfurcht vor dieser göttlichen Entfaltung im Inneren die Qualität dieser Blume, die du bist.**«

Bleibe lange genug bei dieser Erfahrung, um wahrzunehmen, wie du dich fühlst, und sieh dann, wie du groß dastehst und in deiner dir eigenen unverwechselbaren Schönheit voranschreitest. Wenn du vortrittst, sieh, wie das Leuchten deines strahlenden Herzens dir vorausgeht. Eine Helligkeit geht vor dir, und wenn du vorbeigegangen bist, hinterlässt dieses Strahlen ein Nachleuchten. Das ist deine Signatur, die spezifische Art und Weise, wie Gott sie durch dich ausdrückt. Empfinde es und spüre es, und wenn du vorwärts gehst, achte auf die schimmernde Spur, die du zurücklässt. Dies ist eine Möglichkeit, wie sich die Blume, die du bist, auf der Erde ausdrückt.

Atme tief durch und verbeuge dich beim Ausatmen ehrfürchtig vor deiner eigenen Kostbarkeit. In diesem Moment blühst du tatsächlich als die Blume, die du immer warst und immer sein wirst. Wie fühlt es sich an, sich selbst zu erkennen? Achte auf deine Antwort und fühle sie.

Die Großmütter sagen: »**Wir grüßen die Schönheit-Macht, die Macht-Schönheit, die du bist.**«

Einen heiligen Raum halten

»**Das ist es, was jede von euch tun muss**«, sagen die Großmütter. »**Sag allen, die mit uns arbeiten, dass sie einen heiligen Raum halten, ihn beanspruchen und halten sollen.**« Sie bitten uns, dies immer und überall zu tun und damit nicht nur unser Leben, sondern auch die Erde selbst wieder zu heiligen. »**Es gibt keine weltliche Welt**«, sagen sie. »**Diese Welt ist heilig, und die Verpflichtung, einen heiligen Raum zu halten, ist alles. Es ist das erste.**«

Zuerst brauchen wir unsere Festlegung, den heiligen Raum zu halten und zu beanspruchen, also gib dir zum Beginn dieser Meditation die Erlaubnis, dich zu entspannen, und wenn du es getan hast, rufe die Großmütter. Setz dich aufrecht hin, ohne Arme oder Beine zu verschränken, und lege deine Hände auf die Knie. Wenn du diese Haltung einnimmst, drückst du damit deine Bereitschaft aus, diese Verpflichtung einzugehen. Während du ruhig dasitzt, denk an deinen Wunsch, diesen Schritt zu tun, und dann lasse die Großmütter wissen, dass du bereit bist, dein Leben im heiligen Raum zu leben, in Verbindung mit und eins mit dem Göttlichen – nicht nur manchmal, sondern die ganze Zeit.

Als die Großmütter mir zeigten, wie man den heiligen Raum beansprucht, standen sie direkt vor mir und traten vor, zuerst mit dem linken Fuß und dann mit dem rechten. Als ich das sah, erinnerte ich mich daran, dass die linke Körperseite die weibliche oder empfängliche ist, also war es sinnvoll, diese Bewegung mit links zu beginnen.

»Beim Vortreten denk daran«, sagen die Großmütter, **»durch den Fuß Energie nach unten zu schicken, damit sie in die Erde sinkt. Tu nur einen Schritt mit jedem Fuß«**, sagen sie, **»und dabei denke und sage: ›Hier halte ich einen heiligen Raum.‹ Du kannst auch sagen: ›Ich halte einen heiligen Raum zum Wohle von mir und allen Wesen.‹«**

Es ist Zeit für dich, es jetzt auch zu tun. Nachdem du dich in einen entspannten Zustand versetzt hast, rufe die Großmütter an und lasse sie wissen, dass du einen heiligen Raum halten willst, dann steh auf, und wenn du dein Gleichgewicht gefunden hast, tritt mit dem linken Fuß vor. Während dein Gewicht sich verlagert, denk an Energie, die durch deine Fußsohle in die Erde fließt, in die unterirdischen Schichten des Planeten taucht und dich tief in Mutter Erde verankert. Hinab, hinab, tief hinab sinkt die Energie. Du beginnst, einen heiligen Raum zu halten.

Nachdem du diesen ersten Schritt gemacht hast, kehre dein Gewahrsein nach innen und sieh, wie du dich fühlst. Wie wird diese Handlung in deinem Körper wahrgenommen? Wie fühlst du dich und wo fühlst du es? Beobachte, was in dir passiert, und bitte dein Gehirn, den Vorgang aufzuzeichnen.

Nun ist es Zeit, mit dem rechten Fuß das gleiche zu tun, und nachdem du es getan hast, stehe ruhig da und achte wieder darauf, wie du dich fühlst. Was sagt dir dein Körper? In diesem Moment bist du in der Erde verwurzelt. Diese Stellung verankert Macht, und wenn du sie fühlst, wirst du überrascht feststellen, dass alle Angst von dir gegangen ist. Angst kann der Macht des heiligen Raumes nicht standhalten.

Atme tief ein und nimm den Raum ein, den du beansprucht hast. Du bist in der Mutter verankert, beständig und sicher. Fühle es und sprich es aus. Du kannst sagen: »Hier halte ich einen heiligen Raum«, oder »Ich tue dies zu meinem Wohle und dem aller Wesen«. Lass dies dein Gelübde sein, denn du besitzt die Macht der heiligen Verbindung.

»Vergiss nicht, diesen Schritt zu tun«, sagen die Großmütter. **»In den kommenden Zeiten werden viele in Panik geraten, aber das brauchst du nicht. Entscheide dich einfach dafür, einen heiligen Raum zu halten,**

und tue es dann. Warte«, sagen sie, »**und sag anderen, sie sollen dasselbe tun. Jetzt ist es an der Zeit, vorzutreten und den heiligen Raum einzunehmen. Sobald du diese Verpflichtung bewusst eingegangen bist, ganz gleich, was um dich herum passiert, ganz gleich, wo du dich befindest, wirst du immer wissen, dass du einen heiligen Raum hältst.**«

Diese Übung nennen wir eine aktive Meditation– eine, die sowohl den Körper als auch den Geist einbezieht. Du kannst sie natürlich nur in deinem Geist ausführen, ohne deinen Körper zu bewegen, aber die meisten von uns finden, dass es intensiver ist, den Leib mit einzusetzen. Viele sagen, dass es auch ihre Hingabe stärkt. Und aus diesem Grund ist das In-Anspruch-Nehmen und Halten des heiligen Raumes eine starke Übung für eine Gruppe.

»**Der Schritt, einen heiligen Raum zu halten und es vor anderen zu tun, wird deine Entschlossenheit stärken und dich dazu bringen, Stellung zu beziehen**«, sagen die Großmütter. »**Es ist die Entscheidung, sich nicht in den vergänglichen, oberflächlichen Aktivitäten des täglichen Lebens zu verfangen, sondern jetzt und für immer heiligen Raum einzufordern – für dich selbst und alle Wesen. Dieser Schritt kann nur in selbstloser Liebe getan werden.**« Diejenigen von uns, die diese Meditation praktizieren, finden, dass sie uns stärkt. Es ist auch ein Darbringen.

»**Das ist es, was es heißt, eine Großmutter zu werden**«, sagen die Großmütter, »**und das ist es, was jetzt gebraucht wird.**«

DER STEINKREIS

Ich bat die Großmütter um eine einfache, sichere und leichte Möglichkeit, mit ihnen zu arbeiten, und sie gaben uns den Steinkreis. Die Großmütter setzten sich auf den Boden und bildeten einen Kreis, jede mit einem großen, glatten Stein vor sich. »**Dieser Kreis ist ein heiliger Raum, eine Öffnung für das große Unten und das große Oben**«, sagten sie. »**Du brauchst nicht mehr auf die bisherige Art zu reisen, es sei denn, es gefällt dir besser**«, sagten sie. »**Stattdessen kannst du uns die Geister zu dir rufen lassen.**

Diese Art zu arbeiten wird vielen Menschen leichterfallen, weil sie die Arbeit nicht allein tun müssen, sondern unter unserer Führung und unserem Schutz auf verschiedene Ebenen der nichtalltäglichen Wirklichkeit reisen können. Wir werden dort sein, um ihnen den Weg zu zeigen und ihnen zu helfen, dorthin zu gelangen, wo sie hinwollen.« Was folgt, ist eine einfache Arbeitsweise, die du nutzen kannst, um mit dem Großen Rat der Großmütter zu kommunizieren.

Um zu erfahren, wie es ist, mit den Großmüttern zu reisen, denk daran, dass sie direkt vor dir in dem oben beschriebenen Steinkreis sitzen. Dann geh vor, bis du in ihrer Mitte stehst. **»Fühle deinen Platz in diesem Kreis«**, sagen die Großmütter, **»und erinnere dich, dass alle Formen des Göttlichen bei uns sind, wenn wir zusammenarbeiten. Du bist ein integraler Bestandteil dieses Kreises, und die Tatsache, dass du Teil dieses Kreises bist und nicht von ihm getrennt, ist wichtig. Du bist eins mit uns«**, sagen sie, **»eins mit dem Göttlichen, und das gilt für jeden, der sich entscheidet, mit uns zu arbeiten. Wenn du in diesen Kreis trittst, wirst du zum Mittelpunkt des gesamten Kreises. Deine Fragen werden hier beantwortet.**

Stelle jedes Mal nur eine Frage, wenn du in den Kreis trittst, und wie im Schamanismus üblich«, sagen sie, **»ist alles, was du nach deiner Frage hörst, siehst und erlebst, die Antwort. Also gib acht, was passiert, nachdem du gefragt hast, und halte dich an deine Frage.«**

Du kannst auf dem monotonen Schlagen einer Trommel zu den Großmüttern reisen, zum eintönigen Hin und Her der Scheibenwischer oder zu jedem anderen eintönigen Geräusch reisen. Du kannst es auch in der Stille tun. Zehn bis dreißig Minuten sind genug Zeit für eine Reise.

Frage die Großmütter nach etwas, in das du bereits etwas Energie gesteckt hast, und stelle keine Ja-oder-nein-Frage, denn die Antwort darauf wird dir nicht viel sagen. Frage die Großmütter etwas, das du *wirklich* wissen willst, und nimm dir die Zeit, deine Frage auszufeilen. Ich schlage vor, dass du deine Reise zu den Großmüttern in Demut beginnst und etwas fragst, das neben dir selbst auch anderen helfen wird. Das Göttliche ist Mitgefühl und arbeitet daher mit Mitgefühl. Wenn sich deine Frage also auf das Dienen in der Welt bezieht, ist es viel wahrscheinlicher, dass sie beantwortet wird.

Vom Steinkreis aus kannst du sowohl in die Obere als auch in die Untere Welt gelangen, aber da das Reisen nicht Gegenstand dieses Buches ist, werden wir nicht darauf eingehen, wie die Arbeit in diesen Welten aussieht. Der Steinkreis soll das Reisen einfacher, sicherer und leichter machen, und, wie ich bereits erwähnt habe, kann alles in der nichtalltäglichen Realität erforscht werden, wenn man vom Mittelpunkt dieses Kreises ausgeht.

Nachdem du deine Frage formuliert hast, begrüße die Großmütter und stelle dann demütig und aufrichtig deine Frage. Nachdem du das getan hast, achte auf das, was zu dir kommt. Was siehst du? Hörst du? Berührst du? Fühlst du? Denkst du? Riechst du? Schmeckst du? Die Großmütter können dir etwas sagen, dir etwas zeigen oder dich etwas erleben lassen. Diese Reisen zu und mit den Großmüttern können emotionale Ereignisse und auch Überraschungen sein. Die Großmütter wissen, wie sie die Grenzen deines Verstandes umgehen und direkt in dein Herz gelangen. Sie wissen genau, was nötig ist, um dich zu einem Verständnis der Frage zu bringen, die du gestellt hast, und das ist es, was sie dir geben werden.

Nachdem du gefragt hast, öffne deinen Geist weit und *beobachte*. Sei neugierig auf den Vorgang, an dem du teilhast, und während du wahrnimmst, was auch immer du wahrnimmst, denke daran, diese Erfahrung, die Großmütter oder auch dich selbst nicht zu beurteilen. Beobachte einfach. Die Großmütter sind vollendete Lehrerinnen und wissen, was sie tun, also sei eine gute Schülerin und richte dein Bewusstsein auf das, was kommt. Vielleicht findest du es hilfreich, deine Reise auf Band zu sprechen, dann fällt es dir leichter, dich an alles zu erinnern, was mit den Großmüttern geschieht. Wenn du es aufnimmst, kannst du dir später auch noch einmal anhören, was sich bei deinem Abenteuer ereignet hat.

Wenn du dich entscheidest, in den Kreis der Großmütter zu treten, betrittst du das Reich der nichtalltäglichen Wirklichkeit, und wenn du aus ihrem Kreis hinaustrittst, gehe bewusst wieder in die Alltagswirklichkeit zurück. Wenn deine Reise also vorbei ist, danke den Großmüttern, dass sie sich diese Zeit mit dir genommen haben, und dann tritt respektvoll aus dem Steinkreis hinaus.

Wenn wir zu den Großmüttern und mit ihnen reisen, tun wir das, um zu lernen, wie wir uns in der Welt, in der wir leben, besser einbringen können. Die Arbeit mit den Großmüttern ist nicht als Flucht vor dem Schmerz der Welt gedacht, sondern als ein Mittel, um *in* und *für* diese Welt und alle Welten zu dienen. Um in der Welt wirksam zu sein, musst du mit den Füßen auf dem Boden bleiben, also schlage ich vor, dass du nicht mehr als zwei- bis dreimal pro Woche zu den Großmüttern reist.

KRAFT IN DEN FLÜGELN

Die Kraft der Yin-Energie unterscheidet sich völlig von der Kraft des Yang, die für die meisten von uns die einzige »Kraft« ist, die wir kennen. Da unsere Welt seit mehreren Tausend Jahren von Yang beherrscht wird, fällt es uns schwer, unsere Konditionierung hinter uns zu lassen und Yin-Kraft zu erfahren. Aber indem sie uns beibringen, wie man mit Symbolen und damit mit unserem Unterbewusstsein arbeitet, zeigen uns die Großmütter neue Wege, Yin zu erleben. Wenn sie die Kraft unserer »Flügel« aktivieren, wecken sie die Macht und Würde, die in uns steckt.

Um die Macht in diesen Flügeln zu erfahren, beginne diese Meditation wie immer. Nimm dir Zeit, dich in einen entspannten Zustand zu versetzen, und wenn du es getan hast, fange an, an die Macht von Adlern und anderen Greifvögeln zu denken. Wie mag es sein, in die Luft aufzusteigen und auf mächtigen Flügeln dahinzugleiten? Stell es dir vor.

Jetzt denke dir, ein solches Flügelpaar zu besitzen, Flügel, die an deinen Schultern und am Rücken befestigt sind. Denke nur den Gedanken, und dann – spielerisch und mit viel Neugierde – öffne dich für die Vorstellung, eigene Flügel zu haben. Konzentriere dich auf den Bereich deiner Schulterblätter. »**Wenn du dich auf deine Flügel konzentrierst**«, sagen die Großmütter, »**wirst du spüren, wie unser Licht durch sie hindurch schimmert und strahlt. Wir unterstützen dich bei deiner Arbeit und freuen uns, dass du dein Potential ausschöpfst.**

Was wir jetzt tun, ist Spielen, aber es ist kein müßiges Spielen. Denn unsere Arbeit ist Dienen«, erklären sie, **»und darum wird die Kraft in diesen Flügeln dem Wohl des Ganzen dienen. Die Flügel, von denen wir sprechen, sind Träger von Kraft und Fürsorge auf der Erde. Wir freuen uns, dass du diesen Aspekt von dir kennenlernst.**

Nur wenige Menschen haben diese innere Kraft gespürt«, sagen sie. Wenn wir mit anderen Menschen darüber sprechen würden, sich für die Kraft der Flügel zu öffnen, kannst du dir bei den meisten ja vorstellen, wie sie das aufnehmen würden. Die Großmütter erklären jedoch, dass nur bestimmte Menschen von ihrer Arbeit angezogen werden, und da sie uns angezogen haben, werden wir dorthin gehen, wo sie uns hinführen. Um die Kraft der Flügel zu erleben, fordern die Großmütter dich auf, tapfer zu sein und für ein oder zwei Minuten auf die Winde achtzugeben. Experimentiere. Wir werden mit dem Symbol der Flügel arbeiten, um sie als Gefährt von Macht zu erleben.

Denke an einen großen Greifvogel, und wenn du ihn vor Augen hast, stehe auf und strecke deine Arme seitwärts aus, so weit, wie du kannst; bilde ein T mit deinem Körper. Probiere diese Haltung möglichst groß aus und schau, wie es sich anfühlt, so dazustehen. Achte darauf, deine Füße so weit auseinander zu halten, dass du dich ausgewogen und angenehm fühlst, wenn du dich in dieser Stellung befindest.

Als ich mir die Kraft meiner Flügel aneignete, streckte ich meine Arme aus und bewegte sie dann auf und nieder wie ein Vogel im Flug. Aber für mich ging diese Bewegung mehr hin und her und nicht auf und ab. So oder so ist es gut. Ich merkte, dass jedes Mal, wenn ich mich so bewegte, die Mitte meines Rückens geschmeidiger wurde und sich weiter zu öffnen schien, während mein Hals vor und zurück schwang und einen anmutigen Bogen formte, und als all dies geschah, wurde mir die Gnade und Kraft in dieser Bewegung bewusst. Also nimm dir jetzt ein paar Minuten Zeit, um mit deinen Flügeln zu spielen. Auf und ab, vor und zurück – spiele.

Atme im Rhythmus deiner schwingenden Flügel, und während du atmest, wird ein Lichtnimbus in und um dich herum zu leuchten beginnen.

Dein Rücken wird sich weiter dehnen, bis sich die Reichweite deiner Arme riesig anfühlt. Die Großmütter sagen uns: »**Es ist Macht in den Flügeln; diese Arbeit wird deine Vorstellung davon, wer du bist, erweitern. Sie wird dir deine Großartigkeit zeigen.**«

Nachdem du für ein oder zwei Minuten deine Flügel ausgebreitet und deine Vorstellung davon, wer du bist, erweitert hast, ruh dich aus und beobachte deinen Körper. Wie fühlst du dich jetzt? Wie atmest du? Wenn du beschreiben würdest, wie das für dich ist, was würdest du über den Zustand sagen, in dem du dich gerade befindest?

Wenn du ein Gefühl für diese Flügel hast, versuche etwas anderes. Stehe mit seitlich ausgestreckten Oberarmen und beuge deine Ellbogen so, dass deine Hände seitlich deines Kopfes nach oben zeigen. Halte deine Wirbelsäule gerade und deinen Kopf hoch erhoben. Aus dieser gebieterischen Haltung spricht die Hoheit einer Königin. Du hast es vielleicht schon gesehen: Dies ist die Haltung der alten Göttin von Kreta, jene mit Schlangen, die sich um ihre Arme winden.

Spüre die Macht in dieser Stellung. Diese Haltung ist ein weiteres Zeugnis für die Aussage der Großmütter: »**Da ist Macht in den Flügeln.**« Es ist schwierig, vielleicht sogar unmöglich, sich schlecht oder klein zu machen, wenn man diese Haltung einnimmt. Eine solche Haltung fordert dich heraus, die Große zu sein, als die du geboren bist.

PERSÖNLICHE KRAFTQUELLE

Das Netz aus Licht durchdringt alles Leben und hält gleichbleibend die Energie auf der Erde. Es ist überall, und so hält es zur selben Zeit sowohl den Makrokosmos (das Universum) als auch den Mikrokosmos (dich). Du bist es gewohnt, das Lichtnetz anzurufen, um Orte und Menschen auf der Erde zu unterstützen, aber du vergisst oft, es zu bitten, dich zu halten. Wenn du persönlich zu dieser Lichtkraft in dir erwachen möchtest, kannst du das Lichtnetz anrufen, dir zu helfen.

Beginne, indem du an eine Lichtquelle denkst, die sich fünf oder sechs Zentimeter über deinem Kopf befindet. Und sobald du diesen Gedanken denkst, wird sich das Lichtnetz dort fokussieren wie ein Stern oder eine kleine Sonne: eine Quelle klaren Lichtes. Du kannst es auch als weiß oder golden sehen. Dieser Lichtpunkt ist die Essenz der Reinheit, ein durchdringender Glanz, der in alle Richtungen strahlt. Obwohl du an dir arbeiten wirst, denke daran, dass, weil du Teil des Lichtnetzes bist, diese »persönliche« Arbeit nicht nur dir, sondern allen und allem zugutekommen wird. Die Großmütter sagen: **»Du kannst dir nicht selbst dienen, ohne allen Wesen zu dienen.«** Und wie jede Arbeit mit dem Lichtnetz, wird auch diese mühelos ablaufen.

Stelle dir vor, wie dieses strahlende Licht jetzt über dich herabregnet und dich bedeckt. Du stehst unter einer Lichtdusche, die alles wegspült, was *nicht* Licht ist. Jeglicher Müll oder Verwirrung, alles »Zeug«, das sich in deinem Geist und deiner Persönlichkeit angesammelt haben mag, wird jetzt mühelos weggespült. Dieser Regenguss ist so stark, dass nichts außer Licht ihm standhalten kann. Beobachte, wie alte Gedanken, Gefühle, Erinnerungen und Energien aufsteigen und mühelos weggespült werden. Beobachte, wie sie sich zeigen, mit Licht durchflutet und weggespült werden. Weg sind sie!

Licht strömt durch dein Haar, deine Kopfhaut, die Haut deines Gesichts und deines Kopfes und die Knochen deines Schädels. Es durchflutet die Membranen in deinem Schädel und das Gehirn selbst. Es durchflutet alle Drüsen. Alles in dir wird bestrahlt, auch deine Augen, Ohren, die Ohrtrompete, Zahnfleisch, Zähne, Mund, Zunge… In dir und um dich herum sind jetzt Lichtkaskaden, und sie reinigen alles, was sie berühren, waschen alles weg, was nicht zu dir gehört, und das einzige, was zu dir *gehört*, ist Licht.

Jetzt strömt das Licht in deine Brust und deinen Rücken und an deinen Schultern hinab. Es durchflutet deine Lunge und reinigt dein Herz. Es durchspült nun die Organe und Energiesysteme deines gesamten Körpers – es reinigt, heilt und segnet alles, was es berührt. Alle Organe, Gelenke, Knochen und die Wirbelsäule. Alles. Jeder Teil von dir wird von diesem läuternden Licht reingewaschen. Nimm wahr, wie du dich jetzt fühlst. Du bist ein Strahlen, von innen heraus erleuchtet.

Du bist ein Kanal für Licht! Und jetzt strömt das Licht durch deinen Kopf herein und durch deine Hände und Füße hinaus und gibt der Erde selbst Strahlkraft. Das Licht strömt in alle Schichten der Erde, in alle Gewässer, in die Luftströme rund um die Erde, in alle Elemente unseres geliebten Planeten und in alle Systeme deines Körpers.

Du wirkst zugleich im Kleinen und im Großen, in dir als einzelner Mensch und im ganzen Planeten. Mikrokosmos und Makrokosmos werden von Licht durchflutet. Und all das geschieht gleichzeitig – mühelos.

Erlebe, wie du weiter in dieser Lichtkaskade sitzt und die Kraft des Gusses beobachtest, wie er alles in dir wegspült, was zu gehen bereit ist. *Es gibt nichts, an dem du dich festhalten musst. Es gibt nichts, was du herausfinden musst.* Das ist alles nur »Zeug«, und das Licht reinigt jetzt jedes bisschen davon. Es wäscht alles weg, was bereit ist zu gehen. Werde dir nun gewahr, wie das Licht dich berührt, wie es dich in vollkommenem Gleichmut hält. Alle deine Anteile fügen sich in perfekter Harmonie zusammen… Du singst vor Glück. Und im gesamten Kosmos, im gesamten Netz aus Licht, das alles hält, was ist, erklingt das Lied:

»Oh, wie wir dich lieben, oh, wie wir dich lieben. Oh, wie sehr wir dich lieben, oh, wie sehr wir dich lieben.«

Dieses Lied schallt durch deine Zellbetten, durch das ganze Universum, durch alle Gewässer, Landmassen und wachsenden Dinge, durch alle Bäume, Gräser und Moose. Es hallt durch die Erde selbst – die Luftströme, Brisen und Winde. Das Lied schwingt durch das gesamte Gewebe des Seins des Universums.

»Oh, wie wir dich lieben, oh, wie wir dich lieben. Oh, wie sehr wir dich lieben, oh, wie sehr wir dich lieben.«

Spüre jetzt deinen Körper. Nimm wahr, wie es ist, in dieser Schwingung der Klarheit, des Strahlens zu sein. Dies ist deine Heimat. *Dies* ist dein Zuhause. All das andere Zeug – das Geplapper im Hirn, das Hetzen von Aktivität zu Aktivität, die ängstlichen Gefühle, die traurigen Gefühle und die wütenden Gefühle – dieses Zeug ist nur eine vorübergehende Show. Es haftet dir nicht an! Es ist nicht real. Es ist nicht das, was du bist. Diese Schwingung der Ausstrahlung ist es, was du bist.

DIE AHNENLINIEN HEILEN

Die Arbeit mit den Vorfahren vergrößert die Kraft all dessen, was wir mit den Großmüttern tun. Wir laden die Vorfahren ein, sich uns jedes Mal anzuschließen, wenn wir mit dem Lichtnetz arbeiten, und bei unserer Arbeit mit ihnen haben wir gelernt, dass das, was für uns hilfreich ist, auch für die Vorfahren hilfreich ist, weil es keine wirkliche »Zeit« gibt. Was immer uns heilt, kann auch die Ahnen heilen. Wenn wir die Ermächtigung der Großmütter an andere weitergeben, bieten wir sie auch ihren Vorfahren an, die sie ihrerseits weitergeben dürfen. Auf diese Weise wird nicht nur das Leben im gegenwärtigen Augenblick geheilt, sondern das Leben wird als Ganzes geheilt.

Das hier ist eine sehr wirkungsvolle Arbeit, die du tun kannst, um deine eigenen Ahnenlinien zu heilen. Arbeitet zu dritt und wechselt euch ab. Ihr entscheidet, welche Person zuerst die *Empfängerin* sein wird. Sie steht mit dem Rücken zu den beiden anderen, faltet die Hände über dem Herzen, um sich daran zu erinnern, die Arbeit dort zu zentrieren. Die beiden anderen, die die *Ahnenvertreterinnen* ihrer mütterlichen und väterlichen Linie sind, stehen: ihre mütterliche Vertreterin hinter ihrer linken Schulter, ihre väterliche Vertreterin hinter ihrer rechten Schulter.

Gemeinsam schließen alle die Augen und fühlen, imaginieren oder stellen sich das Lichtnetz vor. Ruft die Großmütter an, die euch dann mit dem höheren Bewusstsein der Vorfahren des Lichts verbinden werden. Die Ahnen des Lichts sind jene, die vor euch gegangen sind und die euch in dieser Zeit zu Diensten sein möchten. Wie du, arbeiten auch diese Wesen aus vergangenen Zeiten für das höchste Gute für alle.

Wenn ihr eine gute Verbindung mit dem Lichtnetz, den Großmüttern und den Lichtahnen hergestellt habt, bittet die *Empfängerin* die Großmütter, ihr eine Wunde zu zeigen oder sie zu einer Wunde zu führen, die lange Zeit mitgetragen wurde – etwas, das vielleicht aus ihrem eigenen Leben stammt oder vielleicht von jemand anderem in ihren Ahnenreihen getragen wurde. Unabhängig davon, ob sie im Moment mit dieser Wunde in Kontakt kommen kann oder nicht, allein weil sie darum bittet, mit ihr in Kontakt zu treten, wird die richtige Energie an diesen verwundeten Ort geschickt, um Licht und Heilung zu bringen.

Die *Empfängerin* dreht sich dann um und steht den beiden anderen gegenüber, und alle drei begrüßen sich mit einem Namaste, mit den Händen in einer Gebetsposition auf Herzhöhe. (Namaste bedeutet: »Ich grüße die Göttlichkeit in dir.«) Wenn sie sich bereit fühlt, spricht die *Empfängerin* – die Hände noch in der Mudra des Namaste – das klassische hawaiianische Ho‹oponopono-Gebet zu den beiden anderen – eine nach der anderen – und sagt: »Es tut mir leid, bitte vergib mir, danke, ich liebe dich.« Die Vertreterinnen mütterlicher- und väterlicherseits antworten nicht, während sie zu ihnen spricht, sondern sie empfangen einfach mit den Händen vor ihrem Herzen.

Als nächstes denkt die *Empfängerin* an die Segnungen, die sie in dieser Lebenszeit erhalten hat, und entbietet den *Vertreterinnen der Vorfahren* ein Gebet der Dankbarkeit und des Segens. Sie mag einige der Gaben erwähnen, die ihr bei der Geburt geschenkt wurden (z.B. »Danke für meine Intelligenz, für meine starke Konstitution« usw.). Sie kann diese Segnungen laut oder still für sich sprechen, aber es ist kraftvoller, sie laut auszusprechen. Während die *Vertreterinnen und Vertreter der Vorfahren* die Vergebung und die Anerkennung der Segnungen und Geschenke von der *Empfängerin* entgegennehmen, bleiben ihre Hände über dem Herzen gefaltet, damit sie die Wirkung dort empfangen und verankern können.

Die *Empfängerin* dreht sich dann um und wendet sich von den *Vertreterinnen der Vorfahren ab.* Die Vertreterin der mütterlichen Linie berührt die Rückseite der linken Schulter der *Empfängerin* und die Vertreterin der väterlichen Linie die Rückseite der rechten Schulter. Während sie in dieser Position stehen, rufen alle drei das Netz aus Licht an, um Vergebung so weit wie möglich die Ahnenlinien hinabzusenden. Die *Ahnenvertreterinnen* sprechen dann beide der *Empfängerin* leise Worte der Liebe, Ermutigung, Solidarität und Stärke zu. (Zum Beispiel: »Ich bin stolz auf dich. Mir gefällt, wer du geworden bist…« usw.)

Die *Ahnenvertreterinnen* halten sich an den Händen, während die andere Hand auf der Schulter der *Empfängerin* bleibt, und sprechen ihr gemeinsam das Ho‹oponopono zu. »Es tut uns leid, bitte verzeihe uns, danke, wir lieben dich.«

Danach nehmen die *Ahnenvertreterinnen* ihre Hände von den Schultern der *Empfängerin*. Die dreht sich nun wieder um und ihnen zu, und alle verbeugen sich mit einem Namaste. Alle nehmen sich eine oder zwei Schweigeminuten und teilen dann in aller Stille miteinander, was jede von ihnen gefühlt oder erlebt hat. Die Arbeit geht dann weiter, wobei die beiden anderen nacheinander die Position der Empfängerin einnehmen.

Wir beenden diese Übung mit der Ahnenerklärung der Großmütter. Die Großmütter bitten uns, sowohl unsere Vorfahren als auch uns selbst zu ehren, indem wir daran denken, das Netz aus Licht auszuwerfen und dann diese kraftvollen Worte zu sprechen.

Die Ahnenerklärung vom Großen Rat der Großmütter

Ich rufe das Lichnetz an und bestätige meine Vereinigung mit dem Göttlichen.

Ich ehre meine liebevolle Verbindung mit denen, die heute leben, mit denen, die in anderen Zeiten lebten, und mit denen, die noch geboren werden.

Liebe ist nicht durch den Kalender oder die Uhr begrenzt.

Jede von uns ist ein ewiges Wesen, Teil der einen Liebe.

Indem ich mich jetzt an diese Wahrheit erinnere, verneige ich mich in Dankbarkeit und grüße die Liebe in meinem höheren Bewusstsein und im höheren Bewusstsein aller anderen.

Ich lade die Ahnen meiner Familienlinie und die Ahnen des Landes, in dem ich lebe, ein, sich mir bei dieser Segensarbeit anzuschließen, und ich heiße alle, die das Licht lieben und ihm dienen, willkommen, sich jetzt mit dem Netz aus Licht zu verbinden.

Während wir uns hier versammeln, bitte ich um Vergebung für meine vergangene Ignoranz und Engstirnigkeit; ich möchte nicht länger über andere urteilen und sie kritisieren; noch möchte ich mich selbst beurteilen und kritisieren.

Ich vergebe auch gerne jedem, der mich jemals verurteilt oder kritisiert hat.

Ich kann dies jedes Mal mit Leichtigkeit tun, wenn ich mich daran erinnere, dass es der Atem der Einen Liebe ist, der durch mich atmet, und der Schlag des Einen Herzens, der Leben durch mich pumpt.

Mein unsterbliches Selbst existiert außerhalb der Grenzen des Handelns und jenseits der Umstände von Zeit und Ort. Wenn ich mich also an diese Präsenz in mir wende, entfällt aller Schmerz aus der Vergangenheit ebenso wie jede Angst vor der Zukunft. Alles ist verziehen.

Mit weit geöffnetem Herzen bringe ich allen Wesen überall Segnungen dar.

Und während wir uns freudig umarmen, singen wir gemeinsam:

»Mögen alle Wesen in allen Welten glücklich sein.«

Über die Autorin

Sharon McErlane ist seit mehr als drei Jahrzehnten als Lehrerin und Psychotherapeutin tätig. Sie ist auch eine versierte Künstlerin und Gärtnerin, die in ihrem Haus eine Umgebung schafft, die für viele als sakraler Raum gilt. Sie ist verheiratet, hat zwei erwachsene Kinder und reist um die Welt, um Menschen mit der Energie des weiblichen Prinzips zu ermächtigen und ihnen beizubringen, wie sie mit dem Netz aus Licht arbeiten können.

Schlusswort der Autorin

Die Arbeit mit dem Großen Rat der Großmütter und dem Netz aus Licht wird fortgesetzt. Wann immer die Großmütter eine neue Lektion erteilen, geben wir sie weiter. Jetzt treffen sich Menschen auf der ganzen Welt, um diese Lehren zu teilen, die Ermächtigung der Großmütter in die Energie des Yin weiterzugeben und das Netz aus Licht für unseren geliebten Planeten zu wirken und zu vergrößern. Wenn die Heiligkeit, die im Herzen dieser Menschen lebt, erwacht, öffnen sie sich für ihre liebevolle Verbindung sowohl untereinander als auch mit dem Göttlichen. Auf *netoflight.org* findet ihr eine Liste der Leuchtfeuer, das sind jene, die diese Arbeit als Dienst weitergeben.

Wir wissen nicht, wohin uns die Großmütter und das Netz aus Licht als nächstes führen werden, aber die Anziehungskraft dieser »Arbeit« ist unwiderstehlich, so dass wir mit Freude dorthin gehen werden, wohin sie uns führen. Wie die Großmütter es ausdrückten: »**Es ist eine große Freude, mit uns unterwegs zu sein.**«

Bereits erschienen:

Sharon McErlane
Selbstermächtigung
Die Offenbarung des zutiefst Weiblichen
Die Lehren der Großmütter
Klappenbroschur, 240 Seiten
ISBN 978-3-89060-771-9

Yang, die männliche Energie ist außer Rand und Band: Machen, Tun, Kontrolle, Verstand, das Zählbare. Und auch viele Frauen leben das Yang. Um Yin, dem Wachsenlassen, dem Sein, der liebevollen Zuwendung wieder Geltung zu verschaffen, sind die Großmütter gekommen. Sie wollen die Frau wieder in ihre eigene Macht bringen, sie wieder mit der wahren Weiblichkeit und der Großen Mutter verbinden.

Sharon McErlane
Unsere Liebe ist unsere Macht
Mit dem Lichtnetz arbeiten, das die Erde hält
Die Lehren der Großmütter 2
Klappenbroschur, 368 Seiten
ISBN 978-3-89060-777-1

Die Großmütter sind gekommen, um durch die Frauen das Yin auf der Erde wieder stark zu machen. In diesem Buch schreibt Sharon McErlane von vielen weiteren Begegnungen mit den Großmüttern und ihren Unterweisungen und von der Arbeit mit den zahlreichen Frauen, die inzwischen auf der ganzen Welt am Lichtnetz weben.

In ihrem ersten Buch »Selbstermächtigung« erzählt Sharon McErlane von ihrer ersten Begegnung mit dem »Großen Rat der Großmütter«. Es sind weise Wesen, die in der geistigen Welt wirken und jetzt daran arbeiten, auf der Erde der Macht des Weiblichen wieder zur Geltung zu verhelfen. Ohne dieses Yin wird das Yang, das in unserer Welt außer Rand und Band ist, an sich selbst zugrunde gehen.

Bereits erschienen:

Sharon McErlane
Das Lichtnetz wirken
...das uns halten wird in diesen
Zeiten des Umbruchs
Die Lehren der Großmütter 3
Klappenbroschur, 256 Seiten
ISBN 978-3-89060-783-2

Die Zeiten des Umbruchs sind jetzt da! Die Welt, die lange unter dem Übergewicht von Yang gelitten hat, der männlichen Energie von Machen und Unterwerfen, muss wieder ins Gleichgewicht kommen: Das Weibliche muss Macht gewinnen. Die Macht des Weiblichen ist die Liebe, das Halten, die Fürsorge und das Gedeihen. Dafür sind die Großmütter gekommen, die uns wieder mit dem Lichtnetz – dem Gewebe des Lebens – in Verbindung bringen wollen, damit wir durch es und mit ihm wirken.

Hier kann man sich zum **Neue Erde-Newsletter** anmelden:
newsletter.neueerde.de/anmeldung

NEUE ERDE im Buchhandel

Neue Erde ist ein kleiner unabhängiger Verlag, und der unabhängige Buchhandel ist unser natürlicher Partner. Wir unterstützen die Initiative »buy local«.

Sollte es Lieferschwierigkeiten bei den Büchern von NEUE ERDE geben, lassen Sie immer im VLB (Verzeichnis lieferbarer Bücher) nachsehen, im Internet unter **www.buchhandel.de**

Alle lieferbaren Titel des Verlags sind für den Buchhandel verfügbar.

Sie finden unsere Bücher auch auf unserer Homepage **www.neue-erde.de** oder in unserem Gesamtverzeichnis, welches Sie gerne hier anfordern können:

NEUE ERDE GmbH
Cecilienstr. 29 · 66111 Saarbrücken
info@neue-erde.de